꽃을 심는
마음으로...

전 삼용 도원신부

사랑하는 조카들아,
이것만 읽고
냉담하면 안 되겠니?

사랑하는 조카들아,
이것만 읽고 냉담하면 안 되겠니?

초판 발행일 2025. 7. 29
1판 2쇄 2025. 9. 29

글쓴이 전삼용 요셉 신부
펴낸이 강병완

펴낸곳 성바오로
출판등록 7-93호 1992. 10. 6
주소 서울특별시 강북구 오현로7길 20(미아동)

취급처 성바오로보급소 **전화** 944-8300, 986-1361
팩스 986-1365 **통신판매** 945-2972
E-mail bookclub@paolo.net
인터넷 서점 www.paolo.kr

책값은 뒤표지에 있습니다.
ISBN 978-89-8015-960-4
교회인가 서울대교구 2025. 4. 24 **SSP** 1103

ⓒ 전삼용, 2025.
성경·교회 문헌 ⓒ 한국천주교중앙협의회, 2025.

• 이 책은 저작권법의 보호를 받으므로 무단전재와 무단복제를 금합니다.
이 책 내용의 전부 또는 일부를 재사용하려면 반드시 저작권자와 성바오로출판사의 동의를 얻어야 합니다.

사랑하는 조카들아,
이것만 읽고
냉담하면 안 되겠니?

전삼용 요셉 신부 글

추천의 글

전삼용 요셉 신부님이 저술한 또 한 권의 책이 세상의 빛을 보게 되었습니다. 이 책과 마주하는 모든 분께 우리 주 예수 그리스도의 은총과 평화가 충만하기를 빕니다. 전 신부님은 본당에서 사목하시는 동안, 특히 냉담 중인 젊은이들과 가톨릭 신앙에 대해 이성적으로 수긍할 수 없어 교회를 떠나거나 망설이는 분들을 위해 간절한 마음으로 이 책을 집필하였습니다. 이 책을 살펴보니, 이 책은 다음과 같은 점에서 매우 뜻깊고 귀중한 가치를 지니고 있습니다.

먼저, 가톨릭 교리의 핵심을 쉽게 풀어냈다는 점입니다. 교회의 가르침은 종종 어렵게 느껴질 수 있습니다만, 전 신부님은 매일의 삶과 밀접한 예화와 비유를 통해 가톨릭 신앙의 본질을 자연스럽게 이해하도록 돕고 있습니다. 회개와 세례, 견진과 성체성사의 의미를 일상적 언어로 재해석하며, 이 과정 안에서 우리의 선택과 삶의 태도가 우리 자신을 어떻게 하느님 앞에서 변화되게 하는지 구체적이고 간단명료하게 제시해 줍니다. 이는 교리 교육이 단지 이론적 지식이 아니라, 실제 생활 속에서 체화되는 '생활 안에서 행복에 이르는 방법'임을 일깨워 줍니다.

둘째, 이 책에는 젊은이와 냉담자들이 흔히 겪는 고민과 방황에 대한 실제적 조언이 담겨 있습니다. 『가톨릭교회교리서』는 그리스도께서 오신 목적이 우리를 회개와 새로운 삶으로 초대하여 "복음을 믿고 세례를 받음으로써 악을 버리고 구원을 얻게"(CCC[Catechismus Catholicae Ecclesiae] 1427) 하기 위함이라고 가르칩니다. 이 책은 '교리에 충실하게 살아가는 삶'이 결코 엄격한 의무 사항만을 의미하는 것이 아니라, 참된 자유와 기쁨으로 향하는 길이라는 사실을 구체적으로 보여 줍니다. 전 신부님은 조카들에게 말하듯이 이성적으로 신앙을 받아들이고 싶은 모든 이들에게 힘차게 강조합니다.

셋째, 전 신부님은 사목 현장에서 직접 체험하신 다양한 이야기를 통해, 냉담자와 신앙을 떠난 분들이 교회로 돌아오도록 돕는 실제적 방안을 제시하고 있습니다. 이 책을 읽다 보면, 마치 본당 마당에서 청년들과 신부님이 격의 없이 대화를 나누는 듯한 생생함과 친근함을 느낄 수 있습니다. 저 또한 주교로서, 아픔을 겪고 방황하는 이들이 교회 안에서 치유와 구원을 발견할 수 있도록 이 책이 '따뜻한 환대의 문'이 되어 주리라 확신합니다. 전 신부님은 그 방법으로 먼저 회개, 다음엔 세례, 그다음엔 견진과 성체성사를 제시합니다.

넷째, 이 책이 소개하는 가톨릭교회의 가르침은 기존 신앙을 가진 분들에게도 중요한 통찰을 선사합니다. 예를 들어, 교부 성 아우구스티노가 "그토록 늦게서야 당신을 사랑하였습니다."(『고백록』 10권 참조)라고 고백하였듯, 우리도 종종 신앙생활을 한다고는 하지만 하느님 사랑을 뒤늦게 깨닫곤 합니다. 그런데 이 책은, 교리를 모르거나 까맣게 잊고 살던 냉담자들뿐만 아니라 기존 신자들에게도 신앙을 재확인하고 견고히 할 수 있는 도우미 역할을 할 수 있으리라 기대합니다.

다섯째, 전 신부님은 독자들이 자연스레 '교회 공동체 안에서의 소속감'의 중요성을 느끼게 합니다. 『가톨릭교회교리서』가 "'교회'는 하느님께서 온 세상에서 모으시는 백성이다."(CCC 752)라고 말하듯, 이 책을 읽는 분들은 자연스레 교회 공동체에 속하는 것이 곧 신앙생활의 핵심임을 알게 될 것입니다. 또한 자기 자신을 위해서도 주변 지인들에게 "성당에 같이 가 보자."라며 교회 공동체로 초대하고자 하는 작은 관심이 얼마나 중요한지도 전하고 있습니다.

결국 이 모든 요소가 종합되어, 이 책은 신앙에 회의를 느끼거나 교회의 문턱이 높게만 느껴졌던 이들을 위한 든든한 길잡이가 되어 줄 것입니다. 또 청년들과 냉담자들을 다시 교회 공동체로 초대하는 데 있어 강력한 마중물 역할을 하리라 확신합니다. 교회는 모든 이를 위한 집이며, 주님께서는 늘 자비로 우리를 기다리고 계십니다.

그러므로 저는 이 책을 기쁜 마음으로 추천하며, 독자들이 전 신부님이 글 속에서 이야기해 주시는 교리와 복음 선포의 중요성, 그리고 '하느님을 잊고 지내던 이들에 대한 따뜻한 초대'를 통해 주님께 다가서는 계기를 마련해 줄 것입니다. 교회가 한결같이 제시하는 가치는 언제나 우리에게 참된 빛이 되어 줍니다. 그 빛은 영원한 행복으로 초대합니다. 이 빛을 향해 다시 발걸음을 떼려는 이들이 이 책을 통해 용기와 위로를 얻고, 다시금 성당으로 돌아올 수 있기를 간절히 바랍니다.

마지막으로, 이 책을 펴내시기까지 많은 정성과 기도를 쏟아 주신 전 신부님의 노고에 감사드리며, 하느님의 풍성한 은총이 이 책을 읽는 모든 분께 가득하기를 기원합니다. 독자 여러분의 영적 성장과 회심을 위한 도구로써 이 책이 한 알의 씨앗이 되어, 하느님 나라 건설을 위해 풍성한 열매를 맺기를 기대합니다.

수원교구장 이용훈 마티아 주교

이 책을 조카나 자녀에게 선물할 분들에게

왜 가톨릭은 다른 그리스도교 종파보다 냉담률이 높을까요? 처음에 가톨릭교회에 발을 들였다가도 점점 신앙에 관심을 잃는 이유는 신앙이 자기 행복과 무관하다고 느껴지기 때문입니다. 만약 맛집을 찾았다면, 그 맛이 변하기 전까지는 그 맛집을 찾지 않을 수 없을 것입니다. 특별히 가톨릭 신앙에서 성체성사의 맛을 느끼지 못하는 게 가장 큰 이유입니다. 예수님은 말씀하셨습니다.

"너희가 사람의 아들의 살을 먹지 않고 그의 피를 마시지 않으면, 너희는 생명을 얻지 못한다."(요한 6,53)

성체성사는 단순히 맛을 느끼는 데 있는 게 아니라 생존과 관련됩니다. 사흘을 굶은 사람이 어떻게 자기에게 주어지는 빵 한 조각을 거부할 수 있을까요? 신앙생활 하는 동안 성체가 자기 생명과 직결됨을 한 번이라도 느꼈다면 신앙을 포기할 수는 없을 것입니다.

오랜 신앙생활에도 성체성사의 중요성을 깨닫지 못한 이유에는 교회의 책임도 있다고 생각합니다. 사람들은 과학의 발달과 함께 더 이성적이 되어 갑니다. 반면 교리는 그들이 이해할 수 없는 고대어처럼 되어 버렸습니다. 현대인에게 신앙인은 상형 문자와 같은 고대어를 보며 이해한다고 말하는 '바보'가 되어 버렸습니다. 젊음이들은 이런 바보가 되기를 원하지 않아 아예 교리를 제대로 이해하려고 시도조차 하지 않습니다.

가톨릭교회의 교리는 다른 교파들에 비해 특별히 더 어렵습니다. 오죽하면 그렇게 많은 이단이 생겼겠습니까? 이슬람교의 창시자 무함마드는 예수님이 동정녀에게서 탄생하셨음과 수많은 기적을 인정하면서도 그분을 하느님으로 인정할 수는 없었습니다. 이슬람교에서 예수님은 그저 위대한 인간 예언자에 불과합니다. 그래서 그분의 살과 피를 먹고 마심이 마치 식인종이 하는 행위 외에 특별한 의미가 있을 수는 없습니다. 현대 가톨릭 신앙인도 마찬가지입니다. 예수님을 먼저 하느님이라고 인정해야 그분의 살과 피가 나를 하느님 성전으로 만드는 성체성사가 됩니다.

그렇다면 어떻게 해야 할까요? 계속 어려운 성체성사 교리를 주장해야 할까요, 아니면 쉽게 이해시키려고 교리를 바꿔야 할까요? 교리를 이해하지 못한 채 쉽게 이해시키려고 하다가 보면 어쩔 수 없이 교리를 자기도 모르게 수정하게 됩니다. 그렇게 많은 이단이 생긴 것입니다. 심지어 가톨릭교회 내에서도 예전에는 상상도 못했던 방식으로 정통 교리가 변질되는 모습을 보곤 합니다.

예를 들어 전에 어떤 교리서에서는 세 위격(Persona)을 가진 분이 하나의 신성(Natura divina)으로 한 하느님이 된다는 삼위일체 교리가 어려워서 그냥 이런 식으로 써 놓은 것을 본 적이 있습니다. "물 분자 H_2O가 어떤 때는 물이고 어떤 때는 수증기이고 어떤 때는 얼음이 되는 것처럼, 한 분 하느님도 어떤 때는 성부로, 어떤 때는 성자로, 어떤 때는 성령이 되신다." 이것을 양태론적 이단이라고 합니다. 성부와 성자와 성령은 물의 서로 다른 표현이 아닌, 서로 다른 사명과 의지를 지니신 각자 다른 '삼위'(三位)이십니다. 다만 같은 신성으로 '한 하느님'(一體)이십니다.

어렵다고 교리를 변질시켜서는 안 됩니다. 요즘은 하느님이 지옥을 만드셨을 리가 없다고 가르치는 사제들도 있습니다. 그래서 심판이 없고 모두 구원된다는 식의 '만민 구원설'을 옹호합니다. 또한 지옥이나 연옥의 고통은 물리적인 것이 아니라 그저 상징적인 표현이라거나, 성체성사는 하느님께서 우리와 함께 계신다는 사랑의 표현이지 그것을 영하지 않는다고 지옥에 가거나 하지는 않는다고 말하기도 합니다. 만약 지옥이 없다면 구원도 없고 그렇다면 그리스도의 십자가상 죽음이나 성체성사도 의미가 없어집니다.

세상 사람들이 쉽지만 변질된 교리를 보며 어떻게 느끼겠습니까? 여전히 '화석'처럼 볼 것입니다. 자신과 상관없는 것이 되어 버렸기 때문입니다. 공룡의 화석을 보며 두려워하는 사람이 누가 있겠습니까? 교리가 그냥 공룡 화석이 되어 버려서는 안 됩니다. 나와 상관없는 교리는 죽은 교리입니다. 나와 상관이 없으니 그런 교리를 믿기 위해 성당에 나갈 필요도 없는 것입니다.

적어도 '성체성사'가 구원에 직결됨만 이해시킨다면 결코 성체성사에서 떠날 수 없는 사람이 됩니다. 당신 살과 피를 먹고 마셔야만 천국에 들어갈 수 있다는 교리를 포기해서는 안 됩니다. 끝까지 더 이해하기 쉬운 설명을 찾아내어 세상에 제시하는 노력이 필요합니다. 이 책은 이것 하나만을 위한 작업이라 해도 과언이 아닙니다. 이를 위해 저는 예화를 많이 사용할 수밖에 없었습니다. 아래 예화를 한번 보십시오.

14세기경(전승에 따르면 약 1330년) 이탈리아 카시아(Cascia)에서 성체기적이 일어난 적이 있습니다. 한 사제가 병자에게 성체를 모셔 가던 중, 성체를 성합에 넣어 목에 걸고 가는 대신 자신의 성무일도서 안에 넣고 길을 서둘렀습니다. 목적지에 도착해 성체를 꺼내려 했을 때 책장에는 피로 보이는 붉은 자국이 선명하게 배어 있었습니다.

당시 사제는 이 사건을 크게 뉘우치며 즉시 상부에 보고했고, 지역 교회 당국은 이를 조사한 뒤에 '성체에 관한 주님의 특별한 표징'으로 받아들였습니다. 이후 이 기적의 흔적이 남은 성무일도서의 피

묻은 장(章)들은 카시아 시내에 있는 성 리타 대성전 내에 보존되었고, 지금도 유리 보호 장치 안에서 순례자들에게 공개되고 있습니다. 교회도 이를 경배 대상으로 공식 인정해, 카시아의 성체 기적은 가톨릭 교회가 공경하는 대표적인 성체 기적으로 자리매김했습니다.

　　종이가 감실 안에 들어가려면 어떻게 해야 할까요? 감실은 거룩한 것만 넣을 수 있는 마치 하느님 나라와 같은 장소입니다. 아무리 깨끗하게 한다고 해도 종이는 그 본성상 성체만 모시는 감실에 들어갈 수 없습니다. 그러나 성체가 피로 변해서 종이에 스며든다면 그 종이는 성체와 같은 본성을 가지게 됩니다. 종이와 성체는 떼려야 뗄 수 없이 하나가 되어 그 종이는 감실 안에 모실 수밖에 없습니다.

　　인간은 종이와 같습니다. 예수님께서는 인간 안에 스며드시기 위해 하느님이시면서 인간이 되셨습니다. 예수님은 우리 안에 흡수될 수 있는 형태로 당신의 살과 피를 우리에게 양식으로 내주셨습니다. 인간이 그 본성으로는 하느님 나라에 들어갈 수 없지만, 거룩한 성체 성사로 그분을 모신 인간은 그분의 본성에 참여함으로써 그분이 계셨던 하느님 나라에 들어갈 자격을 얻게 됩니다.

　　저는 이와 같은 방식으로 교리를 변질시키지 않으면서도 최대한 쉽게 가톨릭 교리를 이해할 수 있는 가르침으로 제시하고 싶었습니다. 이러한 이유로 이 책의 대상을 제 조카들로 삼았습니다. 제 조카들은 냉담을 합니다. 제대로 된 교리도 받아 보지 못했습니다. 이들에게 화석과 같이 되어 버린 가톨릭 교리들, 곧 삼위일체나 성체성사, 고해성사에 관한 필요성을 이해시킬 수 있는 책을 쓴다는 것은 결코 쉬운 과정이 아니었습니다. 책을 쓰면서 계속 달걀로 바위를 치는 느낌을 받았습니다. 그러나 이들에게 적어도 화석과 같은 교리를 살아 있는 공룡으로 만들어 보여 주려고 시도하는 것 자체가 의미 있는 일이라고 여겼습니다. 나에게 주어진 것이 달걀이고 앞에 바위만 있다면 적어도 달걀이라도 던져 보아야 하지 않을까요?

저는 조카들이 성장할 때 유학 때문에 외국에 살아서 조카들의 성장하는 모습을 볼 수가 없었습니다. 그래서 신부 삼촌으로서 조카들에게 영향을 주지 못한 것이 못내 미안합니다. 지금이라도 사제인 삼촌으로서 조카들의 신앙을 회복시켜 주고 싶어서 이 책을 건네줍니다. 이 책의 제목에는 이런 저의 마음이 담겨 있습니다.

"사랑하는 조카들아, 이것만 읽고 냉담하면 안 되겠니?"

저는 이 책을 읽고도 믿지 않으면 그냥 믿기 싫은 것이라고 말하고 싶습니다. 이 책만 읽으면 가톨릭 교리를 이해할 수밖에 없도록 쓰려고 노력했습니다. 실험적으로 이 책을 가지고 초등학교 3학년 첫영성체 교리도 하였습니다. 아이들은 나름대로 잘 이해하였습니다. 그러나 신학을 배운 사람일수록, 성당에 오래 다닌 사람일수록, 자신이 이성적이라 믿는 사람일수록 이 책이 어렵게 느껴질 것입니다. 교리가 달라서가 아니라 설명하는 방식이 생소할 것이기 때문입니다.

저는 이 책으로 도박을 하려고 합니다. 조카들뿐 아니라 가톨릭 신앙을 이해하지 못하는 모든 이에게 부모가 선물할 수 있는 가장 좋은 책이 이것이 되게 하고 싶습니다. 스마트폰에 집중하는 이 세대가 이 책까지 사서 읽을 마음은 전혀 가질 수 없을 것입니다. 그러니 부모가 이 책을 냉담하는 자녀 책상 위에 올려 놓으십시오. 읽고 안 읽고는 자녀들이 선택할 문제입니다. 마음이 있으면 읽을 것입니다. 책을 주며 이렇게 말씀하십시오.

"이 책을 다 읽고도 성당 나올 마음이 안 생기면, 더는 성당 나오라는 말 안 할게."

정말입니다. 만약 이 책을 읽었는데도 성당에 나오려고 하지 않으면 더는 말해 봐야 소용이 없을 것입니다. 물론 하느님께서 다른 방법으로 불러 주시기는 할 것입니다. 다만 교리를 이해하지 못해서, 혹은 나가야 할 이유를 깨닫지 못해서 안 나오는 냉담 교우들에게는 이해하지 못할 수가 없을 만큼 쉽게 썼습니다.

일단 시험에 들어 보십시오. 저는 '십일조'를 통해서도 신자들을 시험에 들게 했습니다. "일 년 동안 시험 삼아 내 보고 더 돈이 부족해졌다고 느낀다면 일 년 동안 낸 교무금을 연말에 다 돌려 드리겠습니다." 그랬더니 2024년 교구 공납금에 비해 2025년 공납금이 두 배가 되었습니다. 그만큼 헌금과 교무금을 많이 내게 된 것입니다. 그리고 교무금을 돌려 달라고 한 신자는 한 명도 없었습니다. 하느님은 십일조에 대해 이렇게 말씀하셨습니다.

"나를 시험해 보아라."(말라 3,10)

개신교는 십일조와 찬양으로 하느님을 가장 많이 체험한다고 합니다. 그러면 우리도 시험해보아야 하지 않을까요? 그것도 하지 않으면 그냥 믿고 싶지 않은 것입니다.

무작정 거부하지 말고 손해 볼 것 없으니 시험 삼아 이 책을 읽어 보도록 하십시오. 이 책을 끝까지 다 읽고도 냉담자가 다시 성당에 나오지 않는다면 책값을 그대로 돌려 드리고자 합니다. 책을 산 영수증을 찍어서 hasasy@naver.com으로 계좌번호와 함께 메일을 보내주십시오. 책의 피드백에 도움이 되도록 사연도 덧붙여 보내 주시면 좋겠습니다. 반드시 책값을 입금해 드리겠습니다.

더불어 저의 유튜브 채널도 홍보하고 싶습니다. 이름은 전삼용 요셉 신부의 '순전한 가톨릭'입니다. '순'수하고 완'전'한 '가톨릭'교회를 알리려는 목적의 채널입니다. 순전한 가톨릭교회의 가르침에 관심이 있으시다면 꼭 구독해 주십시오. 30편으로 된 '구원의 원리'는 이 책을 읽는 데 특별히 더 도움이 될 것입니다. 이 강의 동영상만으로도 이미 많은 냉담자가 신앙을 회복했고, 신앙을 가졌던 분들은 더 뜨거워졌습니다. 그리고 매일 강론과 성경, 교리 동영상이 업데이트되고 있으니 이를 통해 소통하였으면 좋겠습니다.

저는 이 책이 레지오 마리애나 소공동체, 청소년 회합 교육과 나눔 자료로 쓰여도 좋다고 생각합니다. 특별히 『레지오 마리애 교본』 제18장 '주 회합 순서' 부분에 '영적 독서'가 나옵니다. 대부분 이때 교본만 읽고 마는데 이는 교본의 가르침에 어긋납니다. 기본 교리를 되짚어 본다는 마음으로 이 책을 영적 독서로 읽고 나누면 레지오 단원이나 레지오 단체 자체를 위해서도 좋은 영향을 줄 것이라 믿어 의심치 않습니다.

이 책을 쓸 수 있게 된 것에 대해 삼위일체 하느님과 성모님, 부모님, 특히 지금까지 저의 모든 책에 추천서를 써 주신 이용훈 마티아 교구장 주교님, 신학교 때부터 계속 저를 지도해 주신 문희종 요한 세례자 총대리 주교님, 사람 낚는 어부의 길을 함께 걸어가는 교구 선후배와 동기 형제 사제들에게 감사드립니다.

특별히 조카들에게 감사합니다. 그들이 없었다면 이 책은 더 어려운 단어들로 채워졌을 것입니다. 이 책으로 저의 조카들이 다시 신앙생활을 회복하는 첫 열매가 되기를 희망합니다. 또한 이 책을 많은 물고기를 낚는 그물과 같이 사용하시는 모든 분에게도 주님의 축복이 함께하시기를 기도하겠습니다.

조원동 주교좌성당 사제관에서
전삼용 요셉 신부

차례

추천의 글
이 책을 조카나 자녀에게 선물할 분들에게

서론

1부 회개
1. **행복**: 모든 생명이 추구하는 존재 이유이자 목적 ·31
2. **지혜**: 행복을 좇으면 발견하게 되는 것 ·40
3. **거짓말**: 지혜를 거부하는 길 ·51
4. **사랑**: 지혜가 알려 주는 참행복 ·59
5. **자아**: 자기 자신을 모기로 만드는 유일한 원인 ·70
6. **거룩한 교환**: 창조자를 만나는 방법 ·79
7. **머묾**: 나뭇가지가 살아남는 법 ·89

2부 세례
1. **결단**: 인간이 선택할 수 있는 길은 오직 두 방향뿐 ·103
2. **세례식**: 결심만으로 사람이 변할 수 있을까? ·115
3. **사명**: 세례받은 이가 나아가야 할 방향 ·127
4. **믿음**: 이웃 사랑의 사명은 무엇으로 성취되는가? ·138
5. **삼위일체**:
   모든 새로 태어남은 삼위일체 사랑의 열매이다 ·155
6. **계약**: 모든 관계는 계약이다 ·174
7. **삼중 직무**: 하느님 삼위일체 신비에 참여하는 길 ·189

3부 견진
1. 광야: 순종을 위한 시험과 단련의 기간 ·209
2. 삼구: 신앙인의 세 가지 원수 ·219
3. 복음 삼덕: 견진의 세 열매 ·232
4. 자선-단식-기도:
   삼구에서 복음 삼덕으로 건너가는 다리 ·248
5. 공동체: 신앙인의 광야 ·263

4부 성체
1. 감사: 사명의 연료 ·281
2. 은총: 감사의 연료 ·294
3. 진리: 은총의 연료 ·304
4. 봉헌: 말씀의 열매 ·315
5. 용서: 봉헌의 목적 ·329

결론

서론

　사랑하는 조카들아, 그런데 너희들 사는 게 행복하니? 보통 이렇게 물으면 기분 좋을 사람은 없지. '왜 내가 살아가는 게 뭐가 잘못됐다는 말인가?'라며, 자존심 때문이기도 하고 정말 행복한 것 같기도 하기에 대부분은 "그래, 나 행복하다."라고 대답해.
　삼촌은 우리 조카들이 정말 행복하기만을 바라며 이 책을 쓰고 있어. '그러면 뭐 삼촌만 제대로 살고 삼촌만 행복하고 우리는 틀렸다는 말인가?'라며 단정 짓지 말고 일단 읽어 보고 판단하기를 바라. 교리를 한 번 더 배운다고 손해 볼 거는 없잖아? 하루에 5분만 읽으면 아무리 천천히 읽어도 한 달이면 다 읽을 수 있을 거야. 5분을 내줄 수 없다면 어쩌면 현세의 행복과 영원한 생명을 위해 필요한 진리를 한 번도 들어 보지 못하고 세상을 마칠 수도 있어.
　우선 '행복'의 개념부터 정리하고 가자. 일단 행복에 대해서는 불교의 교리를 받아들이자. 불교는 모든 고통은 인간의 집착에서 온다고 가르쳐. 아마 도덕 시간에 다 배웠을 거야. 집착을 끊으면 열반에 이르게 된다고.

사실 맞잖아? 행복하다고 말하는 사람에게 '그럼 돈이 없어도 되겠네요?' 혹은 '지금 가진 건강을 잃어도 돼요?'라고 물으면 망설여. 다 무언가에는 집착하고, 집착한다는 말은 두려워한다는 뜻이지. 그것을 잃을까 봐. 그런데 새의 다리가 실에 묶여 있으면 어떻게 그 새가 행복하다고 말할 수 있을까? 자유롭게 날 수 있어야 행복한 거지. 돈과 욕정과 사람들의 인정 등에서 자유로울 수 없다면 그 두려움이라는 새장 속에 갇힌 존재에 불과해.

불교는 그런 집착을 하는 자아가 실제로는 존재하지 않는 것임을, 인생은 그저 꿈에 불과함을 깨닫게 되면 집착에서 해방될 수 있다고 해. 그러나 꿈이 꿈이 아니라는 것을 아는 게 어디 쉬운 일일까? 꿈속에서는 꿈이 꿈이라는 사실을 깨닫는 게 거의 불가능해. 이런 시도는 일시적일 뿐이고 또 일상이 시작되면 집착에서 오는 두려움의 고통을 겪을 수밖에 없어.

삼촌은 이 책을 통해서 너희에게 단순한 교리만 말하려는 것이 아니야. 불교 교리에서 완성하지 못한 참된 자유와 행복이 가톨릭 교리에 있다는 것을 알려 주고 싶은 거야. 그 방법은 나중에 결론적으로 알게 되겠지만, 우선 그 해답을 짐작해 볼 수 있도록 하나의 이야기만 들려줄게.

　실화를 바탕으로 한 '문신을 한 신부님'(2019년)이란 영화야. 영화 속 주인공은 다니엘이라는 청년이야. 그는 소년원 겸 교정 시설에서 생활해. 싸우다가 사람까지 죽이게 된 일도 있었어. 우연히 신부님이 집전하는 미사를 돕게 되면서 '사제의 길'을 꿈꾸게 돼. 하지만 살인 및 폭력 전과 때문에 "사제가 될 수 없다."라는 답을 들었고, 결국 다른 직업 훈련을 받게 되었어. 출소 후 신부님의 도움으로 시골 작은 마을의 목공소에 취직을 할 수 있게 되었고, 신부님은 그 본당 신부님을 찾아가라고 해.

　다니엘은 내면에 깊은 갈망과 불안, 그리고 죄책감을 안고 성당을 찾아가. 그런데 누군가가 "본당 신부님 맞나요?" 하고 묻자, 그는 순간적인 충동으로 "예, 제가 신부입니다."라고 대답해 버려. 그리고 빈 사제관에 머무르게 되면서, 그 마을의 임시 '신부' 역할을 시작하게 된 거야. 처음에는 서툴렀지만, 의외로 진솔한 그의 모습은 마을 사람들의 마음을 조금씩 움직였지. 다니엘은 정말 사제로 사는 삶이 행복했어.

　그런데 알고 보니 이 마을에는 큰 상처가 있었어. 얼마 전 끔찍한 교통사고가 발생해 여러 주민이 목숨을 잃었고, 그 사고의 원인을 제공한 '운전자' 역시 사망했어. 사고 당시 운전자가 술에 취해 있었다는 이야기 때문에, 마을 사람들은 그 운전자를 철저히 미워했지.

마을 곳곳에는 희생자들을 기리는 표시가 있지만, 그 '가해자'였던 운전자는 장례 미사도, 그래서 동네 묘지에조차 들어오지 못한 채 외곽에 묻힌 상태였어.

다니엘은 처음에는 이 사건에 깊게 관여하지 않으려 했어. 하지만 누구보다 '용서받지 못함의 고통'을 잘 아는 그였기에, 점점 그 가족과 죽은 운전자를 애도하지 못하는 상황이 신경 쓰였어. 그래서 그 운전자를 위한 장례를 제대로 치러 주자고 제안하지. 모든 마을 사람이 반대하고, 심지어 경찰관도 "장난질이 너무 심하다."라며 그를 몰아세워. 다니엘은 오기가 생기지. 그러면서 점점 다니엘이 진짜 신부가 아니라는 사실도 드러나기 시작해.

장례식 당일, 분노로 가득 찬 마을 주민들은 장례식장에 몰려와 고성을 질러 대. "가짜 신부가 무슨 장례를 치른단 말이야!" "이딴 식으로 저 인간까지 구원받게 해 줄 순 없어!" 다니엘은 위축되면서도, 용기를 내어 운전자의 관이 놓인 곳 앞으로 나아가. 그리고 목소리를 높여 모두에게 호소해.

"여러분, 저 역시 용서받지 못한 죄인이었습니다. 그런데 제가 알게 된 건, 하느님께서는 저에게 기회를 주셨고, 저도 여러분께 기회를 드리고 싶다는 겁니다. 이 사람에 대한 증오가 우리를 구원해 주지 못합니다. 죽은 이에 대한 복수나 증오는 우리 모두를 갉아먹을 뿐입니다."

다니엘은 장례식을 시작하며 조용히 기도문을 읊고, 마을 사람들과 함께 묵주 기도를 이어 나가. 이 순간, 관 앞에서 울부짖는 운전자의 가족을 보고 몇몇 주민들은 눈물을 글썽이며 "사제가 아닌 저 사람이 어떻게 우리를 이렇게까지 마음 돌리게 하나…" 하고 충격을 받아. 다는 아니지만, 여러 명이 그 사람을 위해 기도해 주지. 장례식을 마치고 다니엘은 신자들 앞에서 사제복을 벗고 문신이 새겨진 몸을 드러낸 채 그들을 조용히 떠나가.

　　다니엘이 언제 가장 행복했을까? 삼촌은 다니엘이 사람들의 시선에서 자유롭게 누군가의 잘못을 덮어 주려 할 때라고 생각해. 삼촌이 정의하는 행복은 사랑하고 사랑받는 거야. 그런데 사랑은 돈이나 명예, 욕망으로부터 자유로울 때 가능해. 돈 좋아하는 사람이 진정으로 다른 사람을 사랑하는 거 봤니? 찰스 디킨스의 『크리스마스 캐럴』에 나오는 스크루지 영감 알지? 그 영감이 누군가를 생각하기 시작한 것은 자기 죽음을 미리 보고 돈의 집착에서 벗어나기 시작할 때부터였어. 사랑은 내어 주는 것이어서 탐욕이 많은 사람은 절대 누군가를 사랑하지 못하고 그래서 사랑받지도 못해.

　　어쨌건 다니엘이 잠깐이지만, 진정으로 행복할 수 있었던 가장 중요한 계기가 무엇이었니? 바로 '사제복'을 입고 자신이 사제라고 믿기 시작한 때부터였어. 사제가 되라는 말이 아니야. 중요한 것은 내가 누구냐는 믿음이지. 하느님은 예수님을 우리에게 보내시어 우리 자신이 누구인지에 대한 새로운 믿음을 부여하셨어.

삼촌은 세상에 나와 있는 자기 계발서를 많이 읽었어. 그 책들이 공통적으로 말하는 성공의 비결 중 가장 중요한 것은 '믿음'이야. 내가 누구냐에 대한 믿음. 이 믿음이 있어야 꿈을 가질 수 있고 목표를 세울 수 있고 실패해도 좌절하지 않아서 오뚜기처럼 매번 다시 일어나 결국엔 성공에서 오는 행복을 누리게 되지. 중요한 것은 이 믿음이 '세상을 널리 이롭게 하는 꿈을 주는 자기 정체성'(고조선의 건국 이념인 홍익인간[弘益人間])이어야 한다는 거야. 히틀러처럼 이상한 꿈을 꿀 수도 있는 거잖아?

지금부터 삼촌과 함께 믿음의 여정을 떠나 보자. 이 믿음의 여정은 이 세상에서의 꿈을 찾고 성공에 이르며 참행복으로 나아가는 세상의 지혜와 결코 다른 것이 아니니 자기 계발서를 읽는다고 생각해도 될 거야.

우선 첫 부분은 내가 행복하지 않음을 인정하고 그 이유가 무엇 때문인지 알아야 '회개'를 할 수 있다는 내용이야. 두 번째 '세례' 부분은 바로 새로운 자기 정체성을 어떻게 갖게 되는지를 말하고 있어. 세 번째 '견진'은 그렇게 새롭게 받은 정체성을 어떻게 견고히 해 나가야 하는지의 내용이 나오고, 마지막 네 번째는 그 믿음의 싸움을 위해 '성체'가 어떻게 힘을 주는지를 설명해.

잠들기 전에 침대에서 5분만 읽자. 꾸준히 '매일 같은 시간에 읽는다.'라고 생각하면 어느새 마지막 부분을 읽고 있을 거야. 꾸준하기만 하면 못 할 게 없거든. 이게 가장 어려운 결단이기도 하겠지만. 이 책을 다 읽고 나면 이 책을 읽기 전보다는 확실히 다른 참행복에 이르는 정보들이 습득되었을 것이라고 삼촌이 보증할게. 물론 성당에 가고 싶고 성당 청년들과 어울리고 싶은 마음이 생겼음도 발견하게 될 거야. 그러면 또 그 목표를 위해 작은 실천을 매일 해 나가면 돼.

　나중에 지옥에 가는 사람들이 가장 후회하는 게 무엇이겠니? 혹시 모를 일을 위해 하루 5분도 투자하지 못한 것 아닐까? 이 시간의 투자는 내 생각이 틀릴 수도 있다는 겸손함에서 비롯돼. 이를 회개라고 해. 그래서 먼저 회개가 무엇인지 살펴보도록 하자.

1부
회개

행복

모든 생명이 추구하는 존재 이유이자 목적

"하느님을 향한 갈망은 인간의 마음속 깊이 새겨져 있다. 인간은 하느님을 향하여, 하느님에게서 창조되었기 때문이다. 하느님께서는 늘 인간을 당신께로 이끌고 계시며, 인간이 끊임없이 추구하는 진리와 행복은 오직 하느님 안에서만 찾을 수 있다."(CCC 27)

조카들아, 가톨릭교회에 머무는 길이 곧 구원의 길임을 너희가 믿게 하려면 무엇부터 시작해야 할까? 그래. 일단은 신이 없다는 주장부터 살펴봐야 하겠다. 우선 신의 존재부터 믿어야 교회에 대한 믿음까지 올 수 있으니까.

무신론을 주장하며 30여 권의 책을 쓴 '앤서니 플루'라는 20

세기 대표적인 무신론자가 있어. 1950년에 발표한 그의 유명한 논문 「신학과 위증」(Theology and Falsification)은 그동안 무신론자들이 가장 많이 인용하는 무신론의 교과서가 되었지. 여기서 무신론을 주장하는 가장 큰 이유 셋은 이거야.

a. 우주가 영원하며, 항상 있었고 항상 존재할 것이다. '원래' 존재하기에 새로운 창조자를 논하는 것은 의미가 없다는 뜻이야.

b. 생명은 무작위적 화학 작용의 결과물이다. 생명도 자연에서 '저절로 우연하게 무작위로' 발생할 수 있기에 창조된 것이 아니란 거지.

c. 하느님의 존재는 자기 모순적이다. 왜냐하면 악과 하느님은 공존할 수 없다. 창조는 선한 일이고 그래서 창조자는 선한 존재라면 왜 세상에 악도 존재하냐는 거야. 빛과 어둠이 어떻게 동시에 존재하냐는 거지.

우선 그들이 쓰는 단어를 보자. '원래, 저절로, 우연하게' 등이야. 그리고 그런 말을 쓰며 설명하는 무신론이 과학적이라 말하지. 무신론(無神論)이란 '신은 존재하지 않는다'란 주장이야. 불가지론(不可知論)도 있는데 무신론과 비슷해. 신이 존재하는지 과학적으로 확인할 수 없으니 관심 끄고 그냥 살자는 주장이지. 무신론과 가장 가까운 과학이 진화론이야. 결국 모든 무신론자들은 진화론자들이라 할 수 있어.

자신들이 '저절로' 존재한다는 거지.

그렇지만 너희도 알다시피 인간의 과학이 아무리 발달했다고는 하더라도, 지금까지의 수준으로는 우주의 기원이나 생명의 기원, 유전자의 복제나 다른 종으로의 진화 과정을 증명하거나 재연할 수는 없어. 삼촌은 인간이 무생물에서 생명체를 만들어 낼 수만 있다면 모든 것을 포기할 의향이 있어. 생명의 탄생은 창조자의 영역이거든.

그들의 주장대로라면 인간은 침팬지와 같은 것의 염색체 분열 오류, 곧 저절로 우연히 장시간에 걸쳐 생겨난 돌연변이일 뿐이야. 그러나 잘 생각해 봐. 인간에게 많은 염색체 이상이 일어나 태어나는 사람 중에 지금 인간보다 더 완전한 인간이 되는 예는 없어. 그래서 그들은 인간이나 다른 동물이나 존엄성 면에서 같다고 말할 수밖에 없어.

진화론에서 벗어나려면 진화론에서 말해서는 안 되는 것들이 우리와 세상에 존재함을 증명하면 될 거야. 진화론에서 모든 진화는 '저절로' 되기 때문에 '생명'이나 '사랑'과 같은 개념들이 저절로 생겨나야 하지 주입되거나 받는 것이어서는 안 돼. 또한 '질서'나 '법칙' 같은 것도 존재해서는 안 돼. 자동차나 스마트폰은 질서와 법칙에 따라 조립된 거잖아? 자연계 내에서 시간이 지나며 질서와 법칙이 허물어지는 것이 정상이지, 어떻게 모래가 저절로 모여서 반도체나 시계, 혹은 스마트폰이 될 수 있다고 하겠니? 자연계 내에서는 눈이 있던 물고기가 동굴에 갇혀 눈이 퇴화하는 경우는 있어도 눈이 없는 물고기가 빛으로 나온다고 눈이 생기는 진화는 일어나지 않아. 또는 '욕구'나 삶의 '목적', 혹은 '이유'나 '의미'를 말해서도 안 돼. 이 모든 것들은 만든 자에 의해 주입되는 것이거든. 스마트폰이나 자동차는 목적이 있잖아? 왜? 만들어졌으니까. 그러니까 목적이나 이유는 만든 창조자의 것을 받아들이는 거야. 존재나 생명이나 마찬가지로 욕구까지도. 결국 누구나 자신이 추구하는 욕구가 삶의 의미거든.

그런데 여기서는 모든 만들어진 것은 '목적'이 있다는 것으로 진화론과 차별되는 창조론의 정당성에 관해 집중해서 이야기할 거야. 인간 각자가 추구하는 삶의 의미가 곧 자신이 존재해야 하는 이유가 되는 거지. 욕구가 없는 생명체는 없어. 적어도 생존하려는 욕구는 있지. 그러나 진화론에서는 욕구나 목적에 관해 말해서는 안 되니까 골치가 아픈 거야. 이런 질문이 나올 수 있거든.

'살아야 하는 이유가 없다면 우리는 왜 자살하면 안 되는가?'

살아야 하는 목적성까지도 거부해야 하는 게 진화론의 영향을 받은 '무신론적 실존주의'야. 그 대표적인 철학자가 '장 폴 샤르트르'야. 그는 "존재하는 모든 것은 이유 없이 태어나고, 나약함으로 인해 연장되며, 우연히 죽는다."라고 말했어. 진화론자들이 말하는 '이유 없이', '우연히' 등의 단어를 그대로 사용하잖아?

"타인은 지옥이다."라는 말을 들어봤을 거야. 샤르트르가 쓴 연극 「출구 없음」(No Exit)에 나오는 대사지. 사람에게 타인은 관계를 위한 대상이야. 관계를 맺도록 강요받고 싶지 않은 거지. 아니면 관계 안에서 많은 상처를 받았던가. 어쨌건 그는 인간관계도 목적이어서는 안 된다고 주장하고 있어. 그렇다면 성욕은 왜 있고 자녀를 출산하고 싶은 마음은 왜 들고 우리는 태어날 때부터 왜 남자와 여자로 구분되는 것일까? 본래부터 관계를 목적으로 인간이 창조되었음을 인정하면 되지 않을까? 그러나 그는 이 욕구의 감옥에서 탈출해야 참자유를 누릴 수 있다고 주장하면서, 굳이 관계를 위해 타인을 향할 필요가 없다고 말하고 싶은 거야.

그런데 정말 욕구가 사라지면 행복할까? 정신 분석학 '이무석' 교수의 강의를 대중 매체를 통해 들은 적이 있어. 그분이 군의관으로 있을 때 자해를 하는 청년을 한 명 만났대. 그에게 왜 자해하느냐고 물었더니 이렇게 말했대.

"가만히 있으면 제가 우주에 붕 떠 있는 것처럼 느껴져서 상처를 내고 피가 나고 좀 아파야 '아, 내가 살아 있구나!'라고 느낍니다. 해야 할 일이 생겼으니까요."

왜 이 청년은 일부러 상처를 내고 그것을 치료하고자 하는 목적을 가지고 싶었을까? 다른 목적이 없었기 때문이야. 해야 할 일, 곧 아픈 곳을 낫게 하리라는 목적도 없다면 그건 사는 게 아니겠지. 인간 각자가 추구하는 욕구는 각자가 정한 존재 이유인데, 이것마저 부정한다면 정말 꽉 막힌 사고를 하는 고집쟁이라 하지 않을 수 없어.

『죽음의 수용소에서』란 세계적 베스트셀러를 쓴 '의미 치료'(로고 테라피) 창시자 '빅터 프랭클'은 죽음의 수용소들을 거치며 살아남을 수 있었던 이유가 목적이 있었기 때문이라고 말하고 있어. 바로 자신이 지금까지 연구해 오던 '의미 치료'에 관한 책을 출판하고야 말겠다는 일념이었어. 그가 보물처럼 여기던 원고를 수용소에서 빼앗겨 버렸기 때문이야. 그는 쓸 수 있는 모든 것들을 총동원해 당장 내일 죽어도 이상하지 않을 수용소에서 다시 원고를 부분부분 작성해서 모아 두었다고 해. 그는 자신의 책에서 니체의 이 말을 여러 번 인용해.

"살아야 할 이유를 아는 사람은 거의 모든 어려움을 견딜 수 있다."

빅터 프랭클의 살아야 하는 이유는 자신의 책을 남겨 세상에 조금이라도 선한 영향력을 미치고 죽는 것이었어. 이 욕구가 사람을 생존하게 하는 힘인 거야. 생명이 주어진 이상 그 생명을 유지하려는 욕구도 주어질 수밖에 없거든.

진화론이나 무신론적 실존주의는 이러한 딜레마에 빠져. 저절로 존재하게 된 것에 목적을 부여해서는 안 되고, 그렇다고 힘들면 자살해 버리라고 해서도 안 되니 골치가 아픈 거야. 신은 죽었다고 말하는 니체 또한 살아야 할 이유를 찾지 못했다면 이 세상에서 주어지는 고통을 감내할 수 없다고 말했으니까.

그래서 내놓은 해결책이 이거야. 각자의 삶의 목적이나 의미는 각자가 정하면 되는 것이라고. 그러나 그들은 이것이 자기 자신을 하나의 종교로 만드는 것임을 깨닫지 못해. 나의 존재 이유를 내가 결정함으로써 얻는 기쁨이 있어. 바로 신을 이기는 짜릿함이야. 성경에 따르면 태초의 아담과 하와도 스스로 하느님처럼 되려고 했어. 예수님을 팔아넘긴 유다는 또 인간이 되신 하느님을 팔아넘기며 얼마나 짜릿했을까? 나 자신이 나 자신의 창조자가 되는 기쁨이지. 어쨌건 삶의 이유는 창조자만이 알려 줄 수 있는 거니까.

"나는 신을 안 믿는데?"라고 말하는 사람이 더 많지만, 다 자기 방식대로 신을 선택한 거야. 결국 진화론이나 실존주의는 자기 자신이 신이 되어 자기를 믿는 종교를 탄생시키는 것으로 끝나. 나의 조카들은 이 무책임한 조류에 휩쓸리지 않기 바란다.

배는 정박해 있을 때 가장 안전하지. 그냥 자기가 물에 떠 있는 존재로 믿어 버리면 그만이야. 이는 자기 존재 이유를 자기가 정한 것이 돼. 자기가 자기 자신의 창조자가 된 셈이지. 게으르게 시간을 보내는 것도 자신에게는 삶의 의미이고 행복을 지향하는 거야. 이 모순과 허무함을 극복하는 길은 내가 창조되었다고 생각해 보는 거지. 배라면 자신이 왜 만들어졌는지를 찾는 거야. 그 목적이 달성되지 않으면 진정한 행복이 아닌 것처럼.

진화론자들이 처음에 주장하다가 요즘 철회한 내용이 있어. 신화의 목적은 '생존'이라는 것이지. 전체 생명체가 생존이라는 목적을 가진다면 이것 또한 목적을 지향하는 존재가 되는 것이니 진화론에는 맞지 않았거든. 그래서 우연히 유전자 변이를 통해 진화했다고 말하는 거야. 이런 면에서 인간의 가치는 박테리아와 다를 바가 없어. 다 진화의 산물이니까.

그렇다고 모든 생명체가 생존의 욕구를 가졌다는 것을 거부할 수 있을까? 더 포괄적으로 모든 존재가 그 욕구를 추구하는 이유는 '행복' 때문임을 거부할 수 있을까? 자살하는 사람은 행복하기를 원치 않기 때문일까? 그렇지 않지. 행복하고 싶은 욕구 때문이야. 이 지상의 고통을 벗어나 덜 고통스러운 곳으로 향하려는 시도거든. 맹수가 먹이를 잡는 것이나, 새끼를 지키기 위해 목숨을 거는 동물이나 다 그것이 행복 때문임을 인정할 수밖에 없어. 자기 유전자를 남기려고 새끼를 위해 희생한다는 말은 말도 안 되는 이야기야. 어차피 자기가 죽으면 끝인데. 그러나 그러한 선택이 자기를 더 행복하게 만든다고 하면 모든 문제가 해결돼.

모든 생명체는 다 행복이라는 삶의 목적으로 나아가고 있는 거야. 지금 행복하지 못하다고 행복하고 싶다는 마음까지 부정하지는 말자. 간절히 원하는 것만 얻을 수 있어. 원하는 것만 보이고 원하는 것만 들리는 것을 체험한 적이 있을 거야. 내가 행복하기를 간절히 원한다는 것을 인정하지 않으면 나 자신도 모르게 생존만을 행복으로 여기며 박테리아나 모기처럼 살아갈 수밖에 없게 돼.

"'참행복'은 예수님께서 하신 설교의 핵심이다. (중략) 이 약속들은 더 이상 지상에서 누리는 기쁨에 그치지 않고 하늘 나라를 차지하게 됨으로써 완성된다."(CCC 1716)

핵심

무신론을 주장하는 이들에겐 사물이나 생물에 목적이 있어서는 안 된다. 목적을 지니면 창조된 것이기 때문이다. 그러나 목적 없는 사람은 삶의 의미를 잃고 무기력에 빠진다. 욕구 없는 사람은 죽은 사람이다. 이 때문에 무신론자는 신을 믿지 않더라도 삶의 이유가 존재함은 거부할 수 없는 딜레마에 빠진다. 삶의 이유를 가지려 하며 동시에 무신론자가 되려는 모순에 빠지는 것이다. 목적 없는 삶은 의미가 없기 때문에 무신론자들도 결국엔 목적을 찾으며 종교적인 존재가 된다. 나나 내가 만든 신을 믿으며 그것을 목적으로 살던가, 아니면 모든 인간은 '행복'을 추구하기에 그 공통된 목적으로 창조한 창조자가 있음을 믿고 살던가.

지혜

행복을 좇으면 발견하게 되는 것

"우리는 하느님께서 당신의 지혜로 세상을 창조하셨다고 믿는다. 그러므로 세계는 어떤 필연성이나, 맹목적 운명이나, 우연의 산물이 아니다. 피조물들을 당신의 존재와 지혜와 선에 참여시키고자 하시는, 하느님의 자유로운 의지에서 세계가 생겨났음을 우리는 믿는다."(CCC 295)

사랑하는 조카들아, 이제 인간을 포함한 모든 생물은 '행복'을 추구함을 인정할 수 있겠지? 이것이 존재의 목적이고, 목적이 있다면 창조된 것일 수밖에 없음도? 물론 아직 하느님을 온전히 인정하는 것은 어려울지라도, 우선은 살아가면서 어떻게 하면 행복할 수 있을지부터 알아보자.

영화 '박하사탕'(2000년)을 아니? 1999년 봄, 마흔 살 영호는 가리봉 봉우회 야유회에 허름한 행색으로 나타나. 그곳은 20년 전 첫사랑 순임과 소풍을 왔던 곳이지. 직업도 가족도 모두 잃고 삶의 막장에 다다른 영호는 철로 위로 올라가 다가오는 열차 앞에서 "나 다시 돌아갈래!"라고 절규하며 영화는 시작하지. 사람들은 왜 40년을 산 영호가 이런 극단적인 선택을 하게 되었는지 궁금해하게 돼. 영화는 시간을 거슬러 올라가며 한 사람이 어떻게 순수성을 잃어가게 되었는지를 파헤치게 돼.

영호는 자신이 순수하게 박하사탕을 건네며 순수한 사랑을 꿈꾸었지만, 환경은 그를 가만두지 않았지. 군대에 있었을 때는 광주 민주화 운동을 진압하러 가서 오발로 무고한 한 여자아이를 죽이게 돼. 경찰이 되어서는 민주화를 위해 데모하는 대학생들을 고문해야만 했고, 사업하면서는 편법을 쓰고 외도까지 쉽게 하는 나쁜 사람이 되어 있었던 거야. 결국 가족도 잃고 사기도 당하여 빈털터리가 되어 가장 순수했던 사랑의 자리로 돌아와 기차 앞에 서게 된 거지.

영호는 20년 전 사진을 찍어 주고 박하사탕을 받으며 사랑의 행복을 느꼈었어. 그러나 그 행복을 잡지 못하고 힘과 명예, 돈과 성욕의 행복을 추구하는 존재가 되어 버렸지. 결국엔 본래 추구하던 순수한 사랑으로 돌아가고 싶다는 말만 남기고 자살을 선택하는 것으로 끝나.

영호는 왜 진짜 행복을 잊고 짧은 쾌락과 오랜 죄책감과 허무함만 남기는 행복을 추구하게 되었을까? 우리가 물건을 잃어버렸을 때 '반드시 저기 있을 거야!'라는 믿음이 있으면 그 물건을 반드시 찾게 되지만, '여기가 아닌가?'라고 하면 찾을 수 없었던 체험들이 있을 거야. 행복도 온 힘을 다해 찾으려 하지 않으면 찾아질 수 없는 거야.

우선 모든 생명체가 행복을 추구하지만, 각자 행복이라고 믿는 것이 다름부터 알아보자. 박테리아나 모기와 같은 하등 동물들의 행복은 무엇일까? 무조건 생존이야. 그런데 조금씩 고등 동물이 되면서는 행복에 '관계'란 것이 들어와. 진화론자들은 무리 생활을 하게 되는 것도 다 생존하기 위해서라고 하지만, 정말 아기가 생존만을 위해 부모를 찾을까? 만약에 생존이 보장된다면 고아원에서 크는 것이 훨씬 자유롭지 않을까?

생존이든 관계든 인간이 더 큰 행복을 추구하려 할수록 발견하게 되는 게 있어. 이것은 하등 동물은 전혀 모르는 지식이지. 이제부터 참행복에 이르는 지식이 무엇인지 알아볼 거야.

'솔리 가노르'(Solly Ganor)는 홀로코스트 생존자야. 홀로코스트는 제2차 세계 대전이 일어나던 1941년부터 1945년까지 아돌프 히틀러가 이끈 나치당이 나치 독일과 독일군 점령지 전반에 걸쳐 계획적으로 유대인과 슬라브족, 집시, 동성애자, 장애인, 정치범 등 약 1,100만 명의 민간인과 전쟁 포로를 학살한 사건이야. 솔리는 1941년 독일군의 침공으로 그의 삶이 산산조각이 나기 전까지는 리투아니아에서 비교적 평화로운 삶을 살았어.

솔리와 그의 가족은 게토의 강제 수용소에 갇혀 있다가 전쟁 막바지에는 음식이나 물도 없이 며칠 동안 걷는 죽음의 행진을 해야만 했어. 이때 많은 수가 기아와 탈진, 추위 등으로 사망했지. 솔리도 더는 움직일 수가 없는 지경이 되었어. 죽음이 불가피해 보이는 이 순간, 솔리는 절박한 결정을 내려야만 했어. 그는 죽은 척하며 시체 더미 속에 누워 있기로 한 거지. 그는 나치 경비병이나 아직 살아 있는 포로를 총으로 쏘는 군인들에게 발각되지 않도록 정말 죽은 사람처럼 있어야만 했어. 살아남기 위해 죽음에 뒤섞이는 이 위험한 행위는 극적인 도박이었지만 결국 성공했지.

솔리 가노르가 다른 사람들이 하지 않는 선택을 한 이유는 무엇일까? 행복해지기 위해서였겠지? 그러나 더 빨리 죽을 수 있는 상황을 감수하는 선택이기도 했어. 그런 모험을 하지 않았더라면 며칠, 혹은 몇 달을 더 살 수도 있었을 거야. 그러나 그는 다른 이들과 다른 행복에 관한 지식이 있었어. 그 지식이 목숨을 더 빨리 잃을 수도 있는 위험한 선택을 하게 만든 거지.

삼촌의 인생 모토가 '행복'이야. 어렸을 때 할머니의 돌아가심이 삼촌에게 큰 충격을 주었어. 어차피 죽을 거, 최고로 행복하게 살고 죽자고 결심하게 되었어. 그래서 삼촌이 사제가 되기로 선택한 첫 번째 이유는 영혼을 구원하겠다는 거창한 의도가 아니었어. 더 큰 나의 행복을 찾겠다는 이기심에 의한 선택이었지. 그런데 이 이기심에는 나 자신이 아닌 다른 이를 행복하게 할 때 나의 행복이 더 커진다는 지식이 들어 있었어.

그 지식은 이렇게 갖게 되었어. 어려서부터 '무엇이 행복인가?'를 생각하다 보니 분별이 되는 거야. 무엇이 진정 나를 행복하게 하는지, 혹은 행복으로 보이지만 결국 무엇이 나의 행복을 빼앗는지. 그 이전까지 추구했던 돈과 여자와 명예는 결국 나에게 참행복의 길이 아닌 오히려 고통으로 가는 길임을 알게 되었어. 이처럼 참행복을 추구하는 것을 삶의 의미로 살아가는 이들이 찾게 되는 이 지식을 무엇이라고 하는지 아니? 이것을 일반 지식과 구분되는 '지혜'라고 불러. 이 지혜가 점점 더 나은 행복을 위한 선택을 하게 만들어 주는 거야.

따라서 의지적으로, 어쩌면 목숨을 걸며 행복하기를 원하는 이들은 지혜를 발견하기까지 지식의 탐구를 멈추지 않아. 자수성가하여 행복한 삶을 사는 사람들은 분명히 이 지혜를 발견한 사람들이야. 나는 그런 사람들은 단 한 명도 빠짐없이 책을 많이 읽는 사람이라고 확신해. 행복하기를 절실히 원하는데 지식을 탐구하지 않을 수 없거든. 참고로 유튜브와 책은 큰 차이가 있어. 유튜브는 생각이 강요되지만, 책을 읽으면 좀 수고스럽더라도 자기가 주체가 되어 생각할 줄 아는 연습을 하게 되거든.

다시 영화 '박하사탕'으로 돌아와 보자. 영호에게 없었던 것은 무엇이겠니? 맞아. 바로 지혜야. 그는 다양한 지식을 쌓으며 살아왔지. 그러나 행복에 집중하지 못했기 때문에 지혜는 갖추지 못했던 거야. 결국 자살을 선택하게 되었지. 반면 솔리 가노르는 어떨까? 잠깐의 고통을 통해 오랜 평화와 행복을 주는 방법을 찾아냈어. 그는 진정한 행복을 추구하던 사람이었고 그 덕분에 올바른 선택을 하게 하는 지혜를 지닌 인물이었던 거야. 이게 지식인과 지혜로운 사람의 차이야.

우리가 사는 세상은 솔리 가노르보다 영호와 같은 사람이 되게 만드는 환경이야. 환경이 결국 사람을 만드는 것이거든, 예를 들어 보자. 우리나라는 다른 나라들보다 경쟁을 강요하잖아? 그래서 그 많은 학원이 있지. 삼촌 눈에는 학원 사업이란 것이 번창하게 된 이 상황이 국가적으로 엄청난 낭비를 하게 만드는 것으로 보여. 그러나 누가 이런 상황을 만들었을까? 지혜롭지 못한 사람들이겠지. 경쟁은 결코 행복을 위한 지혜가 아니야. 그저 쾌락을 위한 지식일 뿐이지.

인도에서 이런 일이 있었다고 해. 인도 어떤 지방에는 1년에 한 번씩 물소 경주가 있었고 경주가 있는 날은 마을의 축제였어. 그런데 그 지방 지도자가 상금을 걸자는 생각을 한 거야. 경쟁하면 더 재미있어서 관광객을 많이 불러 모을 것이라고 여겼지. 그때부터 어떤 일이 발생했을까? 물소 경주 축제는 지옥으로 바뀌었어. 타인의 물소에게 해를 끼치는가 하면 그런 일 때문에 살인까지 벌어지게 된 거야. 경쟁은 그렇다면 행복을 위한 지혜로운 선택은 아닌 거지.

너희도 유치원부터 경쟁을 시작하여 죽을 때까지 경쟁에서 벗어나지는 못할 거야. 핀란드의 교육은 그렇지 않지. 전체적인 교육 수준은 우리보다 나은데 그들의 공부 시간은 우리나라 학생들의 절반 정도밖에 안 된다고 해. 물론 우리나라와 같은 사교육이나 학원 같은 것도 없지. 그들의 교육은 공동체 우선이야. 함께 사는 게 중요하지 남을 이기는 게 중요한 게 아님을 깨달은 거지. 그래서 성적이 안 나오는 학교에 더 많은 지원금을 준대. 우리나라 교육과는 반대지. 잘하는 아이들은 못 하는 친구들을 가르치며 선생님처럼 더 똑똑해지고 못 하는 아이들은 세상은 따뜻한 곳이라 여기고 공부 잘하는 아이들에게 고마움을 느껴.

핀란드의 교육 제도는 우리나라와 사뭇 다르지? 그 이유는 어디서 올까? 우리나라는 지식 기반으로 나아가고 있고 핀란드는 지혜 기반으로 나아가고 있기 때문이야. 누구나 다 행복하기를 원한다고 말하지만, 사실 진짜 목숨 걸고 행복하기를 바라며 그 지혜를 발견하는 사람은 많지 않아. 그런 사람이 정치인이 되지 않는 이상 우리나라는 소위 '헬조선'이라는 상황에서 벗어나지 못할 거야. 우리나라가 자살률이 항상 세계 1위 하는 것은 잘 알지?

지혜는 경쟁하여 높아지는 것보다는 겸손해지지 않으면 행복할 수 없다고 가르쳐. 예전에 가수 패티김이 출연한 SBS '힐링캠프'를 본 적이 있어. 패티김이 가장 인기가 있던 40~50대에 갱년기와 함께 우울증이 찾아왔대. 당시 패티김은 누가 인사를 해도 고개만 까딱할 뿐이었고 팬들이 손을 잡으면 손을 옷에 쓱쓱 닦기도 했어. 너무 높이 올라가 있었던 거지. 그러나 그런 원인을 모르던 패티김은 불안함과 공허감에 자살까지 생각하며 그 이유를 찾기 위해 사제, 수녀님, 스님 등을 찾아갔대. 그녀는 어느 시골 작은 절의 노스님에게서 지혜를 발견하고는 눈물을 펑펑 흘렸고 마음이 편안해졌다고 하네.

"보살님은 너무너무 높이 있습니다. 이제 내려놓고 내려오세요. 조금 겸손해지세요. 높이 있으면 불안하기 마련입니다."

다행히 요즘은 젊은 연예인들에게 소속사에서 겸손부터 가르친다고 하더라구. 지혜가 있는 사람들이지. 겸손하지 않으면 오래 가지 않는 걸 자주 봤을 테니까.

겸손은 나를 낮추는 일이야. 동물의 세계에서는 잡아먹힐 수밖에 없는 위험한 행동이지. 그러나 인간은 지혜를 지니고 있어. 겸손한 사람이 사람들과 잘 어울릴 수 있고 그 관계에서 오는 행복이 진짜 행복임을 아는 거지. 지혜를 찾는 이들은 이 진리를 발견하게 돼.

성경은 "지혜가 옳다는 것을 지혜의 모든 자녀가 드러냈다."(루카 7,35)라고 말해. 이건 정말이야. 1조 이상의 자수성가한 초대형 부자 21명의 공통된 습관을 정리한 책 '라파엘 배지아그'의 『억만장자 시크릿』에는 그들이 매일 무엇을 하고 사는지가 나와 있어. 이미 잘 알지만, 우리가 잘하지 못하는 것들이지. 일찍 일어나기, 운동, 독서, 명상,

생활 규율 만들기, 검소한 생활 방식, 극도의 효율성(싫은 일부터 빨리 끝내 놓기) 등이야. 예외가 없는 행복의 법칙이지.

자, 이제 결론적으로 지혜로운 사람이 되는 방법을 알려 줄게. 우리를 행복해지게 하려고 창조하신 하느님께서 그 방법을 온 세상에 뿌려 놓으셨음을 믿는 거야. 믿지 못하면 발견할 수 없어.

진화론이나 무신론적 실존주의는 '법칙'이 있음을 인정하지 못해. 법칙이 있으면 만들어진 거니까. 탁상시계는 일정한 법칙으로 움직이지? 그런데 시계가 저절로 생겼다고는 말할 수 없잖아? 왜냐하면 법칙이 주입되어 있으니까. 세상에 행복의 법칙이 넣어져 있음을 믿는다는 것은 이미 세상의 창조자가 계심을 믿는 일이 돼. 이 세상에 행복해지는 법칙인 지혜가 존재한다고 믿고 그 지혜를 찾는 사람은 벌써 자신도 모르게 이 세상이 창조되었음을 믿고 있는 거야. 믿으면 발견할 수 있어.

삼촌이 겨울에 일본 홋카이도로 여행을 간 적이 있었어. 영하 10도 정도의 날씨에 야외 온천이었는데, 물은 온몸을 담그기에는 너무 뜨거웠어. 추우니까 사람들은 온천물 속에 몸을 푹 담갔다가 10분도 못 견디고 건물 안으로 들어갔어.

그러나 삼촌은 포기할 수 없었어. 일본까지 와서 한겨울에 온천을 하는 더 큰 즐거움이 분명 있을 것이라 믿었어. 그러니까 방법이 보이더라. 바로 '반신욕'. 머리는 젖어서 고드름이 생길 정도였지만, 허리

아래쪽은 뜨거웠어. 그런데 아래의 열이 위로 올라오면서 그 시원한 바람에 가슴이 식혀지는 맛은 그 자체로 천국이었어. 물속에 쏙 들어가거나 밖에 있으면 5분도 견디지 못하지만, 삼촌은 한 시간 넘게 그렇게 앉아 천국을 느끼다 들어왔지. 믿으면 찾게 되고 찾으면 발견하게 돼. '당신은 사랑받기 위해 태어난 사람…' 뭐 이런 가사의 노래도 있잖아? 오직 믿는 사람만이 모든 에너지를 다해 행복을 추구할 수 있고 그런 사람만이 지혜를 발견하게 되고 그 지혜가 참행복에 이르는 선택을 하게 만든다는 것을 잊지 말기를 바라.

"행복하여라, 지혜를 찾은 사람! 행복하여라, 슬기를 얻은 사람! 지혜의 소득은 은보다 낫고 그 소출은 순금보다 낫다. 지혜는 산호보다 값진 것 네 모든 귀중품도 그것에 비길 수 없다. 지혜의 오른손에는 장수가, 그 왼손에는 부와 영광이 들려 있다. 지혜의 길은 감미로운 길이고 그 모든 앞길에는 평화가 깃들어 있다. 지혜는 붙잡는 이에게 생명의 나무 그것을 붙드는 이들은 행복하다. 주님께서는 지혜로 땅을 세우시고 슬기로 하늘을 굳히셨다. 그분의 지식으로 심연이 열리고 구름이 이슬을 내린다."(잠언 3,13-20)

참행복에 이르는 지식을 '지혜'라고 한다. 지혜는 하느님께서 내가 행복하기를 바라는 마음으로 창조하셨고, 그 길을 반드시 알

려 주신다는 믿음이 있는 사람들만이 찾게 되는 행복을 위한 지식이다. 이 지혜는 행복을 믿고 행복하기를 바라는 이들이 삶의 경험이나 책, 혹은 이미 행복으로 나아가는 사람들의 모범 등으로 발견된다. 그리고 그 행복의 지혜는 사람에 따라 예외가 있지 않은 모든 사람에게 공통된 법칙이다. 법칙이 있다는 말은 인간과 세상에 그 법칙을 넣어 창조하신 창조자가 존재한다는 증거가 된다.

거짓말
지혜를 거부하는 길

"거짓말은 진실을 가장 직접적으로 어기는 것이다. 거짓말은 사람을 오류에 빠뜨리려고 진실을 거슬러 말하거나 행동하는 것이다. 거짓말은 인간과 진실의 관계, 또는 인간과 이웃의 관계를 손상시킴으로써, 인간과 주님 그리고 인간의 언어와 주님 사이의 기본 관계를 해치는 것이다."(CCC 2483)

트리나 폴러스의 『꽃들에게 희망을』은 삼촌이 사제가 되기로 결단을 내리는 데 결정적인 역할을 한 책이야. 한 애벌레가 태어나 나뭇잎만 먹다가 애벌레 무리로 된 한 기둥을 발견해. 그 기둥으로 애벌레들이 서로 밟으며 구름 속에 가린 꼭대기를 향해 올라가고 있었어. 줄무늬 애벌레도 그 기둥을 열심히 올라가다 노랑 애벌레를 만나게 돼. 둘은 사랑에 빠져 경쟁의 세상에서 잠시 내려와 행복을 즐겼지.

그런데 줄무늬 애벌레는 그 기둥의 꼭대기에 무엇이 있는지 꼭 알고 싶어졌어. 노랑 애벌레는 울며 헤매다 누에가 되는 법을 배우고 노랑나비로 새로 태어나. 줄무늬 애벌레는 기둥의 정상까지 빠르게 올랐지만, 꼭대기엔 아무것도 없었어. 맨 꼭대기에 있는 애벌레들은 아래서 올라오는 애벌레들이 부러워하도록 아무것도 없음을 비밀로 하며 자기를 지키기 위해 견디고 있었지.

그때 노랑나비가 나타나서 무언가 말하는 거야. 알아들을 수는 없었지만, 그 눈빛은 낯이 익었어. 줄무늬 애벌레는 결정해야 했어. 이 자리가 행복이라 우기고 있을 것인지, 아니면 솔직히 행복하지 않음을 인정하고 노랑 애벌레가 이끄는 길로 가기 위해 지금까지 고생하며 얻은 높이를 다 포기해야 할 것인지. 줄무늬 애벌레는 솔직할 줄 알았어. 그래서 노랑나비가 이끄는 대로 그 기둥을 내려와 고치 만드는 법을 배우고는 며칠 뒤 호랑나비로 새로 태어나.

나비가 될 수 있음을 깨닫지 못하고 경쟁 사회에서 허무뿐인 꼭대기를 향해 올라가는 수많은 사람들. 그리고 자신들의 지위와 재산을 부러워하도록 자랑하면서 행복하지 않음을 솔직하게 고백하지 못하는 이들. 이들이 솔직하지 못한 대가는 무엇일까? 지혜를 받아들이지 못하게 되는 거야.

앞에서 지혜는 행복에 이르는 시대와 장소에 상관없이 적용되는 공통된 지식이자 법칙이라고 했잖아? 그런데 그 지혜를 거부하는 방법이 있어. 바로 '거짓말'을 하는 거야. 유다 이스카리옷이 은돈 서른 닢에 예수님을 팔아넘기거든? 그는 100% 거짓말쟁이일 수밖에 없어. 그래야 예수님보다 돈이 더 행복하다는 믿음을 유지할 수 있거든. 따라서 거짓말을 하는 이들은 절대 행복해질 수 없어. 참행복의 지혜를 거짓말로 스스로 거부하고 있는 거니까. 예수님은 거짓말하는 이들이 사탄의 후손들이라고 말씀하셔.

"너희는 너희 아비인 악마에게서 났고, 너희 아비의 욕망대로 하기를 원한다. 그는 처음부터 살인자로서, 진리 편에 서 본 적이 없다. 그 안에 진리가 없기 때문이다. 그가 거짓을 말할 때에는 본성에서 그렇게 말하는 것이다. 그가 거짓말쟁이며 거짓의 아비기 때문이다. 내가 진리를 말하기 때문에 너희는 나를 믿지 않는다."(요한 8,44-45)

에덴 동산에서 하느님께서는 선악과를 따서 먹고 죄를 짓고는 두렵고 부끄러워하는 아담과 하와에게 가죽옷을 준비하셨어. 그런데 그들이 했던 일은 무엇일까? 무화과나무 잎으로 두렁이를 만들어 부끄러운 부분을 가리려고 한 거야. 하느님 앞에서도 솔직하지 못함은 자신이 지은 죄가 더 큰 행복이라고 주장하는 것과 같아. 고통을 거짓으로 합리화하며 참행복의 지혜를 거부하는 거지.

피노키오 알지? 이 동화는 한 아이가 어떻게 어른이 되어 가는지를 말하고 있어. 피노키오는 제페토 할아버지의 말을 듣거나 학교에 가서 공부하는 것보다 늑대의 말을 더 신뢰해. 그래서 서커스에 가서 인기를 얻으려고 하지. 그럴수록 그는 더욱더 인간이 될 희망을 잃게 돼. 나중에는 어른들을 흉내 내는 섬에까지 가게 되는데 몸이 점점 당나귀로 바뀌었지. 그에게도 도움을 주는 요정이 있었어. 그런데 자기를 도와주려는 요정에게 피노키오는 언제나 거짓말을 했어. 그러나 어른들은 알지. 피노키오의 코가 점점 커졌거든.

아이들은 거짓말이 당장 꾸지람을 면하게 하는 행복의 길로 보이겠지만, 어른들은 거짓말이 부모의 지혜를 거부하고 결국 친구들과의 우정도 깨뜨리는 독과 같음을 알아. 정말 신기한 건 한 살짜리도 거짓말을 한다는 거야. 유튜브에 '"누가 개 사료 만졌어?" 딱 들킨 1살 아이가 보인 반응'을 찾아서 봐. 아이는 엄마 아빠가 뻔히 개 사료를 만졌음을 아는데도 끝까지 안 만졌다고 우겨. 한 살인데도.

이런 아이는 귀엽기라도 하지. 그러나 어른이 되어 그렇게 한다면 누구에게 신뢰받을 수 있겠니. 우리는 이솝우화 '양치기 소년'을 잘 알고 있어. 사람들의 관심을 사기 위해 늑대가 나타났다고 거짓말을 하도 해서 나중에 진짜 늑대가 나타났을 때는 아무도 그를 도와주러 오지 않았다는 내용이야.

이런 면에서 거짓말하는 사람은 이미 거짓말을 하는 것이 행복의 길이라고 선택한 사람이야. 그러나 거짓말은 지혜가 아니야. 피노키오는 거짓말할 때 행복했을까? 자기를 태어나게 한 제페토 할아버지를 잃게 되는 결과를 맞지. 부모가 나 때문에 죽었는데도 행복할 수 있을까? 참행복의 지혜를 가지려면 가장 먼저 거짓말을 할 것인지, 진실을 말할 것인지 결정해야 해. 이것이 진정으로 행복의 지혜를 얻으려는지, 내가 결정한 행복을 따르려는지를 결정하는 거야.

약속을 지키지 않는 것도 거짓말이야. 우리 조카들은 사회에 나가 사람들에게 인정받기 위해 절대 약속을 어기는 일이 없기를 바라. 자기 입에서 나온 말은 꼭 이뤄지게 만들어야 해. 그래야 다른 사람들로부터 신뢰를 얻을 수 있고 그게 살아가는 데 가장 큰 보험이 될 거야. 작은 약속을 어기다가 결국 배우자의 신의도 저버리고 회사에서는 횡령을 하는 지경에까지 이르게 돼. 잔에 독이 들었음을 알면서 그 잔을 마시는 사람은 없을 거야. 우리는 거짓말이 독임을 알 필요가 있어.

어떤 사람들은 '착한 거짓말', '하얀 거짓말'이라는 핑계를 대. 그러나 거짓말은 거짓말이야. 내가 거짓말을 하면 다른 사람들도 거짓말을 할 것이라고 짐작해. 그러면 진리 안에도 거짓이 스며있을 거라 믿지. 사람은 자신이 하는 대로 타인을 판단하거든. 따라서 거짓말하는 이들은 진리를 보고도 의심하고 믿지 못하게 되는 거야.

"세상에 거짓말하지 않고 어떻게 살 수 있냐?"라고 말할 수 있어. 자수성가한 사람들은 거짓말로 사람을 속여 그렇게 성공했다고 믿지. 그래서 지혜롭지 못한 거야. 실제로 세상에서 크게 성공하는 사람들은 대부분 진실하여 세상 사람들로부터 신뢰를 받는 사람들이야. 내가 먼저 진실하면 친밀감 있는 친구들을 많이 사귀게 되고 그들의 도움과 협조로 성공하게 되는 거야. 성경에서 바오로 사도는 이렇게 말해.

"서로 거짓말을 하지 마십시오. 여러분은 옛 인간을 그 행실과 함께 벗어 버리고, 새 인간을 입은 사람입니다. 새 인간은 자기를 창조하신 분의 모상에 따라 끊임없이 새로워지면서 참지식에 이르게 됩니다."(콜로 3,9-10)

여기서 거짓말하는 종교는 진리가 없음을 알아야 해. 어느 종파는 선교를 위해 거짓말을 해도 된다고 가르치기도 해. 그들은 거짓말로 재물과 쾌락, 폭력을 쓰는 것도 어느 정도 행복을 위해 꼭 필요하다고 가르쳐. 이런 종교를 보통 '사이비'(似而非)라고 불러. 비슷하지만, 같지 않다는 뜻이지.

어떤 사람이 사이비 집단에 빠졌다가 그 실체를 알고 고민하는 친구를 만났어. 그리고 그 집단이 잘못된 것을 알면서도 왜 나오지 않느냐고 물었어. 그 사람은 이렇게 대답했다고 해.

"처음엔 나의 선택이 정말 옳다고 여겼고 이것을 믿지 않는 사람을 어리석게 봤지. 그래서 재산도 다 바쳤고. 그런데 이젠 쪽팔려서 못 나가. 친척들이며 내가 무시했던 그 사람들이 나를 어떻게 보겠어."

거짓말은 내 안의 무언가를 보호하려고 사용하는 도구야. 심리학에서는 어려운 말로 '방어 기제'라고 부르지. 무언가를 방어하기 위해 사용하는 도구 중 하나야. 그 무언가가 무언지는 뒤에 말해 줄게. 우선은 자존심이라고 생각하자. 그 자존심 때문에 참행복에 이르는 지혜를 거부하게 되는 거지.

마더 데레사 성녀가 젊었을 때 어느 빈민굴을 방문했어. 한 컴컴한 집에 들어갔는데 돼지우리 저리 가라였어. 거기에 한 청년이 술과 약에 취해 널브러져 있었지. 방엔 등잔이 있었지만, 청년은 등잔도 켜지 않고 낮에도 어둡게 살고 있었어.

마더 데레사가 등잔에 불을 켜자 청년은 화를 내며 불을 껐지. 성녀는 지지 않고 다시 불을 켰고 청년은 다시 껐어. 그런데 성인이 된 분들은 어떤 의미로는 독한 분들이야. 지지 않지. 그렇게 옥신각신하다가 화가 난 청년은 등잔을 창문 밖으로 던져서 깨 버려. 성녀는 시장에 가서 새 등잔을 사서 돌아와서는 그 방에 다시 불을 밝혀 주고 수녀원으로 돌아왔어.

10년 정도가 지나 우연히 한 젊은 수녀를 통해 그 청년의 소식을 들을 수 있었어. 청년은 깨끗하게 정돈된 집에서 안정된 직장을 다니며 착실히 생활하고 있었어. 그 청년이 마더 데레사와 같은 옷을 입은 젊은 수녀를 보자 이렇게 말했다고 해.

"그 키 작은 수녀님께 전해 주십시오. 당신의 등불이 지금도 내 삶 안에서 빛나고 있다고."

어둠은 자기 처지를 보려고 하지 않기 위해 가리려는 마음이야.

거짓말이지. 빛은 지혜야. 빛은 어둠과 공존할 수 없지. 빛을 받아들이기 위해서, 진리를 받아들이기 위해서 눈빛으로라도 거짓이 나오지 않는 사람이 되기로 결심하기를 바라. 그렇지 않으면 믿음의 길은 포기하는 게 좋아. 믿지 못하게 될 것이거든.

하느님 나라에 들어갈 사람들을 성경에서는 상징적으로 '이스라엘 백성'이라고 표현해. 예수님께서 당신에게 오는 나타나엘이 참으로 하느님 나라에 합당한 사람이라고 말씀하셔. 그리고 그 이유가 바로 거짓말을 할 줄 모르는 사람이기 때문이라고 말씀하셔.

"보라, 저 사람이야말로 참으로 이스라엘 사람이다. 저 사람은 거짓이 없다." (요한 1,47)

핵심

행복을 바라면 방법을 찾는다. 참행복에 이르는 방법이 지혜다. 지혜의 빛을 거부하는 행위가 거짓말이다. 거짓말은 지금의 자신을 행복하다고 합리화하는 행위이기 때문에 더 큰 지혜를 무익한 것으로 만든다. 거짓말은 불행한데도 행복하다고 주장하는 자기 방어 기제다. 아프면서 아프지 않다고 우기면 의사는 필요 없어진다. 자신과 이웃과 하늘에 솔직하자. 이 행동이 지혜와 친구가 되는 시작점이 된다.

사랑

지혜가 알려 주는 참행복

"내가 내 아버지의 계명을 지켜 그분의 사랑 안에 머무르는 것처럼, 너희도 내 계명을 지키면 내 사랑 안에 머무를 것이다. 내가 너희에게 이 말을 한 이유는, 내 기쁨이 너희 안에 있고 또 너희 기쁨이 충만하게 하려는 것이다. 이것이 나의 계명이다. 내가 너희를 사랑한 것처럼 너희도 서로 사랑하여라."(요한 15,10-12)

어떤 강의에서 이런 내용을 들었어. 일단 어린아이에게 햄스터를 한 마리 선물해 주었대. 아이는 햄스터를 너무 좋아했지. 정성을 다해 먹이를 주고 아프지 않도록 보살폈어. 그런데 햄스터의 평균 수명은 2~3년이라네? 햄스터는 금방 죽었어. 이때 아이는 큰 상처를 받

아. 부모는 "또 햄스터 키울 거니?"라고 물었어. 아이는 울면서 이젠 절대 안 키우겠다고 했어. 그런데 1~2년 지난 후 아이는 부모에게 또 햄스터를 키우고 싶다고 말했대. 이번에 아이가 햄스터를 대하는 방식은 조금 달랐다고 해. 내가 열심히 키워도 햄스터가 곧 죽을 것을 안 것이지. 그래도 햄스터가 살아 있는 한 열심히 행복하게 해 주었어. 아이는 참행복의 지혜를 깨친 것이지.

거짓말을 모르는 아이들에게 하느님은 행복의 지혜를 밝혀 주셔. 어른들은 교만과 속임수로 마음이 더럽혀져서 하늘에서 오는 지혜를 온전히 받아들이지 못해. 너희도 지혜롭다면 예수님의 이 행복 선언을 잘 이해할 수 있을 거야.

"행복하여라, 가난한 사람들! 하느님의 나라가 너희 것이다. 행복하여라, 지금 굶주리는 사람들! 너희는 배부르게 될 것이다. 행복하여라, 지금 우는 사람들! 너희는 웃게 될 것이다. 사람들이 너희를 미워하면, 그리고 사람의 아들 때문에 너희를 쫓아내고 모욕하고 중상하면, 너희는 행복하다!"(루카 6,20-22)

지혜가 없는 이들은 이 행복 선언을 받아들일 수 없을 거야. 어떤 분도 나에게 와서 "가난한데 어떻게 행복할 수 있나요?"라고 따진 적이 있어. 이런 예를 한번 들어 볼까?

영국의 한 유명한 부자가 어느 날 하녀가 부엌에서 접시를 닦다 말고 한숨을 쉬며 이렇게 중얼거리는 것을 들었다고 해.

"아이고, 5파운드만 있었으면, 5파운드만…"

이 소리를 들은 부자는 그 하녀에게 급하게 돈이 필요하다는 것을 알고는 힘내라며 5파운드를 주었어. 그리고 돌아 나오는데 더 큰 한숨 소리가 들리며 이렇게 중얼거렸다는 거야.

"아이고, 10파운드라고 할걸, 10파운드라고…"

부자가 되면 정말 행복할까? 지혜는 그렇지 않다고 하는 거야. 그 재물을 내어 주어 가난하게 되라는 것이지. 왜? 사랑하니까. 아이가 햄스터를 사랑할 때 아이는 자기 돈도 써야 하고 자기 시간과 노력, 그리고 햄스터가 죽었을 때 울기까지 해야 해. 왜? 사랑하니까. 그런데 사랑 때문에 그 고생을 하는 것이 돈과 육체적인 편안함과 명예를 추구하는 것보다 더 나은 것을 아는 거야. 그래서 또 고생하고 슬플 것을 알면서도 햄스터를 키우려고 하는 거지.

생텍쥐페리의 『어린 왕자』에서 왕자는 자기가 사는 작은 별에 장미가 한 송이 피어난 것을 발견해. 그 손님 때문에 왕자는 가난해지고 배고파지고 슬퍼져. 장미는 어린 왕자의 희생에도 만족할 줄 몰랐거든.

왕자는 너무 힘이 들어서 꽃을 홀로 두고 세상을 여행해 보기로 해. 여행하던 중에 각자 행복을 추구하는 많은 어른을 만나. 자기 별에서 혼자 왕 노릇을 하는 사람, 자신에게 칭찬해 주고 손뼉 쳐 주기를 바라는 허풍쟁이, 술 마시는 게 부끄러워 그 부끄러움을 잊으려고 온종일 술만 마시는 술꾼, 돈만 아는 사업가, 의미 없이 혼자 사는 별에서 일만 하는 가로등 켜는 사람, 지식을 뽐내는 지리학자 등이야. 이들은 부자이고 배부르고 인정받는 이들이야. 그러나 행복해 보이지 않았어. 욕망만 있고 관계는 없었기 때문에 외로워 보였던 거지.

지구에 내려온 어린 왕자는 비행기 조종사와 사막여우를 만나 우정을 싹틔워. 사막여우는 관계를 위해 각자의 희생이 필요하다는 것을 알려 주지. 그리고 그 관계가 깊어질 때 그전의 노력이 무색할 정도의 기쁨을 맛볼 수 있음을 깨닫게 해 주지. 친구가 생기는 행복. 이 경험을 통해 어린 왕자는 자신의 별에 있는 자기만을 기다리고 있을 사랑스러운 꽃 한 송이를 다시 기억해 내. 그리고 그 꽃에게 다가가는 방법은 죽음뿐임을 알게 돼. 그렇게 뱀에 물려 자기 별로 돌아간다는 내용이야.

정말 지혜로 채워진 책 아니니? 삼촌이 참행복의 지혜가 책에 있다고 말하는 이유가 이거야. 성당 성물방에서 책이 사라진다면 그 성당은 참행복의 지혜에서 멀어졌다고 할 수 있을 거야. 삼촌도 책을 읽고 늦게나마 나를 행복하게 하려고 사는 것보다 이웃을 행복하게 하려고 사는 게 더 행복임을 알게 되었어. 사람의 영혼을 구하고 사람에게 참행복의 길을 알려 주는 것만큼 이웃을 행복하게 할 수 있는 일이 어디 있겠니? 그래서 사제의 길을 선택하게 된 거야. 지혜가 알려 주는 길은 결코 후회가 없어. 왜냐하면 예외가 없는 모든 인간에게 통용되는 행복의 법칙이거든.

돈이 많은 '워런 버핏'도 한 인터뷰에서 돈을 버는 최종 목적이 사랑하는 사람들에게 사랑받기 위함이라고 말했어. 버핏은 이렇게 말해.

"전에도 항상 말했지만, 만약 당신이 65~70세가 되었을 때, 어쩌면 그 이상일 때 당신이 사랑받고 싶은 사람들에게 실제로 사랑받고 있다면 그게 성공한 거예요. 저는 지금까지 그 나이가 된 사람 중에, 극심한 빈곤과 고통이 있는 사람을 제외하고는, 사람들에게 충분히 사랑받고 있음에도 다른 행복을 찾는 사람을 한 번도 본 적이 없습니다."

워런 버핏은 돈에 집착하여 산 게 아니라 사랑하고 사랑받을 수 있는 능력을 키우다 보니 돈까지 많이 벌게 된 거야. 그의 검소함은 세상이 다 알아. 예수님은 행복에 대해 이렇게 말씀하셨어.

"주는 것이 받는 것보다 더 행복하다."(사도 20,35)

요즘 돈이 행복이라고 말하는 젊은이들을 위해 조금 더 이야기할게. 노벨 경제학상을 탄 심리학자 '다니엘 카너먼'(Daniel Kahneman)이 말한 사람의 '손실 회피 성향'이 있어. 사람은 이익을 좋아하지만, 손실은 이익의 두 배만큼 더 싫어한다는 이론이야. 사람은 생존을 위해 이익을 얻는 것보다 위험을 회피하도록 설계되었어. 소와 같은 짐승이 재빠르게 풀을 뜯어 먹고 소화는 편안한 곳에 가서 되새김질하는 것과 같지. 더 먹는 것에 집착하다가는 잡아먹힐 가능성이 크거든. 사람이 도박에 빠지는 이유가 이 때문이라고 해. 100만 원 땄다가 다시 100만 원을 잃으면 사실 본전이지만, 이 사람은 자기가 100만 원을 더 잃었다고 여기기에 그것을 되찾으려다가 결국 가진 것마저 다 잃게 되는 거지.

예수님은 가난한 사람은 행복하고 부자가 더 불행하다고 말씀하셔. 가난한 사람은 내주는 삶 때문에 자신을 사랑하는 사람을 많이 가질 테지만, 돈에 집착하는 사람은 마치 도박에 미친 사람처럼 깨진 독에 계속 물을 붓는 고통으로 사는 거야. '타인은 지옥이다.'라고 말한 장 폴 샤르트르는 이런 면에서 지혜가 없는 사람이야. 행복할 수 없는 것을 지키려 타인에게 내줄 줄 모르는 삶을 살았으니까. 지혜는 항상 이웃을 사랑하는 것만이 참사랑의 길이라고 말하고 있어.

'프레드릭'(Shane Frederick)과 '로웬스타인'(George Loewenstein)은 '쾌락 적응' 개념에 대해 말해. 모든 쾌락은 시간이 지남에 따라 즐거움이 감소한다는 연구 결과야. 상황이 아무리 유리하든 불리하든 관계없이 사람들이 새로운 조건에 적응함에 따라 즐거움이 감소한다는 사실을 발견한 거지. 사실 이런 이론은 우리가 다 아는 것들이야. 짜장면이 그렇게도 먹고 싶었지만, 매일 먹으면 어떻겠니? 처음의 맛을 계속 느낄 수는 없지. 이에 관해서는 다른 연구들도 많은데 일정 수준의 소득이 되면 더는 소득의 수준이 높아져도 행복은 증가하지 않는다고 해. 젊은 나이에 큰 명성과 부를 성취했던 연기자 유아인 씨의 인터뷰만 보아도 잘 알 거야.

"과거에는 단지 신발장에 신발 한 컬레만 있어도 부자가 된 기분을 느꼈죠. 유행하는 신발을 사고, 그것을 소유하고, 줄 세워 놓으면 잠깐은 기분이 좋았지만, 지금은 전혀 그런 느낌이 들지 않습니다. 순간순간 좋은 삶을 산다는 느낌이었죠. 그러다 몸을 제대로 가누지 못하고 더 이상 아무것도 할 수 없게 되었을 때 나는 그저 잘못된 습관들로 가득 차 편안해지기 어려운 불쌍한 인간일 뿐이었습니다."

그러니 허상뿐인 소유와 세속적 즐거움에 집착하는 이는 지혜를 받아들이지 못한 이고 보지 않아도 자기를 가리고 거짓말을 하는 사람일 수밖에 없는 거야. 어니스트 헤밍웨이는 노벨 문학상까지 탔지만, 스스로 목숨을 끊었어. 자신은 필라멘트가 끊어진 전구와 같다고 말했다고 해. 책에 대한 새로운 아이디어가 떠오르지 않아서 그랬을 수도 있어. 아니면 지금까지 해 온 고생에 대한 보상이 너무 허무해서일 수도 있겠지. 그의 말년에 쓴 책 『노인과 바다』는 이 허무함을 잘 표현하고 있지. 그 누구보다도 큰 물고기를 잡아 명예를 회복기 위해 죽도록 고생한 노인이 결국에 얻은 것은 상어에게 다 뜯어먹힌 뼈만 앙상히 남은 물고기라는 사실. 그도 노인처럼 노벨상 수상자에 합당한 소설을 더는 쓸 수 없다는 생각에 좌절했던 것 같아. 명예를 추구해 봐야 이런 결과인 거지.

예수님께서 버리라고 하는 세상 욕망은 바로 부자가 되려는 마음과 배불러지려는 육체적 만족, 세상 사람들에게 인정을 구걸하는 명예와 같은 거야. 그리고 우리가 당신처럼 이웃을 사랑할 줄 아는 존재가 되기를 원해서. 아이는 햄스터를 사랑할 때 햄스터에게서 무슨 보상을 받을까? 어쩌면 자신이 햄스터가 죽을 것을 알면서도 한 생명을 사랑할 줄 아는 존재라는 자존감에 만족하는 것은 아닐까?

1971년에 '브릭맨'(Philip Brickman)과 '캠벨'(Donald T. Campbell)이 수행한 유명한 '행복 허상 실험'이 있어. 쾌락적 트레드밀(동력이 없는 러닝머신의 일종)이라고도 하는데 행복이라는 것이 아무리 달려도 제자리라는 거야. 이것을 '기본 행복 수준'이라고 하지.

그들은 두 개의 특정 그룹과 인터뷰를 시행했어. 한 그룹은 거액의 복권 당첨자들이고 한 그룹은 갑자기 하반신 마비의 불행을 경험한 사람들이야. 단기적으로는 복권 당첨자들의 행복감이 급격히 증가했고, 하반신 마비 환자들은 행복감이 급격히 감소했어. 그러나 장기적으로는 복권 당첨자들의 행복은 복권이 당첨되기 이전 수준으로 돌아왔고 마비 환자들도 이전의 행복으로 돌아왔다는 거야.

결국 모든 사람은 외적인 변화가 아니라 자기 안에 이미 형성해 놓은 '기본 행복 수준'만큼만 행복할 수밖에 없어. 이 기본 행복 수준은 곧 자신이 누구냐는 '자존감'이야. 하등한 생물이나 동물은 생존 욕구만 지니지. 돈과 쾌락과 명예만을 추구하는 이의 자존감은 그런

낮은 자존감만을 가질 수밖에 없어. 사랑할 줄 아는 존재가 될 때만이 하등 동물과 같은 자존감에서 하느님과 같은 높은 자존감을 가질 수 있게 되는 거야.

행복과 인간 발달에 관한 아주 유명하고 오래 지속된 연구인 하버드 대학교의 '그랜트 연구'(Grant Study)란 게 있어. 이는 1938년에 나중에 미국 대통령이 될 존 F. 케네디를 포함한 하버드 2학년 268명과 보스턴 도심 출신의 불리한 배경을 가진 456명의 남성을 대상으로 한 75년 동안 지속된 연구 프로젝트야. 75년간의 수백억 원을 투자한 연구를 통해 얻은 행복의 비밀이 무엇인지 아니?

"행복은 사랑이다. 이상 끝."

세상 모든 지혜가 말하는 유일한 행복은 '사랑'이야. 책에서도 영화에서도 성인들의 가르침도 이것 하나밖에 없어. 물론 교회의 가르침도 그렇지. 그런데 사랑은 자기 생존을 포기하는 행위야. 가난해져야 하고 배고파져야 하고 울어야 하지. 그래야 사랑받는 사람이 그 사랑을 느낄 수 있거든. 사랑해도 그 대상이 느끼게 할 수 없으면 그를 변화시킬 수 없어. 아마 너희도 부모님이 너희를 위해 가난해지고, 배고프고, 멸시받는 모습을 보면서 부모의 사랑을 확신하게 되었을 거야.

이 때문에 태어나서 마치 하등한 생물처럼 생존 욕구만 삶의 의미로 추구하던 누군가가, 이웃 사랑을 삶의 목표로 정하고 가난해지고 정결해지고 절제하고 겸손해지는 것을 목표로 삼았다면 이것을 '회개'라고 해. 첫 번째 가장 중요한 회개이지. 너희들도 이웃을 행복하게 하는 존재가 되겠다는 결심을 하기를 바라. 조금 더 고생해야 할 수도 있어. 그러나 사랑할 대상이 없어서 편했을 때보다 누군가를 사랑하며 고생하는 게 더 행복하다는 사실을 알게 될 거야. 가톨릭 교리는 하느님께서 우리 모든 인간을 행복하게 하려고 모든 생명을 사랑하도록 초대한다는 사실을 선포하고 있어.

"사랑으로 인간을 창조하신 하느님께서는 또한 사랑에로 그를 부르셨다. 사랑은 모든 인간이 타고난 근본 소명이다. 인간은 바로 '사랑이신'(1요한 4,8.16) 하느님과 닮은 모습으로 창조되었기 때문이다. 하느님께서는 인간을 남자와 여자로 창조하시고, 남녀 사이의 사랑이 당신께서 사람을 사랑하시는 절대적이고 변함없는 사랑의 표상이 되게 하신다. 이 사랑은 창조주께서 보시기에 좋은, 매우 좋은 것이다. 그리고 하느님께서 축복하시는 이 사랑은 풍성한 열매를 맺고, 창조된 세상을 지키는 공동 노력으로 실현된다. '하느님께서는 그들에게 복을 내리며 말씀하셨다. '자식을 많이 낳고 번성하여 땅을 가득 채우고 지배하여라.'(창세 1,28)"(CCC 1604)

행복은 욕구 충족의 감정이다. 욕구 충족을 위해서는 어

떤 식으로든 희생이 요구된다. 그런데 욕구를 충족시키기 위해서는 희생이 따른다. 다른 욕구를 포기해야 하는 희생이다. 하나를 선택하기 위해 하나를 버려야 하는 기회비용이라고도 할 수 있다. 관계는 내어 줌인데, 소유하려는 욕망이 관계를 위한 기회비용이 되는 것이다. 이 포기를 위해 분별의 '지혜'가 필요하다. 어떤 욕구들은 충족되더라도 갈망의 목마름만 더 커지는 욕구들이 있다. 세상의 지혜와 교회가 가르치는 가장 완전한 행복은 '이웃 사랑'이다. 이웃을 사랑할 수 있는 능력으로 외적인 환경의 변화와 상관없는 나의 기본 행복 수준이 결정된다.

자아
자기 자신을 모기로 만드는 유일한 원인

"완덕의 길은 십자가를 거쳐 가는 길이다. 자아 포기와 영적 싸움 없이는 성덕도 있을 수 없다. 영적 진보는 참행복의 평화와 기쁨 안에서 살도록 점차적으로 인도하는 고행과 극기를 내포한다." (CCC 2015)

옛날에 시장과 상인들이 즐비한 번화한 도시에 잘 알려진 상인 두 명이 있었어. 두 사업가 모두 뛰어난 수완으로 번창했고 둘은 서로 경쟁하는 라이벌이었어. 최고가 되어 갈수록 두 사람의 서로에 대한 시기심과 증오심까지 커졌지.

어느 날 평화를 원하신 하느님께서는 두 사람을 중재할 천사를 보내기로 했어. 천사는 한 상인에게 이렇게 말했어.

"하느님께서 너희 마음을 보셨느니라. 그분은 너희가 품고 있는 시기와 증오를 보셨다. 그러나 그분은 자비로 너희 각자에게 선물을 주시기로 하셨다. 너희가 무엇을 원하든지 구하면 이루어지리라. 그러나 한 가지 조건이 있으니, 구하는 것이 무엇이든 그것에 대해 다른 한 사람은 그것의 두 배를 받게 될 것이다."

첫 번째 상인의 마음은 기쁨으로 뛰었지. 그는 자신이 요구할 수 있는 부, 땅, 사업을 성장시킬 지혜를 생각했어. 그러나 다른 상인이 자신이 청하는 것의 두 배를 받게 될 것이라는 생각이 들자 고민이 되기 시작했어. 천사는 인내심 있게 기다렸어. 한참을 고민한 그 상인은 이렇게 말했어.

"저는 결정을 내렸습니다. 저는 한쪽 눈이 실명되고 싶습니다."

사람은 자신이 자유롭다고 생각해. 그러나 과연 자유로운 존재일까? 우리 안에서 하고 싶은 것을 하지 못하게 만드는 무언가가 존재하고 그것의 노예로 사는 거야. 어떤 아이가 자기는 공부는 안 하고 게임만 하는 것을 "내 자유죠!"라고 말한다면 누가 '아, 이 아이는 자유로운 존재구나!'라고 생각할 수 있을까? 분명 '하고 싶은 것을 하지 못하게 막는 그 자신의 노예구나!'라고 생각할 거야. 인기나 돈, 도박이나 술, 성욕과 같은 것에 중독된 사람들은 분명 자신 안에 그것에 중독되게 만드는 무언가의 힘을 이기지 못했다고 볼 수 있어.

심리학자 '조나단 하이트'(Jonathan Haidt)는 자신의 책 『행복 가설』에서 인간은 어찌할 수 없는 엄청난 크기의 감정이라는 코끼리에 타고 있는, 이성적인 마음을 가진 어린아이와 같다고 주장해. 행복은 어린아이가 이끄는 대로 코끼리가 움직일 때만 가능하다는 거지. 그렇다면 우리가 하고 싶은 대로 하지 못하게 감정을 만드는 이 코끼리는 무엇일까? 우리는 앞으로 이 코끼리를 '자아'(ego)라고 부를 거야.

동양의 '노자'도 『도덕경』에서 "남을 이기는 사람은 강하지만, 자기 자신을 이기는 사람은 강력하다."라고 말하지. 우리 안에 우리 자신을 괴롭히는 존재가 있다는 것은 부인할 수 없어. 이 자아는 경쟁자에게 더 큰 피해를 주기 위해 천사에게 자기 눈 하나를 잃게 해 달라고 청하는 상인처럼, 자신을 타인에게 피해를 주는 모기와 같은 존재로 만들어(이제부터 당신 피를 내주신 그리스도와 대비되는 비유로 자아에 사로잡힌 사람을 '모기'로 표현할게).

여기서는 우선 그렇다면 하느님께서 왜 우리가 모기처럼 되게 만드는 자아를 넣어 주셨는지 그 이유부터 생각해 보자. 아담과 하와는 뱀의 유혹에 빠져 선악과를 먹어서 에덴 동산에서 쫓겨났어. 이 뱀이 자아의 상징인데, 만약 하느님께서 뱀으로부터 인간이 유혹받기를 허락하지 않으셨다면 인간이 갖지 못하게 되는 게 있어. 바로 '선택의 자유'지.

삼촌이 어렸을 때 본 것 중 가장 충격을 받은 영화가 하나 있어. 바로 '남자가 여자를 사랑할 때'(Boxing Helena, 1993년)야. 영화는 부유하고 똑똑하지만, 마음이 불안정한 외과 의사 닉 캐버노 박사가 아름답고 자유분방한 여성 헬레나에게 반하게 되면서 시작해. 화려하고 독립적인 여성인 헬레나는 닉을 그저 평범한 지인으로 여겨. 그러나 그녀에 대한 닉의 집착은 통제할 수 없을 정도로 커지지. 마침 헬레나가 교통사고를 당해 의식을 잃고 중상을 입었을 때 닉은 그녀의 삶을 통제할 기회를 잡아. 헬레나가 눈을 떴을 때는 양쪽 다리가 절단되어 있고 그녀는 그게 사고 때문인 줄 알아. 사실은 닉이 그녀를 소유하기 위한 거였지. 나중에는 그의 양팔까지 잘라. 닉은 그녀의 사랑만을 원해. 씻기고 먹이고 재우고 입히고 화장까지 해 주며 모든 것을 해 주지. 그런데 헬레나가 자기 손과 발을 절단한 닉을 사랑할 수 있을까? 아무리 사랑을 원해도 상대의 '자유'를 존중하지 않고서는 정상적인 관계를 기대할 수 없어. 로봇과 사랑에 빠지는 사람이 어디 있겠니? 자기를 떠날 수 있는 누군가가 떠나지 않고 머물러 주니까 행복할 수 있는 거지.

삼촌이 오산 성당 본당 신부로 있을 때 큰 항아리에 담긴 성수 색깔이 점점 붉어지는 일이 있었어. 어떤 분들은 기적이라고 하셨지만, 나중에 알고 보니 그 안에 박으로 만든 바가지가 가라앉아 있어서 니스칠이 벗겨지며 일어난 해프닝이었지. "나쁜 생각들, 불륜, 도둑질, 살인, 간음, 탐욕, 악의, 사기, 방탕, 시기, 중상, 교만, 어리석음"(마르 7,21-22) 등 마음에서 비롯되는 모든 죄는 마음 안에 있는 자아가 원인임을 알아야 해. 예수님은 "사람 밖에서 몸 안으로 들어가 그를 더럽힐 수 있는 것은 하나도 없다. 오히려 사람에게서 나오는 것이 그를 더럽힌다."(마르 7,15)라고 말씀하셔. 우리를 더럽히는 것은 밖에서 들어오는 것이 아니라 우리 안에 있는 자아라는 뜻이지.

일찍이 불교는 자아가 모든 고통의 원인임을 깨달았어. 원효대사와 의상대사의 이야기를 알 거야. 해골물이나 무덤이라는 것을 몰랐을 때는 아무 문제도 없었지만, 알고 나니 두려움이 일어 잠을 설치더라는 내용이지. 그래서 나온 말이 일체유심조(一切唯心造)야. 나를 고통스럽게 하는 것, 그리고 그것을 해결하는 모든 방법 또한 자기 마음 안에 있다는 뜻이지.

삼촌은 모든 고통의 원인이 자아라는 것에는 동의하지만, 그 해결 방법도 자신 안에 있다는 말에는 동의할 수 없어. 자아를 이기기 위해 가장 먼저 알아야 할 것은 혼자는 결코 그놈을 꺾을 수 없다는 사실이야. 자기 혼자서는 자기를 이길 수 없어. 자아는 혼자 있을 때 더욱 강해져. 혼자 있으면 자아가 보이지도 않아. 자아에 이용당하면서도 그걸 자기라고 착각하기 때문에 투명 인간과 싸우는 것과 같지. 자아를 이기는 유일한 길은 자아와 반대되는 뜻을 따르는 거야.

마더 데레사 성녀 알지? 어느 날 우울증에 자살 직전이던 어떤 자매가 마더 데레사에게 상담을 요청했어. 그녀는 세상에 부족한 게 하나도 없지만, 자꾸 공허함을 느끼고 그 공간에 빠져 삶이 지옥처럼 느껴진다는 거야. 삶의 의미를 느끼지 못하며 자살만 생각하는 그녀를 마더 데레사는 상담해 주지 않아. 바쁘다고 하며 자신이 일하는 곳에 찾아오라고 하지. 그 여인이 마더 데레사를 찾아갔는데, 역시 만나주지 않아. 어쩔 수 없이 봉사자들과 함께 가난한 사람들을 위해 한 달 정도를 일했어. 그제야 마더 데레사가 물었지.

"무엇 때문에 오셨다고 했죠?"

"예, 제가 우울증이 심해서 상담하려고 했었습니다."

"지금도 상담이 필요한가요?"

"아뇨, 가난한 사람들을 위해 일하는 한 달 동안 우울했던 적이 단 한 순간도 없습니다. 해답을 찾은 것 같습니다."

자아는 탐욕과 성욕, 명예욕과 같은 것으로 사람을 우울하게 만드는 존재야. 자아가 만들어내는 것은 욕망이지. 욕망을 없애려고 한다고 없어질까? 욕구가 없는 존재는 생물이 아니야. 죽은 거지. 따라서 이 욕망을 이기는 길은 이 욕망 대신 나를 이끌 다른 욕구가 필요한 거야. 우리는 위에서 그것이 '이웃 사랑'의 욕구라고 말했었어.

알프레드 아들러라는 아주 유명한 심리학자가 있어. 그는 어떤 우울증 환자도 자기가 단 2주 만에 치료할 수 있다고 주장했어.

"더 나아지고 싶다면 내가 말하는 대로 하십시오. 매일 2주 동안 타인에게 도움을 줄 수 있는 방법을 찾으십시오. 아무리 작은 행동이라도 자신의 필요가 아닌 그 사람의 필요에만 집중하세요."

그는 자아가 모든 우울증의 원인임을 알았던 거지. 그리고 자기만 생각하는 마음이 자아이기 때문에 이웃의 행복만을 생각할 때 자아가 만들어 내는 우울증에서 해방되는 유일한 길임도 알았지. 소에 메우는 '멍에'란 것이 있어. 자기 자신으로부터 자유로워지고 싶다면 우리는 반드시 이웃을 사랑해야만 한다는 멍에를 메어야 해. 신학자 팀 켈러(Tim Keller)는 "진정한 자유는 '구속의 부재가 아니라 오히려 올바른 구속을 찾는 것'이다."라고 말해.

먼저 바오로 사도처럼 자신 안에 악이 도사리고 있고 그 악으로부터 스스로는 자유로울 수 없음을 인정하자. 그러면 해답이 보이기 시작할 거야.

"사실 내 안에, 곧 내 육 안에 선이 자리 잡고 있지 않음을 나는 압니다. 나에게 원의가 있기는 하지만 그 좋은 것을 하지는 못합니다. 선을 바라면서도 하지 못하고, 악을 바라지 않으면서도 그것을 하고 맙니다. 그래서 내가 바라지 않는 것을 하면, 그 일을 하는 것은 더 이상 내가 아니라 내 안에 자리 잡은 죄입니다. 여기에서 나는 법칙을 발견합니다. 내가 좋은 것을 하기를 바라는데도 악이 바로 내 곁에 있다는 것입니다."(로마 7,18-21)

바오로 사도는 비관만 하지 않아. 내 육체의 법으로부터 자유롭게 해 주실 분이 그리스도라는 사실을 아니까.

"나는 과연 비참한 인간입니다. 누가 이 죽음에 빠진 몸에서 나를 구해 줄 수 있습니까? 우리 주 예수 그리스도를 통하여 나를 구해 주신 하느님께 감사드립니다."(로마 7,24-25)

그리스도를 통한 자아의 압제에서의 구원은 이미 구약에서 예언되어 있었어. '탈출기'는 하느님께서 모세를 통해 이스라엘을 이집트 파라오의 압제로부터 구해 내시는 이야기야. 여기서 우리는 파라오를 자아로 생각해 볼 수 있어. 이스라엘이 파라오가 아니라 모세의 명령에 따랐기에 파라오로부터 자유로워졌듯이, 이제 우리는 그리스도의 명에 따르면 자유롭게 될 수 있어. 그렇게 예수님께서는 당신 멍에를 메라고 우리를 초대하시지.

"고생하며 무거운 짐을 진 너희는 모두 나에게 오너라. 내가 너희에게 안식을 주겠다. 나는 마음이 온유하고 겸손하니 내 멍에를 메고 나에게 배워라. 그러면 너희가 안식을 얻을 것이다. 정녕 내 멍에는 편하고 내 짐은 가볍다."(마태 11,28-30)

고생하며 무거운 짐은 자아가 지우는 짐이야. 이것에서 자유롭게 하는 예수님의 멍에는 무엇일까? 예수님은 당신 명령과 함께 우리를 위해 피를 흘려 주셔. 명령이 그 사랑과 함께 오기 때문에 자아를 누를 수 있는 새로운 계명이 되는 거야. 그 계명은 자아의 이기적 욕망과 반대되는, 바로 사랑이야.

"이것이 나의 계명이다. 내가 너희를 사랑한 것처럼 너희도 서로 사랑하여라."(요한 15,12)

　　　　우리는 행복하지 않은 원인을 외부에서 찾는 경향이 있다. 그러나 나의 행복의 가장 큰 적은 나 자신이다. 자아가 집착에 이르는 욕망을 자아내기에 인간은 그 욕망 때문에 고통을 받는다. 그러나 나 자신을 나 혼자 힘으로 이길 수는 없다. 누군가를 위해 이웃을 사랑하게 될 때 그것 때문에 자아에서 해방된다. 자아는 자기 자신만을 사랑하려는 욕구이기 때문이다. 욕구는 욕구로만 이길 수 있다. 그리스도는 행복에 이르는 길로서로 사랑하라는 계명을 우리에게 알려 주셨다.

거룩한 교환

창조자를 만나는 방법

"그리스도께서는 십자가 위에서 우리를 위해 내어 주신 바로 그 몸과, '죄를 용서해 주려고 많은 사람을 위하여 흘리는 피'(마태 26,28)를 성찬례에서 주신다."(CCC 1365)

옛날 일본의 한 천민 아이가 사무라이가 되고 싶었어. 그러나 사무라이는 귀족만 될 수 있었지. 어머니는 아들의 꿈을 이루어 주고 싶었어. 어느 날 기회가 와. 그 지역 성주가 새로운 성을 짓는데 그 성 기둥에 들어갈 사람이 있다면 소원 하나를 들어준다고 한 거야. 일본엔 기둥에 사람을 넣고 성을 지으면 그 성이 허물어지지 않는다는 오랜 믿음이 있었던 거지.

어머니는 자신이 그 기둥에 들어갈 테니 아이를 그 성에서 사무라이로 교육해 달라고 청했어. 성주는 그렇게 해 주겠다고 약속했고 성은 지어졌어. 약속대로 아이는 귀족 아이들과 함께 사무라이 교육을 받게 됐지. 귀족 아이들이 천민 아이와 교육을 함께 받으면서 그 아이를 가만뒀을까? 귀족 아이들의 괴롭힘은 매우 심했어.

아이는 참다못해 밤에 도망치기로 결심했어. 몰래 성을 빠져나가던 중에 어머니가 들어 있는 기둥을 지나쳐야 했어. 무언가가 아이의 발목을 잡았어. 아이는 기둥을 지나칠 수가 없었지. 그냥 나가 버리면 어머니의 죽음이 헛되게 되니까. 몇 번이고 이런 일이 반복되었지만, 결국 아이는 기둥을 지나쳐 도망갈 수 없었고 마침내 일본의 유명한 사무라이가 돼.

어머니의 '피'에는 신기한 힘이 있어. 그것은 우리 자아의 이기심을 죽이는 칼과 같지. 우리는 모두 각자 어머니의 피 흘림으로 태어났어. 몸만 태어난 게 아니라 정신도 새로 태어나. 이 피를 선물받지 못한 채 혼자 자기 자신을 이길 수 있는 사람은 아무도 없어. 다시 말해 어머니의 사랑을 받지 않고 이웃을 사랑할 능력을 갖출 존재는 아무도 없다는 거야.

감옥에 있는 사람들을 한번 봐. 많은 경우가 부모의 충분한 사랑을 받지 못한 사람들이야. 너희도 결혼할 사람이 생기면 분명 너희 부모님은 그 미래 배우자의 부모님이 어떤 사람인지부터 물을 거야. 부모의 희생과 사랑을 많이 받은 사람일수록 덜 이기적이고 이타적일 수밖에 없어. 이것은 부정하고 싶어도 부정할 수 없는 사실이야. 그래서 성경은 "피를 쏟지 않고서는 죄의 용서가 이루어지지 않는다."(히브 9,22)라고 말하는 거야.

여기서 불교와의 차이가 분명해져. 불교도 열반의 행복은 자아의 욕망에서 벗어나는 것이라고 말해. 그런데 그 방법은 깨달음을 통해서야. 마치 우리 인생은 자아가 만들어 내는 '꿈'과 같다는 거지. 태어남과 죽음이 잠잤다가 깼다가 하는 것과 같다는 거지. 이것을 깨달으면 해탈한다고 믿어. 결국 자아가 우리를 고통스럽게 만드는 죄의 원인임을 믿는 것은 같지만, 우리는 창조자의 피로 전달된 '뜻'을 통해서만 자아가 죽을 수 있다고 믿고 불교는 인간 스스로 자아의 욕망을 극복할 수 있다고 여기는 거야.

우리는 여기서 스스로 신이 될 것인가, 아니면 신의 도움으로 신이 될 것인가를 선택해야 해. 아이들은 잘 알아. 부모 없이는 존재할 수도, 성장할 수도 없다는 것을. 그리고 그 부모는 어둠인 자신을 덮기 위한 촛불처럼 당신을 태우는 분이라는 것을.

코디 리(Kodi Lee)는 2019년 '아메리카 갓 탤런트'(America's Got Talent) 시즌 14에서 우승한 뛰어난 재능을 지닌 가수, 피아니스트 및 작곡가야. 1996년 7월 7일 캘리포니아에서 한국계 아버지, 미국인 어머니에게서 태어난 코디는 선천적 시각 장애를 초래한 시신경 저형성증을 진단받았으며 어린 나이에 자폐증 진단까지 받게 돼. 그가 어머니를 위해 노래를 불렀는데, 그 가사 안에는 솔직히 자신이 이만큼 성장한 것이 모두 어머니의 희생 때문이었다고 해.

"나는 숨을 곳도 없이 길을 잃었어요. 하지만 당신은 내 눈을 열어 주어요. 어둠을 빛으로 바꾸어 놓았어요. 모든 의심을 극복할 수 있도록 나를 키워 주었어요. 당신의 사랑이 항상 내 곁에 있기에 내 인생은 당신과 함께라 더 강해져요. 당신의 사랑은 나의 길잡이에요. 이 노래는 당신을 위한 것이에요. 당신과 나의 여행. 당신과 나. 나를 절대 포기하지 않아서 고마워요, 엄마. 당신의 이타적인 헌신. 그대는 나의 영웅, 그대는 나의 전부예요…. 나는 숨을 곳도 없이 길을 잃었어요. 하지만 당신은 내 눈을 열어 주어요. 당신은 나를 인도하는 빛입니다."

혼자 태어나고 성장할 수 있다고 믿는 것은 인간 스스로 창조자가 되고 신이 되는 존재라는 믿음에서 기인해. 다시 말하지만, 신을 믿지 않는 인간은 신을 믿지 않는 것이 아니라 자신이 신이 되려는 거야.

그러면 아이들은 부모를 어떻게 찾을까? 그 방법을 알면 우리도 창조자 하느님을 찾을 수 있지 않을까? 이스라엘 사람들은 예수님께 '표징'을 요구했어. 기적을 보여 달라는 거지. 사실 많은 기적을 하셨어. 만약 자녀가 부모에게 표징을 보여 달라면 어떨까? "엄마, 난 엄마를 믿을 수 없어. DNA 검사 좀 해 보자."라고 하면 엄마 마음은 어떨까? 엄마는 이미 표징을 보여 주었다고 생각하고 서운할 거야. 그 표징은 무엇이겠니? 사랑 때문에 가난해지고 배고파지고 낮은 존재가 된 모습이 아니겠니?

　삼촌은 너희 할머니가 친어머니가 아닐 수 있다고 의심해 본 적이 있어. 크레파스를 사서 가야 하는데 200원도 안 줘서 아들을 울려서 학교에 보내는 분이 할머니 제사상은 20만 원어치 차린다면 의심이 들 만하잖아? 이런 걸 보면 부모를 자기 친부모라 여기는 것은 당연한 것이 아니라 본인도 모르게 한 선택이자 결심, 곧 믿음의 영역임을 알게 돼.

　삼촌이 너희 할머니를 어머니로 믿기로 한 것은 그분이 나에게 '단팥빵과 흰 우유'를 가져다준 순간이었어. 너희도 잘 알듯이 삼촌은 전기가 들어오지 않는 곳에서 자랐고 당연히 가게도 없어서 단팥빵을 먹어 본 적도 없는 것 같아. 그런데 어머니가 하우스에서 일하면서 새참으로 받아 온 단팥빵과 흰 우유는 천상의 맛이었지. 삼촌은 그것을 언제 참으로 받았느냐고 물어봤어. 어머니는 오전에 받으셨다고 하셨지. 어린 나이에도 나에게 그것을 주기 위해 온종일 참으신 어머니의 희생을 느낄 수 있었어.

　'나에게 이런 희생을 할 수 있는 분은 어머니뿐이야!'

　삼촌과 너희 할아버지와의 추억도 말해 줄게. 예전에는 자기 대변을 비닐봉지에 담아 학교에 제출하는 경우가 있었어. 어떤 아이들은 개똥을 넣어 제출해서 회충약을 한 주먹씩 받기도 했지. 삼촌이 살던 집의 화장실은 소위 '푸세식'이었어. 변을 보고 막대기로 나의 변을 조금 떠야 했지. 그러다 비닐봉지를 변기통에 떨어뜨리고 만 거야. 막대기로 올리려 했는데 점점 깊이 들어갔지. 나는 우선 어머니에게 사정을 알렸어. 어머니는 아버지에게 도움을 청했고 아버지는 조금 뭐라 꾸중하시기는 했지만, 거의 엎드리다시피 하여 그 더러운 곳으로부터 똥이 묻은 비닐봉지를 집어 씻어 주셨어. 내가 잘못한 것인데, 그 냄새 나는 밑으로 내려가 손에 똥을 묻혀가면서 나의 잘못을 바로잡아 주신 거지.

이 두 사례에서 우리는 하나의 법칙을 만날 수 있어. 어떤 자녀는 부모에게 치명적인 고통을 주는 데 부모는 자녀에게 생명과 같은 귀중한 것을 주는 이상한 교환의 법칙이지. 이것을 신학적으로는 '거룩한 교환'이라고 해. 세상에서는 같은 가치의 것을 서로 교환하는 법칙이 통용되지. 물건을 사면 그 값의 물건이나 돈을 지급해야 해. 이게 정상적인 교환의 법칙인데, 자녀는 부모에게 안 좋은 것을 주지만, 부모는 항상 자녀에게 좋은 것만을 준다는 거야.

예전에 뉴스에서 본 건데, 어머니 잔소리가 싫어서 아들이 흉기로 어머니를 살해했어. 의식을 잃으면서 엄마가 아들에게 마지막으로 외친 말이 무엇인지 아니?

"옷 갈아입고 도망쳐라."

피 묻은 옷을 입고 도망치는 것을 걱정한 거지. 아들은 어머니에게 칼을 주는데, 어머니는 아들에게 깨끗한 옷을 주고 있었던 거야.

어머니는 죽어 가면서도 아들이 또 잡혀서 감옥에 가기를 원치 않았던 거지.

신기하게도 이러한 거룩한 교환이 존재해. 특별히 '창조자와 피조물 사이'에서만 일어나. 부모는 자녀를 낳아서 자신이 책임을 지지. 이게 싫어서 결혼하지 않거나 자녀를 낳지 않는 경우도 많지. 그러나 만약 그렇게 하지 않는다면 자신을 낳은 부모에게 받은 것에 비해 자신은 그렇게 하지 못하는 것에 대한 양심의 가책을 느끼며 살게 돼.

부모는 왜 자녀의 잘못을 다 감수하면서도 좋은 것만을 줄까? 자녀에게 무슨 죄를 지었길래. 그런데 가만히 생각해 보면 그럴 수밖에 없다는 것을 알게 돼. 바로 '만든 책임' 때문이지. 자동차 리콜 사태가 종종 일어나는 거 알지? 이미 생산한 자동차에 잘못된 부속이 들어갔다면 그것을 만든 제조사에서 일일이 다 바꿔 줘야 해. 만들었으니 책임이 있는 거지. 바꿔 말하면, 무언가를 책임지고 있다면 만들었기 때문이야.

너희도 그림이나 글, 혹은 학교에 과제를 제출해 본 적이 있을 거야. 그것들은 너희의 피조물이지. 만약 며칠 동안 학교에 내야 하는 과제가 실수로 부서지거나 싹 지워져 버리거나 사라져 버리면 마음이 어떻지? 매우 마음이 아프지. 왜지? 나의 피조물 안에 나의 피가 들어 있기 때문에 나 자신처럼 소중하게 여겨지기 때문이야.

엄마는 자녀를 낳을 때 피를 흘려. 아빠는 엄마와 자녀를 위해 피를 흘리지. 부모는 자녀에게서 자기 자신을 보는 거야. 자녀를 잃으면 자신을 잃는 고통을 겪는 거지. 이런 면에서 사랑은 또한 매우 이기적이라고 볼 수 있어. 결국 자녀를 사랑하는 것도 자기를 사랑하는 것과 같지.

그래서 삼촌이 하느님이 참아버지요 창조자라 믿는 가장 큰 근거는 여러 기적을 보았기 때문이라기보다는 바로 예수님의 '십자가'라고 할 수 있어. 하느님이 인간을 창조하셨다면, 인간 안에 당신의 살과 피가 있어 인간이 멸망하게 두지 않으려고 당신을 아버지라 믿게 하시기 위해 어머니와 같은 분을 파견하셔서 우리에게 당신 살과 피와 같은 양식을 주셔야만 함을 어렸을 때의 체험으로 알았기 때문이야. 너희 할머니가 가져다준 단팥빵과 흰 우유, 또 나의 잘못을 위해 똥 구덩이로 들어가신 모습을 나는 미사를 드릴 때마다 본단다. 그분을 창조자로 믿기 위해 그것보다 큰 표징은 없는 거야. 하느님은 아드님을 양식으로 만드셨고, 그 양식을 우리의 더러운 마음속까지 넣어 주셨어.

성경에서 이 상징을 살펴보자. 창세기를 보면 하느님께서는 에덴 동산에서 죄지은 아담과 하와를 덮어 주기 위해 '가죽옷'을 준비하셔. 가죽옷은 어떤 동물의 희생을 상징해. 그 동물이 나중에는 '어린양'으로 표현돼.

탈출기를 보면 이스라엘 백성이 이집트에서 종살이한 적이 있거든. 그때 하느님께서는 이집트에 사는 모든 맏아들의 목숨을 거두어

가려 한 적이 있어. 맏아들은 한 집안의 생명 자체지. 그런데 어떻게 하면 그 생명을 구할 수 있었는지 아니? 어린양의 피를 문설주에 바르고 그 살을 먹는 거였어. 이것이 나중에 미사로 발전하는데 어려운 말로 이 예식을 '파스카'라고 불러. 죽음의 천사가 그 집을 '뛰어넘는다'라는 뜻이지. 어린양의 희생만으로 우리 죄가 덮어지고 영원한 죽음에서 영원한 생명으로 올라간다는 뜻이야. 죄라는 칼을 주는 인간에게 아드님을 내어 주셔서 우리를 덮어 주시는 교환을 이루신다면 그분을 창조자라고 믿지 않을 수 없지 않겠니?

"하느님께서는 세상을 너무나 사랑하신 나머지 외아들을 내 주시어, 그를 믿는 사람은 누구나 멸망하지 않고 영원한 생명을 얻게 하셨다. 하느님께서 아들을 세상에 보내신 것은, 세상을 심판하시려는 것이 아니라 세상이 아들을 통하여 구원을 받게 하시려는 것이다. 아들을 믿는 사람은 심판을 받지 않는다. 그러나 믿지 않는 자는 이미 심판을 받았다. 하느님의 외아들의 이름을 믿지 않았기 때문이다."(요한 3,16-18)

자녀가 부모처럼 되려면 부모를 희생하게 만든 것이 자기 자신 때문임을 받아들여야 한다. 자녀는 부모에게 죄의 칼을 내밀고 부모는 자녀의 잘못을 피로 덮어 준다. 이 부당한 교환은 창조자와 피조물에서만 일어난다. 부모와 자녀에게서만 일어나는 것이다. 부모의 피가 자녀의

잘못을 덮어 주기 때문에 자녀는 부모에 대해 미안함과 감사를 느낀다. 이렇게 자녀 안에 부모의 뜻이 들어와 자아의 뜻에서 자녀를 자유롭게 한다. 하느님이라면 분명 인간과 이 거룩한 교환을 하고 있을 것이고 그 교환이 일어나는 종교가 가톨릭교회이다. 십자가의 희생을 통해 내어 주시는 살과 피를 양식으로 받아먹으며 어떻게 그분을 창조자로 받아들이지 않을 수 있겠는가?

머묾
나뭇가지가 살아남는 법

"나는 포도나무요 너희는 가지다. 내 안에 머무르고 나도 그 안에 머무르는 사람은 많은 열매를 맺는다. 너희는 나 없이 아무것도 하지 못한다."(요한 15,5)

부모가 교통사고로 세상을 떠나 홀로 남겨진 남매가 있었어. 누나는 중학교 2학년, 동생은 초등학교 4학년이었어. 동생은 부모의 사고 충격으로 갑자기 말을 못 하게 되었지. 남매는 큰아버지에게 맡겨졌는데, 큰아버지는 남매에게 폭력을 가했고 큰어머니는 누나에게 집안일을 시키며 학대했어. 그나마 다행인 것은, 큰아버지가 폭력을 가할 때 "누나 때리지 마세요!"라고 소리치며 동생의 입이 열렸던 거야. 누나는 그때까지 말을 하지 못하는 동생 때문에 고아원으로 갈 생각을 못 하고 있었던 거지.

　누나는 동생을 데리고 고아원으로 도망치기로 했어. 일단 집을 나왔는데 고아원을 어떻게 찾아야 하는지 몰라서 전에 살던 곳의 초등학교 6학년 때 담임 선생님께 전화를 걸었지. 부모가 세상을 떠났을 때 매일 전화하고 챙겨 준 고마운 선생님이었어. 선생님은 먼 지방에서 밤새 차를 몰고 와서는 남매의 형편을 보고 목 놓아 울었다고 해.

　선생님은 큰아버지 집에 가서 남은 짐을 챙겨 아이들을 자기 집으로 데려왔어. 자기 아이들은 다 출가했기 때문에 아이들을 직접 키우기로 한 거지. 선생님은 남매에게 자신을 그냥 "엄마!"라고 부르라고 했어. 누나는 금방 그렇게 할 수 있었지만 동생의 입에서는 차마 엄마란 말이 나오지 않았어. 그러면서 동생은 조금씩 비뚤어지기 시작했지. 나쁜 친구들과 어울리고 중국집 배달원을 하겠다고 집을 나가 버렸어.

　선생님은 매일 학교가 끝나는 대로 중국집으로 찾아가 아이를 기다렸고 아이는 엄마도 아닌 사람이 자꾸 간섭하는 게 짜증이 났지. 그러다 어느 날 선생님이 중국집으로 가던 길에 교통사고를 크게 당하여 생명이 위험하게 되었어. 동생은 병원으로 가는 내내 눈물을 흘리며 '선생님이 살아만 나신다면 세상에서 가장 착한 아들이 되겠습니다.'라는 기도를 바쳤어. 선생님은 다행히 석 달 동안 입원해 있다가 퇴원할 수 있었지.

동생은 그동안 선생님을 극진히 간호했어. 선생님은 괜한 고생을 시켜서 미안하다고 했지. 어느 날 새벽에 화장실에 가야겠다고 하며 동생에게 도움을 청하며 이렇게 말했어.

"잠 깨워서 참 미안하다. 고마워."

동생은 처음으로 선생님을 엄마라고 불렀지.

"엄마는 아들한테 미안한 게 왜 그렇게 많아요?"

동생이 처음으로 한 '엄마!'란 말에 선생님의 눈에서는 눈물이 주르르 흘렀어. 선생님은 퇴직해서 주말엔 아이들에게 한문을 가르치고 텃밭을 일군다고 해. 누나는 커서 공무원이 되었고, 동생도 아이들을 가르치는 선생님이 되었어. 엄마가 피붙이도 아닌 자신들을 위해 천사가 되어 주었듯, 두 남매도 도움의 손길을 기다리는 작은 영혼들에게 촛불을 밝혀 주는 작은 천사가 되고자 한다고 말했어. 예전에 MBC 라디오 프로그램 '여성시대' 애청자의 이야기고, 방송인 김상운 씨의 책 『왓칭 2』에 나오는 사례야.

진화론자들은 '사랑'은 인간이 만들어 낸 개념이고 실제로 존재하는 실체가 있는 게 아니라고 주장하지. 그렇지만 자신들도 부모의 사랑을 받지 않고 지금처럼 자랄 수 있었다고 장담할 수는 없을 거야. 위 예에서 선생님이 사랑 때문에 흘린 피를 받지 않았다면 동생이 아이들을 가르치는 선생님으로 성장할 수 있었을까? 문제아로 남았을 거야. 왜냐하면 아이의 자아가 죽지 않아 이기적 욕망대로 살 수밖에 없는 존재가 되었을 테니까. 자아는 피로만 죽어. 왜냐하면 그 피 안에는 눈에 보이지 않지만 가장 가치 있는 것이 들어 있거든. 사랑.

심리학자 해리 할로우(Harry Harlow) 박사는 사랑이란 것이 정말로 실존하는지를 확인하고 싶었어. 자신이 우울증을 앓고 있었는데 그 원인을 알고 싶었기 때문이야. 그는 원숭이 새끼를 어미로부터 격리하는 '격리 원숭이 실험'을 했어. 물론 격리된 새끼 원숭이에게는 최상의 환경과 먹이가 제공되었지. 그러나 격리 원숭이는 마치 정신분열증 환자처럼 이상한 자세로 온종일 앉아 있거나 자기 발을 물어뜯어 피를 흘리는 등 자해 행위를 일삼았어. 격리 원숭이는 자신의 생존과 쾌락만 추구하여 다른 원숭이들과 어울리지 못했지. 그냥 육체적 쾌락만을 추구하는 '고깃덩어리'였던 거야. 억지로 새끼를 낳게 했는데, 자기 새끼에게 위험한 상황이 닥치자 자기에게 다가오는 새끼도 밀쳐 내는 비정한 어미가 되었어.

연구팀은 비정상적으로 자란 격리 원숭이를 치료할 방법을 찾았어. 바로 '치료자 원숭이(therapist monkey, '구원자 원숭이'라고도 불림)'를 이용하는 것이었어. 치료자 원숭이는 어미 원숭이로부터 정상적인 애정을 받으며 자란 생후 3개월 된 원숭이야. 격리 원숭이는 자기 우리에 치료자 원숭이가 들어오자 처음엔 매우 불안해했지만, 치료자 원숭이의 끈질긴 애정 표현으로 격리 원숭이도 차차 우호적인 반응을 보이기 시작했어. 치료자 원숭이가 털 손질을 해 주던 그루밍(grooming)

을 자신도 해 주게 된 거야. 동물 안에도 받으면 반드시 주어야 한다는 양심이 있어서 관계란 것이 이렇게 형성될 수 있게 된 거지.

인간은 물론이고 사랑받지 못한 모든 동물은 관계의 능력을 잃어버려. 생존 욕구가 죽지 않거든. 생존 욕구란 다른 생명을 먹고 싶다는 욕망이야. 먹어야 살잖아. 반면 사랑은 나의 생명을 내놓아 먹히는 행위야. 따라서 인간이라도 사랑받지 못하고 자라면 '모기'처럼 타인의 생명을 빨아먹는 존재가 돼. 모기가 사랑스러울 수는 없잖아? 그렇게 외로워지고 관계에서 오는 행복은 평생 맛볼 수 없게 되는 거지. 오직 사랑만이 이 생존 욕구를 죽일 수 있어. 부모와 함께 있는 아이가 먹고살 걱정을 할 수는 없잖아?

예수님은 우리 안에 생존 욕구를 죽여 관계를 맺는 능력을 갖추게 하시려고 당신 피를 우리에게 내주셨어. 마치 어머니가 아기에게 젖을 내주는 것처럼. 사랑은 피 흘림으로 전달되는 거야. 피를 흘려야만 하는 이유는 상대가 사랑을 느끼지 못하면 변화되지 않기 때문이지. 요한 보스코 성인은 "사랑하는 것만으로는 부족합니다. 그들이 느끼도록 해야 합니다."라고 했어. 맹수와 같은 아이들을 순한 양으로 변화시킨 성인으로 유명한데, 그분이 하는 방식은 피를 내어 줌이었어. 만약 위 이야기에서 선생님이 아이를 위해 교통사고가 나서 피를 흘리지 않았다면 아이가 선생님을 엄마로 부를 수 있었을까? 그러니까 분명히 하느님은 우리 자아를 죽이기 위해 눈에 보이는 방식으로 피를 흘리고 계셔야 하는 거야. 우리는 이것이 성체성사라고 믿어.

"내가 진실로 진실로 너희에게 말한다. 너희가 사람의 아들의 살을 먹지 않고 그의 피를 마시지 않으면, 너희는 생명을 얻지 못한다."(요한 6,53)

아기가 엄마 젖을 떠나면 어떻게 될까? 더는 인간으로 성장할 수 없게 돼. 그러니 세상에서 살려면 엄마 가슴에 꼭 붙어 있어야 해. 내가 붙어 있는 그 대상이 나의 환경이 되고 그 환경에 따라 어떻게 성장할지가 결정되거든.

1975년 신안 앞바다에서 오랜 세월 물속에 가라앉아 있던 보물선 한 척이 발견되었어. 그 보물선은 중국 원나라 시절에 일본으로 가던 고급 상선이었어. 그 안엔 엄청난 가치의 도자기와 화폐 등이 고스란히 실려 있었지. 이 보물선이 발견된 발단은 이래.

신안 앞바다에는 가끔 파도에 밀려 도자기들이 떠내려왔어. 어부들은 그것을 주워 '개 밥그릇'으로 사용했어. 그런데 1974년에 서울에서 온 한 어부의 친척이 그 개 밥그릇으로 사용되는 도자기들을 감정해 보겠다고 가져갔어. 감정 결과 하나당 가치가 수억 원에 이르렀어. 그 이후 1년 동안 탐사를 지속한 결과 보물을 가득 실은 배를 발견하게 된 거야.

우리도 도자기와 같아. 창조자에게 그 가치를 인정받지 못하면 자기가 누군지 몰라서 개밥이라도 담으려고 해. 그렇게 하게 하는 게 우리 안에 있는 자아야. 이 열등감을 채우려고 재물을 모아 부자라도 되려고 하는 거지. 그러나 자기 가치를 알아주는 참주인을 만났을 때는 어떨까? 욕심이 없어져. 생존 욕구가 줄어드는 거지. 왜냐하면 그 자체로 수억 원의 가치가 나간다는 것을 믿게 되었으니까. 생존을 위해 무언가를 할 필요가 없어. 그냥 박물관의 유리 안에 머물기만 하면 돼.

우리는 우리 행복을 위해 어디에 머물기를 원해야 하겠니? 바로 나를 창조하여 유일하게 나의 가치를 아는 분의 사랑이 흐르는 곳이겠지. 우리는 우리가 부모요 창조자로 선택하여 머무는 존재만큼만 자란다는 사실을 잘 알아.

뮤지컬 '맨 오브 라만차'에서 개 밥그릇처럼 사는 한 여인이 나와. 알돈자라는 술집 여자야. 갑자기 돈키호테가 나타나 그 여자를 '둘시네아 공주'라고 불러. 알돈자는 돈키호테를 미친 영감이라고 하지. 그리고 자신이 공주가 아니라 창녀일 수밖에 없는 이유를 이렇게 말해.

"엄마 얼굴도 몰라, 날 버리고 간 여자. 춥고 배고파 울지도 못했어. 탓하지 않아, 죽는 게 백배 낫다 믿고서 그랬겠지. 아버진 누구냐고? 숙녀라면 당연히 자랑스러운 아버지가 있겠지. 이걸 어쩐다, 난 그 잘난 아버지 이름도 성도 몰라. 당연한 거 아냐? 내가 이 꼴로 산다는 게."

당연한 건가? 우리가 이런 모습으로 사는 게? 다른 방법은 없을까? 어쩌면 그런 모습으로 살기 위해 계속 그 자리를 집착하는 게 아닐까? 변화를 믿을 수 없고, 어쩌면 변하기 싫어서가 아닐까? 그런데 결국 알돈자는 돈키호테의 자기희생을 받아들이게 되고 정말 숙녀로 새로 태어나. 그녀가 한 것은 별거 없어. '산초'를 통해 전해지는 돈키호테의 소식을 들은 거야. 자기를 위해 목숨을 바치며 싸우고 있다는.

    여기서 산초의 역할이 필요해. 돈키호테는 알돈자가 둘시네아임을 증명하기 위해 멀리서 싸우고 있거든. 그의 사랑을 전달해 줄 중개자가 필요한 거야. 우리에게도 산초와 같은 존재가 있어. 바로 교회야. 가톨릭교회를 통해 예수님께서 우리를 얼마나 사랑하셨는지 알려 주셔. 예수님은 교회에 당신 사랑의 증거를 맡기셨어. 당신 피지. 그 피로 우리는 교회에서 세례도 받고 고해성사를 통해 죄도 용서받아. 교회에 머물면 마치 엄마의 젖을 다시 찾은 것과 같은 평화를 맛보게 될 거야.

    그러나 새로운 곳에 머무는 것은 결코 쉬운 일은 아닐 거야. 여전히 타인은 지옥인 게 진리거든. 교회도 타인이지. 교회에 머물려면 생존 욕구를 강요하는 자아의 뜻은 무시될 수밖에 없어. 자아에겐 교회가 지옥이야. 교회에 머물기 위해서는 자아가 나 자신이 아님을 알아야 해. 자아가 힘든 거지 진짜 내가 힘든 거는 아니거든. 자아는 잠시 나라는 집의 주인 역할을 했던 가짜 주인이었던 거야.

    이를 위해 우선 첫 회개가 필요해. 바로 나의 삶의 목적을 자아의 생존 욕구에서 하느님 사랑의 계명으로 길을 바꾸는 것이지. 돈과 명예와 쾌락을 행복으로 추구하는 이에게는 피는 아무런 가치가 없어. 사랑받음은 오히려 피해야 할 독이지. 그러나 지혜는 모으는 게 아니라 나누는 게 행복이라고 가르치고 있어.

이제 두 번째 회개가 요구돼. 두 번째 회개는 머무는 대상을 바꾸는 거야. 생존 욕구를 자아내는 자아의 존재를 알았으니, 자아에서 벗어나 하느님 사랑이 흐르는 교회에 머물기를 결심하는 것이지. 에덴 동산에서 하와가 뱀과 머물며 대화하고 있다가 죄를 지었어. 뱀이 곧 자아라고 할 수 있어. 여기서 회개가 필요했던 거야.

사무라이가 되고 싶었던 천민 아이의 자아는 무엇이 죽였지? 바로 기둥에서 죽은 엄마의 피가 죽인 거야. 그리고 사무라이로 새로 태어나게 했어. 바오로 사도는 "나는 그리스도와 함께 십자가에 못 박혔습니다. 이제는 내가 사는 것이 아니라 그리스도께서 내 안에 사시는 것입니다."(갈라 2,19-20)라고 말해. 자아를 죽이는 장소는 그리스도의 피가 흐르는 십자가야. 사무라이가 되고 싶었던 천민 아이에게는 엄마의 피가 흐르는 기둥이었겠지. 십자가의 피는 어디에서 흐를까? 바로 교회야. 죄의 용서가 이뤄지는. 가톨릭교회지. 예수님의 살과 피를 내어 주는 성체성사를 지금까지 포기하지 않는 유일한 종교야.

자아와 머물지 않기 위해 교회에 머물기를 선택하는 행위를 '회개'라고 정의할 수 있어. 선택의 기준은 항상 '행복'이어야 할 거야. 교회를 믿지 않겠다는 말은 결국 모기로 사는 게 행복이라고 결정해 버리는 것과 같아. 사람을 모기로 만드는 게 자아의 욕망이고 그 자아를 죽일 수 있는 곳이 교회뿐이기 때문이야.

부모와 함께 머물기를 거부하고 온전한 인간으로 성장할 수 있는 아이가 있을 수 있을까? 삼촌은 어렸을 때 다리 밑에서 주워 왔다는 어머니 말을 거의 믿을 뻔했어. 그러나 그 다리가 어딘지 알 수도 없고 해서 부모 품 안에 머물 수밖에 없었지. 그러니 표징이 보이더라고. 어머니의 빵과 우유, 아버지의 굳은살. 그렇게 생긴 게 믿음이야. 부모님께 기회를 주지 않았으면 어떻게 이 믿음을 가질 수 있었겠니?

마찬가지로 교회에 머물기만 하면 저절로 믿음이 생겨. 하느님께서도 교회를 통해 우리에게 믿음의 열매를 주고자 하셔. 포도나무 가지가 열매를 맺으려면 당연히 나무에 머물 줄 알아야 하겠지? 이번 기회에 주님께 기회를 드려 보는 게 어떻겠니? 예수님은 이렇게 우리를 초대하고 계셔.

"나는 포도나무요 너희는 가지다. 내 안에 머무르고 나도 그 안에 머무르는 사람은 많은 열매를 맺는다. 너희는 나 없이 아무것도 하지 못한다. 내 안에 머무르지 않으면 잘린 가지처럼 밖에 던져져 말라 버린다. 그러면 사람들이 그런 가지들을 모아 불에 던져 태워 버린다. (중략) 너희는 내 사랑 안에 머물러라."(요한 15,5-6.9)

　　　　　예수님은 '하늘 나라의 열쇠'를 베드로에게 주시며 베드로 위에 교회를 세우셨다. 엄마는 아빠에게 받은 아이가 세상에 살 수 있게 하는 열쇠를 지니고 있다. 바로 사랑이다. 아기가 엄마 사랑을 먹지 않으면 세상에서 살 수 있는 자격을 갖추지 못한다. 이 사랑이 자아를 죽이기 때문에 죄를 용서하는 권한이라고 해도 좋다. 사랑은 피를 통해 전달된다. 교회에 맡겨진 세례성사나 성체성사, 혹은 고해성사라고 해도 좋다. 이 성사를 통해 죄의 용서가 이루어지는 교회에 머물러야 한다. 아기가 엄마 없이 성장할 수 없는 것처럼, 자기 자신을 떠나 교회에 머물기를 결심하는 것이 회개다.

2부
세례

결단
인간이 선택할 수 있는 길은 오직 두 방향뿐

"나는 길이요 진리요 생명이다. 나를 통하지 않고서는 아무도 아버지께 갈 수 없다."(요한 14,6)

일본에 '인생은 마라톤이 아니다.'라는 광고가 있었어. 유튜브에 찾아보면 나와. 마라톤을 하는데, 중년 남자 목소리의 이런 해설이 나오지.

"오늘도 달린다. 모두가 주자이다. 시계를 멈출 수는 없다. 시간은 한 방향으로밖에 흐르지 않는다. 되돌릴 수 없는 마라톤 코스이다. 라이벌과 경쟁하면서 시간의 흐름이라는 오솔길을 우리는 계속하여 달려 나간다. 더 빠르게. 한 걸음 더 앞으로. 그 앞에 미래가 있다고 생각한다. 반드시 결승점이 있다고 생각한다. 인생은 마라톤이다."

모두가 성공이라는 한 방향으로 경쟁하며 사는 삶을 말하고 있지. 그러다 달리던 한 젊은 사람이 갑자기 멈추어 서서 이렇게 말해.

"그런데 정말일까?"

인생에 정답이 있고 방향이 정해져 있다는 게 정말인지 묻는 거야. 그러고는 길을 이탈해서 다른 방향으로 가. 이것을 보고 다른 사람들도 자신이 원하는 방향으로 뛰지. 그러면서 젊은 목소리로 이런 확신에 찬 해설이 나와.

"인생이란 그런 것인가? 아니다! 인생은 마라톤이 아니다. 누가 결정한 코스인가? 누가 결정한 결승점인가? 어디를 달려도 좋다. 어디를 향해도 좋다. 자신만의 길이 있다. 자신만의 길? 그런 것이 있는가? 모르겠다. 우리가 아직 만나지 않은 세계는 엄청나게 넓다. 그래, 내딛는 거다! 고민하고, 고민해서 끝까지 달려가는 거다. 실패해도 좋다. 돌아가도 좋다. 누군가와 비교하지 않아도 된다. 길은 하나가 아니다. 결승점은 하나가 아니다. 그것은 인간의 수만큼 존재한다. 모든 생명은 굉장하다. 누가 인생을 마라톤이라고 했는가!"

각자가 각자의 존재 목적을 정할 수 있는 존재라는 결론이야. 젊은 사람들은 이 말에 감동하고 열광하지. 그러나 자신이 말하고 있는 것도 하나의 방향임을 잊고 있어. 바로 '행복'. 각자가 행복이라고 여기는 방향으로 나아간다는 것.

인간 행동의 모든 궁극적 목적은 자기 행복임을 누구도 부인할 수 없어. 이것은 앞에서도 말했었지. 자살도 행복을 위해 한다고. 그렇다면 위의 일본 광고는 행복의 '방법'이 각자가 정하는 대로 수없이 많다고 주장하는 거겠지. 과연 행복의 방법은 수없이 많을까?

오랜 세월 동안 인류가 행복의 길이라고 쌓아 올리고 가르치는 지혜가 있어. 시대와 장소를 초월해 행복의 진리라고 여겨지는 게 있지. 바로 '황금률'이야.

"그러므로 남이 너희에게 해 주기를 바라는 그대로 너희도 남에게 해 주어라."(마태 7,12)

이런 지혜는 정말 조상들의 수많은 삶의 체험에서 탄생한 말이지. 이 세상의 현자들은 하나같이 이것이 참행복의 길이라고 말해. 이 말을 무시하고 개인의 체험으로 참행복에 도달하는 길을 찾으려고 한다면 또 얼마나 많은 시행착오를 겪어야 할까? 그러니 인생의 방향이나 목표를 가질 필요가 없다고 말하는 것은 어쩌면 수많은 인생을 또 허비하며 살아가게 만드는 무책임한 결과를 초래할 수도 있어. 너희는 참행복에 이르는 모든 이에게 공통으로 적용되는 법칙이 존재함을 믿었으면 좋겠어.

한 여인이 군인이던 남편을 따라 캘리포니아주 모하비 사막 훈련소로 가서 살게 되었어. 섭씨 45도를 오르내리는 지독한 무더위 속에 시도 때도 없이 모래바람이 입과 눈과 음식에 들어오기 일쑤였지. 뱀과 도마뱀이 우글거리지만, 주위엔 그녀를 도와줄 사람도 없었어.

그녀는 인디언들을 조금은 무서워하고 있었던 것 같아. 우울증에 걸린 그녀는 편지를 써서 고향 부모에게 이렇게 하소연하였어.

"더 이상 못 견디겠어요. 차라리 감옥에 가는 게 나아요. 정말 지옥이에요."

아버지의 답장이 왔어. 정말 간단한 단 두 줄만이 적혀 있었지.

"감옥 문창살 사이로 밖을 내다보는 두 죄수가 있다. 하나는 하늘의 별을 보고, 하나는 흙탕길을 본다."

천국과 지옥은 마음먹기 나름이라는 것이지. 함께 갇혀 있지만, 어떤 사람은 천국을 누리고 어떤 사람은 지옥을 체험해. 어떤 사람은 수도원에 사는 사람이고, 다른 사람은 감옥에 갇힌 사람이기 때문이야. 만약 수도자가 수도원을 감옥처럼 느낀다면 그곳은 지옥이고, 감옥에 있더라도 그곳에서 도를 닦는다고 생각하면 천국이 될 수 있겠지.

여인은 아버지의 가르침을 믿어 보기로 했어. 그러니까 조금씩 변하기 시작했지. 꺼리던 인디언들과 친구가 되었고 그들에게서 공예품 만드는 기술과 멍석 짜기도 배웠어. 사막 식물들도 관찰해 보니 매혹적인 것들이 많았지. 사막의 저녁노을은 신비한 아름다움을 선사했어. 그녀는 이러한 환경을 배경으로 『Bright Ramparts』(빛나는 성벽)라는 소설을 썼는데 미국에서 엄청난 대박 작품이 돼. 그녀의 이름은 '델마 톰슨'(Thelma Thompson)이라고 해.

지금까지 삼촌은 너희에게 '회개'에 대해 말했어. 이제는 '세례'

에 대한 이야기를 하려고 해. 회개는 '방향'과 관련된 이야기야. 세례는 회개로 새 방향을 정했다면 그 방향으로 출발하기 위한 '결단'에 관한 이야기라고 할 수 있어. 그러나 각자가 인생의 방향을 정하는 것이라고 하면 세례는 더는 의미가 없어. 행복의 길은 오직 한 방향이라고 믿어야 그 출발인 세례가 의미를 갖게 돼. 삼촌은 우리가 가는 방향은 천국이나 지옥밖에 없다고 말하고 싶은 거야. 좀 무섭고 이원론적으로 들린다면, 그냥 행복과 고통, 두 방향밖에 없다고 이해하면 될 거 같아.

    구약 성경에 보면 이스라엘 백성이 이집트에서 노예 생활한 적이 있어. 이스라엘 백성은 파라오에게 종살이하는 것 외에는 다른 길을 발견할 수 없었어. 하느님께서 모세를 보내시어 그들을 구출해 내기 전까지는 말이지. 아마 영화에서 바다가 갈라지고 그 사이로 이스라엘 백성이 이집트를 탈출하는 장면을 본 적이 있을 거야. 이게 세례야. 세례 이전에 이뤄져야 하는 회개는 파라오를 바라보다 모세를 바라보게 되는 거야. 이집트를 바라보다가 모세가 이끌 가나안 땅을 바라보게 되는 거야. 성경에 모세가 이스라엘 백성을 이끌고 가려는 가나안 땅은 젖과 꿀이 흐르는 땅이라고 나와. 천국이란 뜻이지. 그러면 파라오의 지배 아래에 있는 이집트는 무엇이겠니? 지옥이야.

    SBS 'TV 동물농장'에서 앞집 개에게 복수하려고 1년 넘게 이미지 트레이닝만 하던 뭉치 이야기가 나왔어. 뭉치는 집을 탈출하여 항상 누렁이가 사는 집 앞에서 누렁이에게는 어떻게 하지 못하고 그 집 주인에게만 유독 독하게 짖어. 전문가는 어떻게 했을까? 다치지 않게 둘이 싸움을 붙였어. 당연히 뭉치는 누렁이에게 흠씬 맞았지. 그 이후로 뭉치에게 평화가 왔어. 서열이 정해졌으니까 더는 복수의 마음을 품지 않게 된 거지.

전문가는 무엇이 행복인지, 어떻게 하면 뭉치가 행복해질지 아는 사람이야. 그는 분명 개보다는 더 높은 수준의 인간이지. 그리고 뭉치가 어떻게 하면 행복해질 수 있는지 알아. 그 방법이 비록 싸우게 하는 것일지라도. 마찬가지로 인간은 어떻게 살아야 행복할지 잘 몰라. 그래서 더 높은 곳에서 참행복의 길을 알려 주기 위해 오신 분이 계셔. 그분이 예수 그리스도야. 예수님은 말씀하셔.

"너희는 아래에서 왔고 나는 위에서 왔다. 너희는 이 세상에 속하지만 나는 이 세상에 속하지 않는다. 그래서 너희는 자기 죄 속에서 죽을 것이라고 내가 말하였다. 정녕 내가 나임을 믿지 않으면, 너희는 자기 죄 속에서 죽을 것이다." (요한 8,23-24)

선택은 우리에게 달린 거지. 그분이 하늘에서 땅으로 오셨다면, 땅은 이미 지옥과 같음을 말하고 있는 거야. 인간은 자기 욕심 때문에 지옥의 고통을 느끼면서 살아. 지옥에서 자신이 아무리 발버둥 쳐도 지옥이야. 그러니 지옥을 빠져나오는 방법은 행복 전문가에게 자신을 맡기는 수밖에 없어. 이 결단을 세례라고 하는 거야. 세례를 위해 먼저 회개가 필요하지. 먼저 빛을 선택해야 굴에서 나올 수 있거든. 먼저 자아가 아니라 진리이신 그리스도를 선택해야 해. 예수님은 이렇게 말씀하셔.

"진리에 속한 사람은 누구나 내 목소리를 듣는다."(요한 18,37)

그런데 인간은 고집이 세. 자신이 사는 세상이 천국이라고 여기지. 그래서 지금의 세상을 포기하고 새로운 세상으로 떠나려 하지 않아. 불안하거든. 그래서 회개가 필요한 거야. 세상 것에 대한 집착이 행복이 아닌 자신을 지옥으로 만드는 원인이었음을 깨닫는 것. 이것을 깨달았던 분이 부처가 된 싯다르타야. 세상은 고통의 바다인데, 고통에서 벗어나려면 이 세상 집착에서 벗어나야만 함을 알았지.

그러나 인간 대부분은 같은 욕구를 추구하기에 그 욕망이 고통의 원인임을 잘 눈치채지 못해. 나중에 깨닫게 되어 봐야 너무 늦을 때가 많지. 돈과 명예, 먹을 것이 충분해도 스스로 목숨을 끊는 사람이 많은 이유가 이것이야. 따라서 누군가가 이 세상의 삶이 지옥과 같은 고통임을 알려 줄 수 있다면 얼마나 좋겠니? 그래서 예수님은 인간이 되어 하느님으로서 인간으로 사는 삶이 어떤 고통인지 우리에게 보여 주신 거야. 이 세상 사람이 아니라 우리가 가야 할 세상에서 온 분이 이 세상에서 사는 것 자체가 고통일 때 우리는 새로운 세상에 대한 희망과 믿음을 가질 수 있게 되거든.

SBS '순간포착 세상에 이런일이'(2015.01.29. 방영)에서 '세상에 이런 사람들도 있구나!'라는 말이 나오는 많은 인물이 소개되었어. 그중에 40년간 깊은 산속 움막에서 살아온, 본인 이름도 모르고 지문도 등록되지 않은 한 할머니가 나와. 전기도 수도도 없는 곳에 살면서 가끔 민가로 내려와 남이 먹다 버린 거의 썩다시피 한 음식을 먹으며 살아. 전문가들은 이미 조현병을 앓고 있는 것으로 진단했어.

그분의 안전을 위해서는 세상으로 내려오게 해야 하는데 할머니는 자기 집을 버리고 어디로 가느냐며 사람들을 막 밀쳐 내지. 할머니가 방송국 사람들에게 주는 것은 욕설과 무관심밖에는 없어. 그런데 한 여자 스태프가 그 추운 겨울에 할머니 옆에 텐트를 치고 함께 있어 주기로 해. 무작정 함께 있는 거지. 할머니의 앞뒤 맞지도 않는 이야기도 들어 주고 음식을 만드는 것도 도와줘. 그렇게 열흘을 지내다 보니 할머니가 조금 고마웠나 봐. 할머니는 미안해하면서 아침밥을 많이 해서 그 스태프에게 나눠 줘. 나라면 지저분해서 먹지 않을 것 같지만, 그녀는 감사하다며 받아먹어.

그렇게 친밀한 관계가 형성되자 스태프는 다시 함께 산에서 내려가자고 해. 할머니는 자신 때문에 고생을 함께 겪은 그녀에게 미안하고 고마워서 그녀가 사는 세상으로 내려갈 용기를 내지. 할머니는 병원에 입원하여 치료받고 요양 시설에서 행복하게 살게 돼. 허리를 펴고 잘 수 있고 음식도 맛있고 운동도 할 수 있어서 너무 행복하다고 해.

우리를 더 나은 세상으로 이끌기 위해서는 더 나은 세상에서 온 누군가가 고통을 감수하며 우리와 함께 머물며 우리 생각이 바뀔 때까지 초대해 주어야만 해. 그렇지 않으면 용기를 낼 수 없거든. 내려올 수 있는 곳이라야 올라갈 수 있다고 믿을 수 있게 되니까.

하느님은 모세에게 지팡이로 기적을 일으키며 이스라엘 백성을 보호하도록 보내셨어. 모세는 하느님의 명령을 몇 번이나 거절해. 쉬운 일이 아니었거든. 하지만 덕분에 이스라엘 백성은 지금까지 자신들이 섬기던 파라오를 떠날 용기를 낼 수 있었지. 구약의 모세는 신약의 예수 그리스도의 상징이야. 위 사례에서 스태프들이 할머니와 머물기 위해 세상의 행복을 포기하고 추운 산속에서 머물기를 선택한 것처럼, 하늘나라의 행복을 포기하고 이 세상에 내려와 우리도 당신께서 계시던 곳에 갈 수 있음을 믿게 하시기 위해 오신 거야.

인간은 본래 자기 욕망을 통제할 수 있는 수준으로 창조되었지만, 인류의 첫 조상인 아담과 하와의 죄로 그 원죄가 모든 인류를 물들이게 되었어. 자녀가 욕망을 통제하지 못하는 부모에게 길러졌는데 천사와 같은 존재로 성장할 수는 없어. 자녀는 부모를 닮게 되어 있거든. 하느님은 인간을 구원하시기 위해 당신 아드님을 보내셔서 하느님 나라의 행복을 조금이라도 믿게 하셨지.

세상에서 예수님이 어떤 분이시라는 것을 모르는 사람은 거의 없어. 그분을 알게 되었으면 이제 핑계는 없는 거지. 결단만이 요구돼. 그 초대에 거절하는 것은 그냥 지옥의 고통을 선택하는 것이 되는 거야. 모세를 따라 떠나지 않으면 파라오의 노예로 영원히 갇혀 버리게 되는 것과 같아. 초대에 응하지 않는 것 자체가 심판이 되는 거지.

예수님은 심판이 마치 노아의 홍수 때와 같을 것이라고 하셔. 노아의 홍수 알지? 하느님이 그것으로 인류를 멸하셨지. 노아는 하느님을 따르는 사람이었지만, 다른 모든 사람은 자기 욕망을 따랐어. 그 자리에 있었을 뿐인데. 세상 것에 집착하면 나눌 줄 모르게 되고 나눌 줄 모르게 되면 행복한 공동체에는 속할 수 없어. 남편이 돈도 벌지 않고 집에서 놀거나 아내가 자녀를 키우지 않고 놀러 다닌다면 그 가정 공동체가 유지될 수 있겠니? 그래서 예수님은 "제 목숨을 보존하려고 애쓰는 사람은 목숨을 잃고, 목숨을 잃는 사람은 목숨을 살릴 것이다."(루카 17,33)라고 하신 거야.

혹시 '깨진 유리창의 법칙'이라고 아니? 한 건물에 주인이 없다고 생각해 봐. 지나가는 아이들이 돌을 던져. 그런데 유리창이 깨져도 반응이 없는 거야. 그러면 아이들은 주인이 없음을 알고 계속 던져 모든 유리창을 깨 버리지. 결국 그 건물은 버려지거나 철거되겠지. 이게 한 사람이 멸망하는 법칙이야. 뱀인 자아를 주인으로 삼고 있는 사람이 그래. 다른 사람이 조금만 공격해도 그 미움을 가라앉히지 못해. 그러면 사람들은 그 사람이 회복 능력이 없어서 더 공격하게 돼. 이것에 관련된 예수님의 상징적 가르침의 말씀은 이것이야.

"시체가 있는 곳에 독수리들도 모여든다."(루카 17,37)

예수님을 가지면 다 가진 거야. 아이들에게 부모가 전부인 것처럼. 그리스도인들은 이미 영원한 생명을 약속받았기에 자기 명예나 돈, 심지어 몸에 상처를 입혀도 결국 버리고 떠나야 할 것들이기 때문에 그들을 쉽게 용서할 수 있게 되지. 누가 네가 버릴 팬티를 훔쳐 갔다고 생각해 봐. 그 사람이 미워질까? 불쌍해지겠지. 그런 사람은 세상 것에 대한 집착이 사라져 이웃을 사랑할 능력을 회복하여 하늘나라에 살 자격을 가지게 되는 거야.

바오로 사도는 이러한 상태를 "우리는 압니다. 우리의 옛 인간이 그분과 함께 십자가에 못 박힘으로써 죄의 지배를 받는 몸이 소멸하여, 우리가 더 이상 죄의 종노릇을 하지 않게 되었습니다. 죽은 사람은 죄에서 벗어나기 때문입니다."(로마 6,6-7)라고 말하고 있어. 이스라엘 백성이 모세를 따르면 이젠 파라오를 따르는 옛 인간의 모습을 벗어 던질 수 있게 되지. 자아의 노예에서 그리스도의 사람이 되는 거야.

하늘에서 오신 분과 함께 지상 것을 벗어 버리고 하늘의 사람이 되는 여정을 출발하는 시작이 바로 '세례'야. 40년 동안 산에서 살던 할머니도 스태프들과 산에서 내려가기로 결단한 순간이 있잖아? 이 결단이 없다면 언제든 다시 산으로 돌아올 존재로 머물게 돼. 여정은 꽤나 힘들고 길거든. 이제 이 세상에서 죽고 그리스도를 주인으로 모시고 새로운 존재로 태어나 살아갈 결단을 내릴 준비가 되었니? 이 결단으로 우리는 위에서 오신 분으로부터 새로 태어나는 거야.

"내가 진실로 진실로 너에게 말한다. 누구든지 위로부터 태어나지 않으면 하느님의 나라를 볼 수 없다."(요한 3,3)

핵심

인생에서 향해야 할 곳은 두 극단밖에 없다. 행복 아니면 불행, 하늘 아니면 땅, 진리 혹은 거짓, 빛 아니면 어둠, 생명이거나 죽음이다. 어느 쪽을 향할지는 내가 궁극적으로 되고 싶은 꿈에 의해 결정된다. 원죄는 우리가 하늘을 향할 마음과 의지와 능력을 잃게 했다. 하늘을 향할 꿈을 품었다면 회개의 은총을 입은 것이다. 회개의 은총은 그 길을 나서는 결단의 세례로 인도한다.

세례식
결심만으로 사람이 변할 수 있을까?

"형제 여러분, 나는 여러분이 이 사실도 알기를 바랍니다. 우리 조상들은 모두 구름 아래 있었으며 모두 바다를 건넜습니다. 모두 구름과 바다 속에서 세례를 받아 모세와 하나가 되었습니다."(1코린 10,1-2)

인생의 방향은 행복과 불행뿐이야. 그 두 방향이 영원히 이어진다면 천국과 지옥이 되겠지. 이것을 인정한다면 결정해야겠지. 그런데 이제 이런 생각도 할 수 있을 거야. 그럼 지금부터 '나는 참행복의 길만을 가겠다!'라고 결심하고 행동하면 되지, 굳이 성당에서 세례란 것을 받아야만 하는가?

당연한 생각이야. 그러나 이는 "나는 부모의 도움이 필요 없어.

나 혼자 온전한 인간으로 성장할 수 있어!"라고 말하는 것과 같아. 자기 결심만으로 참으로 행복한 존재가 될 수 있다면 부모가 왜 필요하고 하느님이 왜 굳이 사람이 되어 세상에 왔겠니? 인간은 그렇게 강하지 못해. 결심한다고 모든 것을 할 수 있는 존재가 아니야. 도움이 필요하고 그 도움을 받는 구체적인 순간이 있어야 해. 부모는 아기가 "엄마, 아빠!"라고 부르는 소리를 얼마나 듣기를 원하는지 몰라. 처음 그 소리를 듣는 순간을 부모들은 잊을 수 없지.

이제 우리는 사람이 변해 가는 두 방향을 '모기와 예수'로 표현할게. 모기는 타인의 피를 빨아 자기를 충족시키는 이기적인 사람을 의미하고, 예수는 자기 피를 내주어 이웃을 행복하게 하는 존재를 말해. 내가 모기가 되거나 예수가 되거나는 자기 안의 '자아'를 이기느냐, 이기지 못하느냐로 결정되는 거야.

우리는 모두 태어날 때부터 모기야. 다시 말해 뱀과 대화하는 하와, 파라오의 노예 상태로 태어나는 거지. 아기는 다 모기야. 아기가 엄마에게 젖을 먹고 고맙다고 말하는 경우 봤니? 기저귀를 갈아 줘도 당연한 줄 알고, 밥을 주지 않으면 울면 끝이야. 자기 생존만 생각하면 이기적이 될 수밖에 없는데 모든 인간도 그렇게 시작하는 거야.

부모는 아기에게 젖을 주며 자신이 부모라는 것을 믿게 만들어. 사회적 동물들에게는 '양심'이란 게 넣어져 있어서 받으면 자신도 고맙고 미안해서 무언가 주어야 하는 마음이 들게 만들지. 양심은 '정의' 시스템이거든. 받은 만큼 줘야 한다는 게 정의야.

부모에게 조건 없는 사랑을 받은 아기는 이제 부모의 노예가 돼. 받았으니 부모가 시키는 대로 해야 하거든. 이렇게 성장하며 모기에서 타인을 배려할 줄 아는 예수님을 닮은 어른으로 성장해 가는 거야. 반면 부모에게 온전한 사랑을 받지 못하거나 온전한 교육을 받지 못하면 사회에서 살 자격을 갖추지 못해. 사기를 치거나 도둑이 되어 감옥에 가거나 아니면 방 안에서 나오지 못하는 존재가 되지.

그렇다면 이제 세례란 무엇이겠니? 혹시 인도 영화 '블랙'을 보았니? 헬렌 켈러와 설리번 선생을 모티브로 만든 영화라고 해. 미셸이라는 아이는 헬렌 켈러처럼 보지도 듣지도 말하지도 못해. 그러니 자신이 누구인지 몰라. 언어를 알아야 생각이란 것도 할 수 있는데, 사물에 이름이 있다는 것조차 모르는 말 그대로 '블랙'인 상태지. 이 집에 그를 도와주겠다고 '사하이'라는 선생이 들어와. 가장 어려운 것은 사물에 이름이 있다는 것을 알려 주는 일이었어. 수없는 노력 끝에 미셸은 모든 사물에 이름이 있다는 것을 알게 돼.

모든 사물도 이름과 의미가 있다는 개념을 가지고 나면 사물이나 동물을 함부로 대할 수 없게 돼. 모기가 사람에게 이름을 물어보고 피를 빠는 예는 없어. 이름은 의미지. 사람도 개나 고양이에게 이름을 지어 준 다음에는 함부로 대할 수 없어. 어쨌든 미셸은 자신도 이름을 가진 존재이고 그렇다면 자신에게 이름을 지어 준 누군가가 있다는 것도 깨닫게 되지. 결국 자신이 자기 힘으로 타인의 피를 빨아먹으며 생존했다고 믿었지만, 사실 부모가 자기 피를 스스로 내주었음을 알게 되지. 부모를 인정하게 되는 순간은 참으로 감동적이야. "엄마, 아빠!"라는 말을 사하이 선생에게 배워서 엄마를 엄마로 부르고, 아빠를 아빠로 부를 때 미셸은 이제 모기가 아닌 부모와 같은 존재로 새로 태어남을 시작하게 된 거야.

이 영화에서 미셸이 처음으로 알게 된 단어가 '물'(Water)이야. 사하이는 하도 짐승처럼 사는 미셸을 물속에 세 번 집어넣어. 미셸은 죽음의 공포를 느끼지. 자신이 물이라는 존재로 죽을 수도 있음을 알게 된 거야. 죽음과 가까워지니 자기를 살리기 위해 노력했던 사하이 선생도, 부모의 존재도 느낄 수 있게 된 거지. 새로 태어남은 이전 자기의 죽음을 의미해. 이전의 자신이 죽으며 새로운 존재로 태어나는 거지. 두 개의 버스나 배에 동시에 탈 수 없는 것과 같아. 갈아타야지. 그래서 물은 죽음을 의미하기도 하고 새로 태어남을 의미하기도 해. 물속에 들어가면 죽지. 그런데 물 밖으로 나오면 새로운 존재가 돼. 물은 죽이기도 하고 살리기도 하는 거지. 아기는 엄마의 태중 물속에서 살다가 그 물을 찢고 새로운 세상으로 나와. 그에게는 죽음 같겠지만, 부모는 그의 탄생에 기뻐하지. 이때 엄마가 '피'를 흘린다는 게 가장 중요해. 미셸이 처음으로 깨닫게 된 단어인 '물'도 실제로는 그에게 전부를 내놓은 사하이 선생의 피와 같지. 피는 죽음이기도 하며 생명이기도 해. 피가 빠지면 죽지만, 피를 받으면 살아나기도 하지.

이스라엘 백성이 모세를 따라 이집트를 탈출할 때 '홍해'(붉은 바다)를 건너. 바다가 어떻게 붉을 수 있을까? 그리고 홍해를 건너는 것을 교회는 '세례'의 상징 중 하나로 여기지. 마치 사하이 선생이 자기 피와 가르침으로 미셸을 새로운 세상으로 초대하듯이 그리스도께서도 모든 우리를 초대하고 계셔.

"보라, 내가 문 앞에 서서 문을 두드리고 있다. 누구든지 내 목소리를 듣고 문을 열면, 나는 그의 집에 들어가 그와 함께 먹고 그 사람도 나와 함께 먹을 것이다."(묵시 3,20)

하느님은 강요하지 않으셔. 자유는 인간 존엄의 가장 큰 요소거든. 모세가 이스라엘 백성을 구원하기 위해 이스라엘 백성을 초대하는 것과 같아. 이때 모세는 "나는 (있는) 나다."(탈출 3,14)라는 하느님 이름을 가져와. 하느님 이름이 '나'야. 참 신기하지? '나'는 이미 존재하는데. 그런데 그 나는 '뱀이고 파라오'였어. 우리는 문을 열고 새로운 자기 주인을 맞아들이는 거야. 그러면 그분이 하느님을 참으로 '아버지!'라고 부를 수 있도록 인도하시지.

세례를 받고 이것을 인정하게 되면 나의 생명과 몸과 모든 것이 나의 노력으로 저절로 가지게 된 것이 아니라 하느님 아버지에 의해 주어진 것임을 알게 돼. 그리고 그분이 한번 주셨으니 앞으로도 계속 주실 것이라는 믿음이 생겨. 그러면 착해지는 거야. 아이가 악해지는 이유는 부모를 믿지 못하기 때문이야. 그러면 자기 힘으로 생존해야 해서 더 모기처럼 되거든. 이것은 자동이야. 부모를 믿으면 자비로운 예수와 같은 존재가 되고 믿지 못하면 모기처럼 냉혹한 존재가 되는 거야. 그렇게 그 존재가 살 곳도 정해지는 거지.

여기까지 잘 따라왔니? 새로 태어남의 핵심은 '부모의 존재에 대한 믿음'이라는 것. 그리고 그 '부모가 나를 사랑한다는 것에 대한 믿음'이라는 것. 이 믿음은 누군가의 '피의 희생'으로 이루어져. 그 피가 나를 죽게 하고 새로 태어나게 하는 거지. 이제 왜 세례를 상징하는 홍해가 '붉은 바다'란 뜻을 지니는지 알겠지? 우리는 '그리스도의 피' 안에서 새로 태어나는 거야. 교리서는 이렇게 가르치고 있어.

"샘물이 생명을 상징하는 반면 바닷물은 죽음을 상징한다. 그러므로 바닷물은 십자가의 신비를 상징하는 것이다. 이러한 상징체계에 따라 세례는 그리스도의 죽음에 일치함을 의미한다."(CCC 1220)

어렵게 생각할 거 없어. 엄마가 주는 젖은 엄마의 피이기도 하잖아. 엄마의 젖은 엄마가 살 수 있는 영양분이기도 해. 곧 아기에게 주는 젖은 엄마의 생명이야. 생명을 주는 이를 생명을 가진 존재는 자기 부모라고 믿게 돼. 물론 새나 짐승은 자기에게 먹이를 주는 인간을 자기 부모로 착각할 수도 있지만, 어쨌든 피가 믿음을 주는 것은 맞는 거지.

앞에서 사무라이가 되고 싶었던 천민 아이가 자기가 사무라이가 되라고 돌아가신 엄마가 기둥에 있음을 처음으로 알고 인정하는 순간이 '세례'야. 아이는 엄마의 죽음으로 불가능하게만 여겨지던 사무라이가 되겠다는 결심을 하게 되지. 이 순간이 없다면 아이는 절대 사무라이가 되는 과정을 견뎌 낼 수 없어. 세례도 마찬가지야. 세례받을 때 물로 받지만, 그 물이 우리를 새로 나게 하려고 돌아가신 그리스도의 피임을 믿지 않으면 예식이 나를 변화시키지 못하고 그냥 마술적인 행위에 머물게 돼.

이 때문에 일정 기간의 '예비자 교리'가 필요한 거고. 보통 1년에서 6개월 정도 하는데, 꽤 길다고 여기질 수 있어. 그러나 어느 정도의 믿음이 생기지 않으면 세례라는 예식 자체만으로는 아무 영향도 줄 수 없어서 길게 하는 거야. 이것도 이전보다는 매우 짧아진 거야. 부모가 나를 위해 진정으로 자기 피를 흘렸음을 가슴으로 느끼기 전까지는 세례가 내 안에 어떤 감동도 일으킬 수 없어.

하느님 사랑에 대한 고마움과 미안함이 나의 죄를 씻어. 내 안의 파라오와 뱀은 나를 모기로 만드는 '죄'와 같아. 그래서 성경은 "피를 쏟지 않고서는 죄의 용서가 이루어지지 않는다."(히브 9,22)라고 말하는 거야. 이제 그리스도의 피를 '성령'과 결합하자. 성령에 대해서는 뒤로 갈수록 조금씩 더 명확하게 이해할 수 있을 거야. 우선은 하느님께서 우리를 위해 흘리신 피를 성령으로 생각하면 좋겠어. 바오로 사도는 물은 빼고 그냥 "성령 안에서 세례를"(1코린 12,13) 받는다고 해. 예수님은 이렇게 말씀하셨지.

"누구든지 '물과 성령'으로 태어나지 않으면, 하느님 나라에 들어갈 수 없다."(요한 3,5)

세례 때 쓰이는 물이 곧 그리스도의 피이고, 그 피가 곧 성령이야(1요한 5,8 참조). 그리스도께서는 당신이 뽑아 세우신 교회에 이 새로 태어남의 권한을 주셨어.

"나는 하늘과 땅의 모든 권한을 받았다. 그러므로 너희는 가서 모든 민족들을 제자로 삼아, 아버지와 아들과 성령의 이름으로 세례를 주고, 내가 너희에게 명령한 모든 것을 가르쳐 지키게 하여라. 보라, 내가 세상 끝날까지 언제나 너희와 함께 있겠다."(마태 28,18-19)

이젠 세례 예식에 왜 참여해야 하는지 알겠지? 인간은 의지가 약해서 반드시 출발점이 있어야 하고 '첫 마음'으로 되돌아가려는 노력이 필요해. 사무라이가 되고 싶었던 아이가 교육받으며 자주 자신이 처음 엄마라고 불렀던 기둥에 찾아가 힘을 얻었던 것과 같아. 먼저 기둥 안에 자신이 사무라이가 되라고 돌아가신 어머니가 계심을 알게 되는 사건이 세례이고 그 세례는 그가 사무라이가 될 때까지 영향을 주는 거야.

영화 '라이언 일병 구하기'(1998년)에서 밀러 대위는 세 형제를 잃은 라이언 일병을 구해 집으로 데려오는 임무를 맡아. 이 과정에서 부하들과 마지막엔 밀러 대위 본인까지 전사하게 되지. 밀러 대위는 죽어 가며 라이언에게 말해. "잘 살아야 해(James, earn this… earn it.)!" 원래 영어는 번역된 말처럼 단순하게 잘 살라는 게 아니라, 자기와 동료들의 죽음을 통해 앞으로 살면서 어떤 이익을 보라는 뜻이야. 그 이익이란 무엇일까? 라이언 하나의 목숨은 단순한 목숨이 아니라 수많은 희생의 가치가 있다는 믿음으로 살라는 뜻이지.

라이언은 평생 자신을 위해 희생한 밀러 대위와 다른 대원들의 죽음을 생각하며 그들이 자신이 어떻게 살기를 바라며 죽었는지를 묵상해야 했어. 세례는 밀러 대위가 피로 라이언 일병이 어떤 모습이어야 하는지를 규정해 준 그 죽음의 순간이야. 라이언은 자주 밀러 대위가 자기에게 바랐던 모습을 돌아보며 그에 어긋나는 행위는 하지 않으려고 했지. 라이언은 나이가 많이 들어 밀러 대위의 무덤 앞에서 경례하며 이런 말을 해. "매일매일 당신이 그날 다리 위에서 나에게 했던 말을 생각합니다. 나는 최선을 다해 살려고 노력했습니다. 그것으로 충분했으면 좋겠습니다. 적어도 당신의 눈에 나는 여러분 모두가 나를 위해 해 준 희생을 낭비하지 않았기를 바랍니다."

진정한 믿음으로 세례를 받은 이는 더는 뒤로 돌아갈 수 없게 돼. 이 시스템에 자기를 묶어 놓아야 인간의 나약함을 이길 수 있음을 전 세계 모든 사람이 다 알아. 그래서 많은 돈과 노력을 들여가며 '결혼식'이라는 것을 하지. 많은 사람 앞에서 끝까지 잘 살겠다는 결심을 서약하는 결혼식을 하고 사는 사람과 그냥 동거하는 연인 중에 누가 더 오래가겠니? 혼자 한 결심은 깨뜨리기 쉬워도 많은 사람의 기대를 저버리기는 힘든 거야. 세례도 하느님과 가족, 대부와 대모 앞에서 예식으로 행해져야 하는 이유가 이것이야.

그래도 가끔 자신이 결혼했는지 잊어버릴 때가 있을 수 있어. 이를 위해 '반지'를 서로 교환하지. 이 반지와 같은 것이 '미사'야. 세례 때 서약했던 나의 모습을 기억하며 다시 세상에서 내가 아닌 그리스도로 살기로 결심하는 시간이지. 고해성사도 마찬가지야. 내가 세례 때 그리스도께서 피를 흘리면서까지 우리에게 기대했던 모습과 어긋난 삶이 있다면 고해성사로 다시 일어나는 거야. 고해성사와 미사를 지속해서 하지 않으면 세례의 효과가 사라져. 마치 결혼반지를 빼고 사는 사람과 같이 되지.

반지를 빼는 것 자체가 결혼하지 않은 사람처럼 살겠다는 마음을 반영하듯, 미사에 꾸준하지 못하면 더는 하느님 자녀가 되겠다는 결심을 유지하지 않겠다는 뜻이기도 해. 사무라이가 되고 싶다면 기둥으로 가서 지속해서 엄마에게서 오는 힘을 받아야 해. 더는 기둥에 가지 않겠다고 한다면 그 아이는 더는 죽은 엄마를 기억하지 않겠다는 것과 같아. 그러면 사무라이가 될 수 없게 되지. 세례의 목적은 미사에 있고, 미사의 목적은 그리스도께서 바라시는 모습으로 변화되도록 실습하도록 세상에 파견됨에 있어.

성경에는 세례의 여러 상징이 나오는데, 엘리사와 나아만의 이야기도 그중 하나야(2열왕 5,1-19 참조). 나아만은 시리아의 장수였어. 지금으로 말하면 미국과 같은 나라의 국방부 장관과 같아. 그런데 나병에 걸리고 말았지. 그의 하녀 중 하나가 이스라엘 사람이었는데, 자신의 나라에 엘리사라는 예언자가 있으니 그에게 가면 병이 치유될 것이라고 말해 주지. 미국 국방부 장관이 시골 촌장에게 찾아가서 치유를 청하라는 거야. 이것만 해도 자존심이 상하는 일이지. 그런데 엘리사는 나아만이 왔는데 나와 보지도 않아. 대신에 사람을 시켜 '요르단강에서 몸을 일곱 번 씻으라.'고 말해. 열이 받은 나아만은 그냥 가려고 해. 자기 나라엔 요르단강보다 훨씬 좋고 큰 강들이 많았거든. 부하들이 그래도 어려운 일이 아니니 손해 볼 것 없다며 나아만을 설득해. 나아만은 자존심을 버리고 엘리사가 시키는 대로 했고 나병이 깨끗이 나았지.

엘리사는 그리스도를, 그의 하인은 지금의 교회를 상징해. 교회는 세례를 베풀라는 명령을 받았고 그것을 행하지. 그러나 자존심으로 그 예식에 참여하지 않으면 새로 태어남의 기적을 체험할 수 없어. 자존심을 버리고 세례를 받는다면 인간의 잃었던 본래의 고귀한 모습을 회복하게 돼. 이것으로 하느님께서 계시고 우리를 사랑하신다는 확신을 갖게 되지. 나아만도 그렇게 주님을 믿게 되었어. 성경에 나오진 않았지만, 하느님의 성전에 규칙적으로 와서 자신을 치유해 준 하느님께 예배를 드렸겠지. 그렇게 영혼의 나병도 조금씩 치유되었을 거야. 우리에겐 미사가 있지.

이젠 구원의 보증인 세례식에 참여할 준비가 되었니? 아, 참! 너희는 세례를 이미 받았지. 그렇다면 이제 꾸준히 세례 때 주님께서 우리에게 바랐던 그 본래의 모습을 회복하기 위해 꾸준히 나아가기만 하면 되겠다.

"'과연 세례는 영원한 생명의 보증이다.' 끝까지 '인호를 간직한', 곧 자신이 받은 세례가 요구하는 것에 충실한 신자는, '신앙의 보람을 지니고', 세례 때에 고백한 그 신앙을 보존하고, 신앙의 완성인 지복직관을 바라면서 부활에 대한 희망 속에서 이 세상을 떠날 수 있을 것이다."(CCC 1274)

결혼식 없이 결혼 생활이 잘 유지될까? 되돌리기 쉬우면 금방 포기하게 된다. 인간의 의지력은 상처를 입어 약해졌다. 그래서 결혼식과 같은 결단의 예식이 필요하다. 큰 비용을 들이며 많은 사람 앞에서 한 서약은 되돌리기 어렵다. 마찬가지로 하느님 자녀가 되기로 결단할 세례 예식이 필요하다. 결혼이 결혼식 때의 결심을 갱신하며 사는 삶이듯, 우리는 세례 예식을 고해성사와 미사로 갱신하며 산다. 명확한 출발은 거기 쏟아부은 희생 때문에라도 그 뒤로 흘러가지 않게 하도록 의지적으로 정진하게 만든다. 이런 결심을 하고 세례를 받는 이에게 성령의 은혜가 그 결심을 제련하여 깨질 수 없게 만드신다.

3
사명

세례받은 이가 나아가야 할 방향

"'말씀'은 우리에게 거룩함의 모범이 되시려고 사람이 되셨다. '내 멍에를 메고 나에게 배워라.'(마태 11,29) '나는 길이요 진리요 생명이다. 나를 통하지 않고서는 아무도 아버지께 갈 수 없다.'(요한 14,6) 그리고 성부께서는 예수님께서 영광스럽게 변모하신 산에서 이렇게 명하신다. '너희는 그의 말을 들어라.'(마르 9,7) 참으로 그분께서는 참행복의 모범이시며, 새 율법의 기준이시다. '내가 너희를 사랑한 것처럼 너희도 서로 사랑하여라.'(요한 15,12) 이 사랑에는 그분의 모범을 따라 실제로 자기 자신을 내어 주는 것도 포함되어 있다."(CCC 459)

위에서 말했듯이, 세례는 목적지가 아니라 출발선이라 볼 수 있어. 탈출기에서는 가나안 땅, 창세기에서는 에덴 동산으로 다시 돌아가기 위한 출발이지. 이스라엘 백성은 이집트를 탈출해서 40년 동안 광야를 거쳐서 걸어야 했어. 힘든 시기였지. 하느님께서 이러한 시기를 마련하신 이유는 그들이 그동안 무언가 배우기 위해서였을 거야. 우리가 학교나 직장에 가든 결혼을 하든 그곳에 머물기 위해 배워야 할 것은 항상 있잖아. 세례 이후 에덴 동산에 돌아가기 위해 어떤 훈련을 해야 하는지 명확히 안다면 더 빨리 더 완전한 행복에 도달할 수 있을 거야. 여기서는 그것을 말하려는 거야.

유튜브 '감성다큐: 부모의 꿈을 이루게 한 두 사람'에 보니 텍사스 레인저스의 짐 선버그 선수에 관한 이야기가 나와. 포수였던 선버그는 은퇴한 후에 유명 강사로 활약했대. 어느 날 교도소를 방문한 그는 죄수들에게 자신의 어릴 적 이야기를 하게 되었어.

"어렸을 때 아버지와 캐치볼을 하다가 공이 머리 위로 날아가면 아버지는 이런 말씀을 하셨습니다. '와, 공을 이렇게 멀리 던질 수 있다니. 언젠가 넌 메이저리그에서 뛸 수 있을 거야.' 또 타격 연습을 하다가 헛스윙을 했을 때는 이런 말씀을 하셨습니다. '정말로 힘 있는 스윙이었어. 그 정도 힘이라면 훌륭한 메이저리거 감이야!' 공이 울타리를 넘어 이웃집 유리창을 깼을 때나 자동차 지붕 위에 떨어져 큰돈을 물어 주셔야 할 때도 그러셨습니다. '그렇게 멀리 날아가는 공을 칠 수 있다면 메이저리그에 가는 건 시간문제야!' 항상 이러한 이야기를 듣고 자랐기에 제가 메이저리그에서 뛰는 것은 너무나 당연한 일이었고, 선수 생활 동안에도 세 번의 올스타, 여섯 번의 골든글러브를 수상할 수 있었습니다."

그가 이 이야기를 마치고 내려오는데, 한 재소자가 다가와 말했다고 해.

"선버그 씨, 당신과 반대로 내 아버지는 늘 내가 못난 놈이고, 뭐 하나 잘하는 것 없는 데다 언젠가는 철창신세가 될 거라고 입버릇처럼 말하곤 했습니다. 그래서 나 역시 내 아버지의 꿈을 이뤄 드렸죠."

우리가 어느 위치에, 어느 곳에 살게 될지는 '꿈'에 의해 결정돼. 자꾸 남의 종교를 말해서 미안하지만, 불교는 본래 목적이 '고통에서의 해방'이었어. 그것이 목적이지. 해탈. 그래서 고통의 원인인 집착을 없애는 데 집중했어. 모든 인간의 꿈은 행복이라 할 수 있지. 그래서 불교에서 가르치는 것은 자아에 집착하면 괴로움의 원인인 집착과 욕망이 시작되니, 자아의 무상성을 깨달음으로써 집착의 괴로움에서 벗어날 수 있다는 거야.

자아의 굴레에서 벗어나는 길은 두 가지가 있을 텐데, 공부와 명상이야. 자아에 집착하는 것은 헛된 환상일 뿐임을 알기 위해 배워야 하고, 명상을 통해 그러한 처지를 바라볼 줄 알아야 한다는 거야.

여기까지는 큰 무리가 없어. 그런데 자아가 사라지면 바라는 것도 없어지는데, 그러면 사는 게 사는 것이 아니게 된다는 거지. 욕구가 없는 존재는 더는 생명체가 아니야. 깨달은 존재이고 온 우주와 하나가 된 존재라고는 하지만, 그래서 뭐 어쩌겠다는 거지? 명상에서 깨어나 현실로 돌아오면 그래서 또 무언가에 집착하게 되고 거기서 파생되는 여러 감정에서 벗어날 수 없음을 인정하지 않을 수 없게 되었어. 여기까지가 처음 불교의 모습을 갖춘 소승 불교야.

이런 문제를 해결하기 위해 나온 게 대승 불교인 거지. 우리 자아를 실재적인 것으로 보지 않더라도 나를 이끌어 줄 새로운 '욕구'가 필요했던 거야. 이를 부처가 될 수 있는 씨앗인 '불성'(佛性)이라고 해. 연민과 자비, 사랑의 마음이라고 할 수 있겠지. 자아의 욕망을 벗어 버리고 부처의 자비심에 따라 모든 존재의 이익을 위해 중생 구제에 힘쓰는 존재가 되어야 한다는 식으로 발전하게 된 거지.

불교가 고통으로부터의 해방을 위한 노력에서 이젠 내 안에 넣어진 자비심에 집중하게 된 이유에 대해 우리는 깊이 통찰해 볼 필요가 있어. 연민이나 사랑도 하나의 욕구야. 현재 많은 명상 공부에서는 모든 욕구를 내려놓는 것만을 목적으로 가르치고 있어.

이런 것에 빠지면 결국 이 세상에서는 아무것도 할 필요 없이 나의 평화만을 위한 게으른 사람이 될 수도 있어. 아무 꿈도 목적도 없이 고통이라는 돌부리에 부딪히지 않기 위해 조심조심 살아가는 수동적 인간이 되어 버리는 거지. 앞에서 이무석 교수가 자해하는 군인을 만났다고 얘기했지? 그 군인은 아무 욕구가 없어서 자해라도 해서

해야 할 일을 만들려고 했던 것을 기억하자. 아무 욕구도 없다면 그건 그냥 죽은 거야.

그리스도교는 우리가 따라야 할 불성과 같은 가르침이 아주 명확해. 고조선의 설립 이념처럼 '널리 사람을 이롭게 하라.'(弘益人間)는 거지. 정말 우리 조상들은 지혜가 있었어. 마찬가지로 창조자를 믿는 우리 각자는 그러한 '사명'을 가지고 태어났다고 여겨야 해. 왜냐하면 만들어졌기 때문이지. 창조는 어떤 목적을 위해 만들고 자신이 만든 피조물이 그만한 가치가 있는 존재가 되기를 원하지.

아무 일도 하지 않고 가치 있는 존재가 될 수는 없어. 부모도 자녀들이 무언가가 되었으면 좋겠다고 여기지. 그냥 숨만 쉬며 살다가 아무 일도 하지 않고 죽기를 바라지는 않잖아? 세례는 이 꿈을 찾아 나아가기 시작하는 출발점이야. 우리가 그리스도와 하나가 되기 위해 출발한 세례의 여정은 우리 각자에게 맡겨진 사명을 완수해 나가며 충만으로 나아감을 알 수 있어. 그 시작이 세례인 거고. 세례받은 이들에겐 이젠 이 계명밖엔 남지 않아.

"내가 너희를 사랑한 것처럼 너희도 서로 사랑하여라."(요한 15,12)

어떻게 이웃을 사랑하고 어떤 방식으로 세상에 유익한 존재가 되어야 할까? 그건 각자 다른 모습일 거야. 바오로 사도의 말을 들어볼까?

"우리가 한 몸 안에 많은 지체를 가지고 있지만 그 지체가 모두 같은 기능을 하고 있지 않듯이, 우리도 수가 많지만 그리스도 안에 한 몸을 이루면서 서로서로 지체가 됩니다."(로마 12,4-5)

몸의 각 지체는 역할이 다르지만, 한 몸을 위해 봉사하듯 이 세상의 유익을 위해 우리 각자가 할 수 있는 일은 분명히 다양할 거야. 바오로 사도는 이렇게 말하기도 해.

"그분께서 어떤 이들은 사도로, 어떤 이들은 예언자로, 어떤 이들은 복음 선포자로, 어떤 이들은 목자나 교사로 세워 주셨습니다. 성도들이 직무를 수행하고 그리스도의 몸을 성장시키는 일을 하도록, 그들을 준비시키시려는 것이었습니다. 그리하여 우리가 모두 하느님의 아드님에 대한 믿음과 지식에서 일치를 이루고 성숙한 사람이 되며 그리스도의 충만한 경지에 다다르게 됩니다."(에페 4,11-13)

어떤 역할이든 세례를 받으면 교회의 성장을 위해 무언가를 해내야만 해. 이스라엘 백성도 모세와 함께 이집트를 탈출하여 가나안 땅으로 가는 40년 동안 각자 공동체를 위해 해야 하는 역할을 나누어 수행했어.

지금 당장은 무엇을 해야 할지 잘 모르겠다고? 걱정하지 마. 삼촌도 아직 삼촌의 미래에 대해 확실히 몰라. 중요한 건 하느님과 교회, 이웃과 세상에 유익한 일을 하려면 '오늘 당장' 무엇을 해야 하는지 깨닫는 거야. 그건 어렵지 않겠지. 아침에 '기도'를 한다면 그 사명을 깨닫게 될 거야.

다만 촉을 좀 세우며 살 필요는 있어. 우리가 하루에도 수만 가지 생각을 해도, 내가 집중하는 것만 의미가 있어서 기억에 남는 것처럼, 나의 꿈이 무엇인지 끊임없이 자문하지 않으면 주님께서 말씀하셔도 들리지 않아.

2011년 덴젤 워싱턴의 펜실베니아 대학교 졸업 연설은 매우 유명해. 열심히 하는 건 기본이고 끝까지 포기해서는 안 된다는 게 핵심이지. 그런데 그것보다 더 중요한 핵심은 자신에게 주어진 '예언'을 알아채고 받아들인 것에 있었어.

그는 평균 학점 1.7점으로 퇴학을 당했다고 해. 군대에 들어가려고 생각하며 어머니 미장원에 앉아 있을 때 한 손님이 자신에게 예언해 주겠다며 종이에 이런 말을 적어 줬어.

"소년이여, 넌 세계를 돌아다닐 거야. 그리고 수백만 명의 사람들에게 영향을 줄 거야."

처음엔 믿을 수 없는 말이었지. 그러나 그 말을 믿어 보기로 하였고 현실이 되었어. 그 과정에서 수많은 넘어짐이 있었겠지. 예언을 지니고 사는 사람과 그것이 없는 사람은 결과에서 큰 차이를 보이게 돼. 사명을 '자기 충족적 예언'이라도 불러도 될 거야. 사람은 믿는 대로 되는데 사명을 깨닫지 못하면 목적지를 알지 못한 채 우물에서 물을 길어 땀을 뻘뻘 흘리며 돌아다니기만 하는 여인과 같아. 고생은 고생대로 하는데 이뤄지는 것은 하나도 없는 거지.

에덴 동산에 들어가는 방법도 같아. 세상에 어떤 유익을 주며 오늘을 살아갈지 생각하며 살다가 하느님께서 창조 때부터 나에게 원하신 꿈을 찾는 거야. 삼촌이 사제 서품식을 앞두고 피정을 할 때 '이게 내 길이 정말 맞을까?'라는 의문을 품고 명확한 답을 찾고 싶었어. 피정 동안은 말을 할 수 없고 인터넷이나 전화도 할 수 없어. 침묵 안에서 내 안 가장 깊은 곳에 계시는 그분께 집중하는 거지.

그런데 피정 내내 그 어떤 확신도 받지 못했어. 마지막 8일째 되는 날 저녁에 약간 실망해서 산에서 내려오는데, 내 바로 앞으로 죽은 나뭇가지에서 잎새 하나가 땅에 떨어졌어. 그 나무에 붙어 있던 마지막 잎새여서 나는 신기해서 그 잎을 쳐다보며 걸었지. '오 헨리'의 『마지막 잎새』 생각이 났고 그 나뭇잎이 떨어지는 순간 무언지 모를 힘에 압도됨을 느꼈어. 떨어지는 나뭇잎 주위로 시간과 공간이 흡수되는 것 같은 느낌을 받았어. 소름이 돋았고 떨어지는 그 나뭇잎을 통해 주님께서 이렇게 말씀하시는 듯했어.

"네 할머니의 죽음 때부터 내가 행복이란 좌우명으로 너를 사제로 부른 줄 알겠지만 그렇지 않다. 나는 네가 사제가 되기 직전에 네가 이런 청을 할 것도 알고 있었다. 그래서 네 앞에서 마지막 잎새가 떨어지게 함으로써 난 네가 태어나기 전부터, 이 세상이 창조되기 전부터 너를 부르고 있었다는 것을 깨닫게 하고 싶었다. 바로 네가 지나가게 될 이 자리에, 그리고 이 시간에 마지막 잎새가 떨어져 너에게 확신을 주도록 세상 창조 이전부터 계획하여 이 나무가 이 자리에 심기고 그 마지막 잎이 네 앞에서 지금 떨어지도록 한 것이다."

이 깨달음이 나뭇잎이 나무에서 땅에 닿기 전에 일어났던 것 같아. 주님은 말씀하지 않으시는 것이 아니라 우리가 들을 준비가 되어 있지 않은 거야. 주님은 당신 뜻을 따르려는 이에게 이렇게 힘을 주셔. 이 덕분인지 나는 사제로 서품을 받고 지금까지도 감사하게 단 한 번도 후회한 적 없이 살고 있어.

모두가 같은 모습으로 사랑을 실천할 수는 없더라도 세례를 받으면 분명 우리가 어떤 삶을 살고 오라고 창조하셨는지도 찾아야만 해. 이유 없이 만들어진 것은 없거든. 부모가 자녀를 낳을 때 그냥 건강하게 살다 죽기만을 바랄 수도 있지만, 그래도 이 세상에서 구체적으로 아이가 잘하는 무언가를 찾아 개발하고 최고의 삶을 살아 세상에 유익이 되는 존재가 되기를 바라지 않겠니? 그리고 그러한 삶을 살고 갔을 때, 우리를 피 흘림을 통해 태어나게 해 주신 분을 만날 때 신성으로 기쁠 수 있을 거야.

NBA 2013-2014 시즌 MVP를 차지한 '케빈 듀런트'는 수상 소감에서 이렇게 말해.

"아무도 우리가 성공하리라고 믿지 않을 때도 엄마는 끊임없이 믿음을 주셨고 길거리에 노숙자가 되지 않게 최선을 다하셨습니다. 따뜻한 옷을 입혀 주시고, 식탁에 음식을 차려 주시고 아무것도 드시지 않았을 때도 엄마는 배부르다며 너희들 먹으라고 하셨어요. 그리고 굶주린 배로 잠이 드셨죠. 어머니는 저희를 위해 항상 희생하셨어요. 어머니가 MVP이십니다."

부모를 사랑하는 것은 그 부모가 원하는 삶을 살아 내는 것이고 그 공덕을 부모에게 돌리는 일이지. 마찬가지 아닐까? 예수님은 인간이 어떻게 살아야 하느님 자녀가 될 수 있는지 보여 주신 유일한 모범이셔. 그분도 세례를 받으셨어. 우린 이때 어렴풋이나마 하느님의 뜻을 알게 돼. 예수님도 그때부터 본격적으로 당신의 사명 수행을 시작하셨어. 하느님을 사랑하여 하느님 뜻대로 세상에 복음을 전하고 우리 죄를 대신해 십자가에 희생 제물이 되시는 것이었어. 그분의 온 삶이 아버지께서 맡기신 사명을 완수하는 것이었지. 마지막 숨이 붙어 있을 때 그분은 십자가에서 이렇게 외치셨어.

"다 이루어졌다."(요한 19,30)

핵심

개별적인 꿈은 자신이 정한 삶의 목적이자 의미이다. 그러나 사명은 나를 사랑하는 사람이 나에게 원하는 꿈이다. 꿈은 이기적일 수 있으나 사명은 사랑에 대한 보답이다. 아이들은 부모의 꿈을 사명으로 받는다. 어떤 사명도 자기 안에서 나오지 않는다. 나의 살 곳은 내가 추구하는 사명으로 결정된다. 그리스도인의 사명은 그리스도께서 주신 계명이다:

"내가 너희를 사랑한 것처럼 너희도 서로 사랑하여라."(요한 15,12) 그분께서는 하느님 나라에 살기 위해 어떤 사명으로 살아야 하는지 당신 모범으로 보여 주셨고 우리는 그 사명을 우리 각자의 삶 안에서 개별적으로 성취해 나가야 한다.

믿음

이웃 사랑의 사명은 무엇으로 성취되는가?

"그리스도를 믿는 사람은 하느님의 자녀가 된다. 이처럼 하느님의 자녀가 되면 그리스도의 모범을 따를 능력을 얻어 변화되며, 올바로 행동하고 선을 행할 능력을 지니게 된다. 제자는 자신의 구세주와 일치함으로써 완전한 사랑과 성덕에 이른다. 은총으로 성숙해진 도덕적 삶은 하늘의 영광 속에서 영원한 생명으로 피어난다." (CCC 1709)

어쩌면 이 부분이 이 책에서 너희에게 말해 주려는 가톨릭 가르침의 가장 핵심이 될 수 있겠다. 종교란 적어도 '구원론'이 있어야 해. 불교와 같은 인본주의 종교는 인간의 능력으로 신이 될 수 있다고 말해서 구원론이 존재하지 않아. 그러나 그리스도교는 인간의 능력으로 구원이 가능하지 않기에 하느님께서 인간의 몸을 지니고 태어나 우리를 구원하셨다고 가르치지.

그러면 어떻게 구원하셨을까? 심판의 기준은 이웃 사랑에 있다고 위에서 말했잖아? 콩나물을 다듬더라도 다 각자의 기준이 있지. 국이나 무침에 넣을 만한 것은 남기고 버려야 할 것은 버리지. 우리가 살 곳도 그렇게 정해져. 판사는 무엇을 기준으로 심판할까? 역시 사랑이야. 모기처럼 타인에게 피해만 주는 이들은 세상에 살 자격이 없다고 판단하여 감옥에 보내잖아.

천국도 마찬가지야. 하느님께서 무기수나 사형수라고 심판하시면 그 사람은 천국에서 살 자격이 없다고 판결을 받은 거지. 예수님을 배반하고 그분을 십자가에 못 박은 이들이야. 예수님의 제자 중 유다 이스카리옷이란 사람이 있었는데, 그는 스스로 용서받기에 합당하지 않다고 여겨서 자살했어. 100% 지옥이지. 하느님께서 지옥에 보내시기보다는 자신이 하느님 앞에 영원히 나설 수 없는 자가 된 거야. 가장 큰 죄는 하느님 자비를 믿지 않는 거니까. 그 사람도 하느님 사랑을 신뢰하여 용서를 청했다면 구원받았을 거야. 부모의 자비를 의심하면 더는 죄 짓고 집에 돌아올 수 없게 되는 거지.

하느님 나라에 들어가려면 이 세상의 심판의 기준보다는 더 완전한 사랑을 실천해야 해. 이 세상은 남에게 피해만 주지 않으면 되지. 미국에서 있었던 일이야. 한 청소년 무리가 장애인 남성이 저수지에 빠져 익사하는 모습을 녹화하며 조롱했어. 열네 살에서 열여덟 살 사이의 아이들이었는데, 익사하는 장애인을 돕거나 응급 서비스에 연락하려고 시도조차 하지 않았어. 그들은 유죄일까, 무죄일까? 무죄 선고가 나왔어. 타인이 죽어 갈 때 돕지 않은 게 유죄라면 우린 다 유죄거든. 우리 주위에 굶어 죽는 사람들이 있고 멀리 가난한 나라에도 굶어 죽는 사람이 많지. 그들의 한 끼는 100원도 안 돼. 우리가 하루에 낭비하며 쓰는 돈으로 그 사람들을 며칠은 더 살릴 수 있어. 그렇다고 그들의 죽음을 돈을 낭비하며 사는 우리 탓이라고 한다면 세상에 유죄가 아닌 사람이 어디 있겠니? 이게 이 세상에 살 수 있는 사랑의 수준이야. 그냥 남에게 피해만 안 주면 되는 거지.

루카 10,25-37에는 소위 '착한 사마리아인의 비유'가 나와. 어떤 사람이 강도를 만나 죽어 가고 있었어. 그 사람을 지나쳐 간 사람이 셋이야. 한 명은 사제였고, 한 명은 성전에서 봉사하는 사람이었고, 한 명은 사마리아인이었어. 유다인들에게 사마리아인은 믿음이 없는 사람이었지. 그런데 그 강도 만난 사람을 도와준 사람이 누군지 아니? 사마리아인이었어. 예수님은 이 비유를 통해 믿음이 나와 아무 상관 없더라도 불쌍한 이를 돕게 하지 못한다면 그건 믿음이 아님을 가르치고 싶으셨던 거야. 야고보 사도는 이렇게 말하지.

"믿음에 실천이 없으면 그러한 믿음은 죽은 것입니다."(야고 2,17)

마르틴 루터는 처음에 야고보서를 성경에서 뺐어. 그는 죽음에 대한 두려움으로 사제가 되었어. 친구가 함께 가다가 벼락을 맞아 죽었기 때문이야. 그래서 그는 죄가 있으면 지옥에 갈 것 같아 고해성사와 그에 따른 보속을 실천하려 노력했지. 고해성사가 무엇인지 알지? 죄를 고백하고 그리스도의 피 값으로 죄가 용서받는다고 믿고 교회에서 행해지는 거지. 여기엔 죄에 대한 보속이 따르는데 옛날에는 그것이 무척 힘든 거였어. 어느 날 루터는 바오로 사도의 이러한 말씀들을 통해 자유를 얻었다고 생각했지.

"사실 사람은 율법에 따른 행위와 상관없이 믿음으로 의롭게 된다고 우리는 확신합니다."(로마 3,28)

"믿음에서 우러나오지 않는 행위는 다 죄입니다."(로마 14,23)

"율법에 따른 행위에 의지하는 자들은 다 저주 아래 있습니다."(갈라 3,10)

그에게 죄에 대한 보속은 하나의 행위였어. 이러한 구절들을 통하여 그 행위를 할 필요가 없다고 믿게 된 거야.

사랑은 분명히 믿음에 의해 실천될 수 있어. 그러나 믿음이 무엇인지 알아야 해. 하느님이 계시거나 예수님이 하느님의 아들이심을 믿는 게 믿음이 아니야. 에덴 동산에서 아담과 하와가 죄를 지을 때도 하느님이 계신 것을 알았어. 예수님이 하느님의 아드님이심을 공공연히 고백한 건 마귀 들린 사람들이었지(마태 8,28-29; 마르 1,23-24; 루카 4,41 참조). 심지어 지옥에 있는 존재들도 하느님과 예수님을 믿어. 유다 이스카리옷도 사실 예수님이 하느님이심을 알았어. 그분이 죽은 자도 살려 내고 물 위를 걷는 기적도 보았거든. 그래도 지옥에 가게 돼. 우리는 믿음이 무엇인지 명확히 알아야 하느님의 뜻인 사랑을 실천할 수 있는 존재가 돼.

구원에 이르는 믿음의 개념은 하느님이 누구신지 아는 게 아니라 '하느님께서 사랑이심'을 믿는 거야. 아담과 하와는 하느님께서 사랑이심을 믿지 않아서 선악과 바치기를 거부했어. 풍족하게 베푸시는 분으로 여기지 않은 거지. 자녀가 부모가 있다는 걸 알면 뭐 하니? 부모가 나를 사랑한다는 것을 알아야지. 나를 사랑한다는 것을 알 때 나에게 일어나는 변화는 '나는 소중한 존재다.'라는 믿음이야. 이것을 '자존감'이라고 하지. 자아 존중감은 혼자 믿으려고 한다고 얻어지는 게 아니야. 다른 이의 사랑을 받았을 때 진정으로 나의 가치가 믿어지게 되는 거지.

자존감을 가질 때 어떤 일이 일어나겠니? 사랑을 할 수 있게 돼. 사랑의 수준은 자존감의 수준과 같아. 사랑이 부족한 이들은 그만큼 자신을 사랑하는 존재를 만나지 못했기 때문이야.

2009년 제주도의 한 아파트에서 불이 났어. 아버지, 어머니, 두 아들이 아파트 베란다에 매달려 구조를 요청했지. (참고로 대부분 이런 내용들은 유튜브를 찾아보면 실제 사건 영상들이 다 있으니까 참조하기 바람.) 일가족은 아래층에서 올라오는 검은 연기에 눈도 제대로 뜨지 못한 채 구조를 기다렸지. 산소 호흡기 없이는 밖으로 나가는 것이 불가능해 보였어. 다행히 제때 도착한 소방대원들이 어머니와 아버지, 그리고 아들 한 명을 구조해.

알고 보니 아들 한 명이 구조되지 못한 거야. 어머니는 오열하고, 아버지는 물에 적신 수건 한 장만 들고 불속으로 다시 뛰어들려고 해. 당연히 소방관에 의해 저지당했지. 확인하러 다른 소방대원을 들여보냈으니 아버지는 위험하니까 들어가지 말라는 거야. 그러나 아버지에겐 1분 1초가 촉박했지. 자신이 집의 구조를 아니까 자신이 들어가야만 한다고 계속 졸랐어. 이에 한 소방관과 함께 산소를 나누어 마시며 들어가기로 해. 아버지는 어떤 보호 장비도 없이 다시 연기 가득한 아파트로 올라가. 다른 사람들은 밖에서 모두 발만 동동 굴렀지. 이윽고 앞서 확인하러 들어갔던 소방대원이 안에 아무도 없다고 보고해. 그런데 잠시 뒤 아버지가 아이를 찾아서 데리고 나와. 가족이 함께 끌어안고 눈물을 흘렸지.

아버지는 진정 착한 사마리아인이야. 죽어 가는 아들을 위해 목숨을 걸 줄 알았지. 그러면 그 아버지가 밖에서 발만 동동 구르던 다른 사람들보다 사랑이 많은 걸까? 아니야. 아버지는 자신이 아버지라는 것을 잊지 않았어. 아버지는 당연히 그래야 하니까. 만약 자신이 죽는 게 겁나서 불속으로 뛰어들지 못했다면 평생 아버지 자격 없는 존재로 살아야 했을 거야. 그것보다는 불에 뛰어드는 게 더 행복한 일이었지. 아마 다른 사람들도 자기 아이가 불속에 있다면 다 뛰어들었겠지.

이렇게 사랑은 내가 해야 한다고 알아서 할 수 있는 게 아니야. 내가 누구냐는 정체성에 의해 할 수 있게 되는 거지. 이 아버지도 연기를 많이 마셔서 잠시 기억 상실증에 걸렸다면 불속으로 뛰어들지 않았을 거야. 자신이 아버지고 불속에 있는 사람이 자기 아들임을 알았기에 뛰어들 수 있었던 거지.

플로리다에서 익사하는 장애인을 조롱하던 아이들을 생각해 보자. 물에 빠진 그 장애인이 자기 부모나 형제, 자매였다면 그래도 그렇게 할 수 있었을까? 반드시 그를 구하려고 조치했을 거야.

따라서 사랑할 수 있는 존재로 만들려면 어떻게 해야 하겠니? 정체성을 바꿔 주는 수밖에 없어. 모든 존재를 사랑할 수 있는 존재라고 믿게 만드는 거지. 온 세상을 다 사랑할 수 있는 존재는 온 세상을 창조하신 하느님밖에 없어. 하느님께서 세상에 오셨다면 이것을 믿게 하시기 위해 오신 것일 거야. 교리서를 읽어 볼까?

"'말씀'은 우리를 "하느님의 본성에 참여하게"(2베드 1,4) 하시려고 사람이 되셨다. '바로 이 때문에 '말씀'은 인간이 되시고, 하느님의 아들은 사람의 아들이 되셨다. 인간이 '하느님의 말씀'과 친교를 맺고, 자녀 됨을 받아들여 하느님의 자녀가 되게 하시려고 성자께서 인간이 되셨다.' '그분은 우리를 하느님이 되게 하시려고 인간이 되셨다.'

'하느님의 외아들은 당신 신성에 우리를 참여시키시려고 우리의 인성을 취하셨으며, 인간을 신으로 만들기 위하여 인간이 되셨다.'"(CCC 460)

너무 중요해서 한 번 더 인용한 거야. 하느님이 된다는 것, 이것이 교만한 말처럼 들릴 수 있어. 그래서 유다인들은 인간이면서 하느님이라고 주장하는 예수님을 교만하다고 죽이려 했지. 예수님은 이렇게 변론하셔.

"너희 율법에 '내가 이르건대 너희는 신이다.'라고 기록되어 있지 않으냐? 폐기될 수 없는 성경에서, 하느님의 말씀을 받은 이들을 신이라고 하였는데, 아버지께서 거룩하게 하시어 이 세상에 보내신 내가 '나는 하느님의 아들이다.' 하였다 해서, '당신은 하느님을 모독하고 있소.' 하고 말할 수 있느냐?"(요한 10,34-36)

하느님의 말씀을 받아들이면 그 사람은 신이 돼. 신이 하느님이야. 신은 한 하느님밖에 안 계시거든. 그런데 말씀은 바로 예수 그리스도를 가리켜. 내가 하는 말은 나에게서 파견받아 너희의 마음을 바꿔 놓잖아? 그러기를 바라. 어쨌든 말씀은 아버지 하느님으로부터 파견받아 우리 마음을 바꿔 놓기 위해 세상에 오신 분이야. 그리스도를 받아들여야만 정체성이 변화되고 사랑을 실천할 수 있는 존재가 돼.

구원과 멸망은 하늘 나라에 살 수준의 사랑을 할 수 있는 믿음을 갖느냐, 갖지 못하느냐에 의해 결정돼. 죽음 뒤에 영생이 있는지 어떻게 아냐고 하지 마. 이 세상에는 없던 생명도 생겨나잖아. 그 생명은 어디서 오는 걸까? 부모가 자녀에게 생명을 준 걸까? 부모는 자녀에게 생명을 줄 수 없어. 존재하지 않았던 것이 아무 원인 없이 생겨날 수는 없어. 존재의 원인이 있고 그분은 하느님이신데 생명 자체일 수밖에 없어. 이것을 보여 주시기 위해 하느님의 아드님이 인간이 되어 사랑을 실천하면서 부활하여 영원히 사실 것을 보여 주셨어. 안 믿으면 그만이지만, 일단 믿어 보자. 손해 볼 거 없잖아? 그러니까 모든 인간을 사랑할 수 있게 만드는 정체성을 가져야 해. 그 정체성이란 바로 모든 인간을 창조한 하느님처럼 되는 거야. 만든 자만이 만든 모든 것을 사랑할 수 있어. 우리는 결국 그리스도처럼 되어야 하는 거야. 성경에 이와 관련된 비유가 나와.

창세기 27장에 야곱이 형의 축복을 가로채는 이야기가 나와. 이사악에게는 장남 에사우가 있었고 둘째 야곱이 있었어. 당시에는 유산을 장남에게만 주었나 봐. 이사악의 아내 레베카는 에사우가 받아야 할 축복을 야곱에게 넘기려 해. 이상하지? 엄마가 장남이 아니라 둘째만 사랑한다는 게. 여기에는 신비가 있어. 에사우는 야곱을 위해 저주받을 운명으로 태어난 거야. 이 세상에 그렇게 태어날 그리스도의 상징이지. 우리에게 당신만이 받을 수 있는 하늘 나라의 상속권을 우리를 위해 내어 놓고 우리 운명을 받아들일 예수님의 상징이야. 레베카는 교회를 상징해. 교회는 우리가 성체를 영하고 우리 주인을 그리스도로 삼으라 하지. 바오로 사도는 우리에게 "주 예수 그리스도를 입으십시오."(로마 13,14)라고 말해. 에덴 동산에서 죄를 짓고 부끄러워하며 당신 앞에 나서지 못하는 아담과 하와에게 하느님께서 '가죽옷'을 입히신 것과 같아.

옷만 입는다고 구원이 완성되지는 않아. 우리가 그리스도가 되었음을 믿어야 해. 그리고 모든 피조물을 그분의 눈으로 보아야 해. 창조자가 되는 거지. 야곱은 에사우의 옷을 입고 눈이 안 보이는 아버지 이사악 앞에서 레베카가 시키는 대로 계속 자신을 에사우라고 우겨. 이렇게 하다가 들켜서 저주를 받으면 어떻게 하느냐고 야곱은 걱정을 하지. 레베카는 그 저주는 자신이 다 받을 테니 축복을 받기 위해 야곱을 버리고 에사우라고 대답하라고 격려해. 이것이 교회의 역할이야. 교회는 성체를 영하는 이들은 이제 자신이 죽고 그리스도가 되었다고 고백하라고 해. 바오로 사도의 글을 읽어 볼까?

"나는 하느님을 위하여 살려고, 율법과 관련해서는 이미 율법으로 말미암아 죽었습니다. 나는 그리스도와 함께 십자가에 못 박혔습니다. 이제는 내가 사는 것이 아니라 그리스도께서 내 안에 사시는 것입니다. 내가 지금 육신 안에서 사는 것은, 나를 사랑하시고 나를 위하여 당신 자신을 바치신 하느님의 아드님에 대한 믿음으로 사는 것입니다."(갈라 2,19-21)

조금 어렵지? 여기서 율법을 '행위'라고 보면 돼. 우리는 사랑하라는 율법으로는 사랑의 실천이 나오지 않아. 우리 주위에서 추위와 굶주림, 질병으로 죽어 가는 이들이 형제나 자녀로 보이지 않으면 그들에게 무관심할 수밖에 없잖아. 내가 죽고 그리스도가 되었다는 믿음만이 우리를 구원하는 거야. 그러나 그분의 옷을 입지 않으면, 곧 성체를 영해서 그분이 진짜로 우리 안에 왕으로 들어오셨음을 믿는 예식에 참여하지 않는다면 어떻게 우리가 그리스도가 되었다고 믿을 수 있겠니? 따라서 레베카가 에사우의 옷을 야곱에게 입힌 것처럼 교회는 그리스도의 옷인 성체를 우리에게 주는 거야. 우리가 그리스도가 되었다고 믿도록. 그리스도는 하느님이야.

그러면 우리도 하느님이 된다는 것일까? 당연해. 성부와 성자와 성령이신 삼위일체 하느님이 된다는 뜻은 아니야. 하느님의 본성을 지니게 된다는 거지. 내가 하느님이 되었다고 믿지 않으면 우리가 어떻게 원수까지 용서하고 사랑할 수 있겠니?

"'네 이웃을 사랑해야 한다. 그리고 네 원수는 미워해야 한다.'고 이르신 말씀을 너희는 들었다. 그러나 나는 너희에게 말한다. 너희는 원수를 사랑하여라. 그리고 너희를 박해하는 자들을 위하여 기도하여라. 그래야 너희가 하늘에 계신 너희 아버지의 자녀가 될 수 있다."(마태 5,43-45)

뭐든지 할 수 있다고 믿어야 할 수 있어. 할 수 있다고 믿으려면 먼저 내가 그것을 할 수 있는 존재임을 믿어야 해. 고정원 씨는 세례를 받고 그런 존재가 되었다고 믿을 수 있었어. 고정원 씨는 자기 집에 침

입한 연쇄 살인마 유영철에 의해 무고하게 살해당한 어머니와 아내, 외아들을 보고는 자살을 결심하지. 그러나 범인이 잡힐 때까지 참아 보기로 해. 아내가 다니는 성당으로 가서 울고 있었는데 어떤 분에 의해 입교를 권유받아. 그래서 그는 예비자 교리를 받고 세례를 받지. 그런데 몇 달 안 되어 유영철이 잡혔어. 고정원 씨는 결정해야 했어. 자기 일가족을 죽인 유영철에 대한 미움 때문에 자살할 것인지, 아니면 자신도 그를 용서할 수 있는 능력이 있으니 그를 용서하고 끝까지 살아서 아내가 있을 천국으로 갈 것인지. 고정원 씨는 후자를 선택했고 결국 그를 용서하고 양자로 삼았어. 사람은 원수를 사랑할 수 없어. 우리는 사람보다 더 위대한 존재가 되는 거야.

베드로 사도는 물 위를 걷는 예수님을 보고 자신도 물 위를 걸었어. 우리가 감히 하느님이 된다고 하면 교만이라고 말하는 이들이 있어. 그러나 실제로 생명을 내주시는 하느님 앞에서, 그분을 아버지라 부르면서도 우리가 하느님의 본성을 가지지 못하고 '인간'이란 본성에만 사로집혀 있으려는 게 교만이야. 교만이라기보다는 인간이라고 믿어야 죄를 지을 수 있기에 그렇게 주장하는 것뿐이야. 자신을 그리스도라 믿으면 인간으로 지을 수 있는 죄를 짓지 못하게 되거든.

예수님은 "나는 하늘에서 내려온 빵이다."(요한 6,41) 또 "내 살은 참된 양식이고 내 피는 참된 음료다."(요한 6,55)라고 하셨어. 예수 그리스도께서 태어나 처음 뉘어진 곳이 '구유'야. 가축의 먹이통이지. 이는 동물 수준에 머무는 인간이 예수 그리스도를 양식으로 먹으면 하느님 수준이 된다는 하나의 상징이야. 에덴 동산에서 아담이 동물에게 이름을 지어 주었던 일을 하신 거지. 부모는 자녀에게 양식이 되고 자녀는 그 양식을 먹고 부모의 본성을 입게 돼.

늑대가 주는 양식을 먹으면 자신을 늑대라 여겨. 그러면 늑대의 본성을 지니고 늑대처럼 살며 늑대 무리에서 살게 되지. 마찬가지로 사람이 주는 양식을 먹으면 자녀는 자신을 사람이라고 여기고 인간 안에서 살게 돼. 그러면 하느님께서 주시는 양식을 먹으면 당연히 자신을 하느님이라고 믿어야 할 거야. 어떤 이들은 축성된 밀떡, 곧 성체를 하느님이라고 고백할 수 있으면서 커다란 성체가 된 우리를 하느님이라고 하면 안 된다고 말해. 모순이지.

밀떡 안에 사제의 축성으로 그리스도께서 들어가셔서 성체를 하느님이라고 할 수 있는 것처럼, 그 하느님께서 성체를 받아 모시는 이 안에 들어오셔서 그 사람도 커다란 성체로 만드시는 거야. 예수님을 인간이라고만 한다면 그 사람은 믿음이 없는 것처럼, 성체를 밀떡이라고만 말한다면 믿음이 없는 것과 같이, 성체를 영한 인간도 인간이라고만 한다면 성체성사는 그 사람에게 어떤 도움도 되지 못해.

새끼 호랑이가 있었어. 어느 날 새끼 호랑이가 엄마 호랑이에게 와서 "엄마, 나 개지?"라고 물었어. 엄마 호랑이가 당황하며 말했지. "아니, 왜?" 새끼 호랑이는 "나 개랑 달리기했는데 졌어."라고 말했어. 엄마 호랑이는 "내가 널 낳았는데. 넌 호랑이 맞아."라고 말해 주었어. 다음 날 또 새끼 호랑이가 "엄마 나 개 맞는 거 같아."라고 말하는 거야. 엄마 호랑이가 "아니, 또 왜?"라고 물었어. "나 개랑 씨름했는데, 졌어. 개보다 힘도 없는데 내가 호랑이일 리 없잖아."라고 말하는 것이었어. 엄마 호랑이는 "넌 아직 어려서 그래. 어려도 호랑이야. 언젠가 너는 동물의 왕이 될 거야."라고 말해 주었어. 이런 일이 몇 번이고 반복되었지. 그날도 "엄마, 나 개 맞지?"라고 말했어. 엄마는 "왜?"라고 물었어. 새끼 호랑이는 "나 개랑 싸웠는데 졌어. 여기 상처도 났어."라고 말하는 것이었어. 화가 머리끝까지 난 엄마 호랑이가 외쳤다고 해. "그래, 이 개새끼야!"

자녀가 부모에게 와서 "엄마, 나 개지?"라고 말하면 자녀에게 겸손하다고 칭찬할 수 있을까? "내가 그런 소리 들으려고 이 고생을 하며 너를 키웠는지 아니?"라고 말할 거야. 부모가 자녀를 위해 살과 피를 내주었다면 부모와 같은 인간임을 믿기를 희망했던 거야. 이런 이야기를 반복해서 길게 말하는 것은 우리 신앙의 핵심이 성체성사이기 때문이야. 성체성사의 의미가 무너지면 가톨릭교회는 끝이라고 말해도 과언이 아니야. 하느님께서 인간에게 "너는 사람이냐, 하느님이냐?"라고 물으실 때 "저는 당연히 사람입니다."라고 대답한다면 하느님께서도 "내가 그런 소리 들으려고 내 아들을 너희에게 양식으로 내주었는지 아니?"라고 말씀하실 거야.

예수님의 어머니 성모 마리아 알지? 성모 마리아는 인간이 하느님이 될 수 있다는 것을 넘어서서 '하느님의 어머니'가 될 수 있음도 믿으셨어. 가브리엘 천사로부터 '하느님 아드님의 어머니가 될 것이다.'라는 예고를 받으셨을 때 성모님은 믿으셨어(루카 1,35 참조). 그래서 첫 번째로 구원된 분이 되신 거야. 성모님은 당신 아드님 예수님을 팔아넘긴 유다 이스카리옷이 와서 용서를 청했어도 용서해 주셨을 거야. 하느님께는 불가능이 없으니까, 하느님의 어머니도 그것을 할 수 없으면 안 되기 때문이지. 성모님의 사촌 엘리사벳은 성모님께 "행복하십니다, 주님께서 하신 말씀이 이루어지리라고 믿으신 분!"(루카 1,45)이라고 말했어. 우리도 믿을 수 있으면 행복해질 수 있어. 용서하지 못할 사람이 없고 모든 사람을 사랑할 수 있는 존재가 되거든. 사랑하고 사랑받아야 행복하잖아. 이것이 교회가 선포하는 '복음'(福音), 곧 '기쁜 소식'이야.

이사악은 여러 번 야곱에게 "네가 정말 내 아들 에사우냐?"(창세 27,24)라고 물었어. 우리도 반드시 심판 때에 "너는 누구냐?"라는 질문을 받게 될 거야. 우리는 그때마다 "당신처럼 신성에 참여하여 저도 당신들과 같은 하느님이라 할 수 있습니다."라고 말할 수는 없더라도, 적어도 "나는 예수 그리스도와 같습니다."라고 대답할 수 있어야 해. 그래야 아버지께서 우리를 구원하기 위해 아드님을 생명의 양식으로 세상에 보낸 사명이 우리 안에서 완성되는 거야.

루마니아의 14세 소년 크리스티안 마리안 베키아노(Christian Marian Vecchiano)는 축구를 하다가 헬기들이 한 곳으로 가는 것을 보고 달려왔어. 그곳에는 아주 좁은 우물 파이프에 세 살 아기가 버려져 있었어. 구조대가 도착했지만, 아기를 구하는 게 쉽지 않았어. 우물 입구가 30cm로 어른은 들어갈 수 없었거든. 깊이가 15m나 되었고 아기가 어려서 내려진 줄을 잡지도 못했어. 파이프를 깨면 아기 생명이 위험했고 굴착기로 11시간 동안 팠지만, 15m 깊이까지 주위를 파며 내려가는 데는 한계가 있었어.

크리스티안은 자신이 다리를 묶고 거꾸로 내려가 아기를 잡고 올라오겠다고 제안해. 처음에 어른들은 말렸지만, 그 방법밖에는 도리가 없었어. 크리스티안은 그 어둡고 좁은 통로로 내려가 아기를 데리고 올라왔어. 크리스티안은 마을의 영웅이자 루마니아의 영웅이 되었고 현재 결혼해서 아기를 낳고 잘살고 있다고 해.

크리스티안은 어른들도 하지 못하는 일을 해냄으로써 이 세상에서 살 수 있는 자격과 자신감을 얻을 수 있었어. 마찬가지로 예수님은 하늘에 살 수 있는 자격을 증명하시기 위해 세상에 오셨어. 그러나 우리가 그분을 받아들이지 않으면 그분이 세상에 오신 것은 헛수고가 돼. 우리는 아기가 아니야. 그분이 내민 손을 잡아야만 해. 크리스티안이 그랬던 것처럼 예수님도 다시 하늘로 올라갈 것을 믿었어. 그분은 인간이 하느님이 될 수 있음을 믿게 하시기 위해 인간이 되신 거야. 그분의 손을 잡는 방법은 내가 죄에 사로잡혀 있지 않기 위해 그분이 주려는 믿음을 받아들이는 것이지. 누구도 자기처럼 될 것을 믿지 않으면 구하러 내려가지 않거든. 예수님도 마찬가지 이유로 내려오신 거고, 나를 위한 그분의 죽음을 헛되게 하지 말자.

"하느님께서는 세상을 너무나 사랑하신 나머지 외아들을 내 주시어, 그를 믿는 사람은 누구나 멸망하지 않고 영원한 생명을 얻게 하셨다."(요한 3,16)

핵심

우리에게 주어진 사명은 이웃을 사랑하는 것이다. 세상에 선한 영향력을 미치는 일을 하기 위해 창조되었다. 그러나 먼저 창조자를 사랑하지 않으면 사명을 받아들이지 못해 자기 자신만을 사랑하는 이기주의자로 머물게 된다. 하느님을 사랑하면 그분의 양식을 먹고 그분의 자녀임을 믿게 된다. 이 하느님 자녀로서의 정체성이 이웃을 사랑하게 한다. 그리스도의 눈으로 세상을 바라보게 되기 때문이다. 창조자는 모든 피조물을 사랑한다. 그분의 사랑을 끝까지 거부하여 스스로 떠나가는 이들을 제외하고는.

삼위일체

모든 새로 태어남은 삼위일체 사랑의 열매이다

"삼위일체 교의를 정형화하고자 교회는 철학적 개념들의 도움을 받아 '실체'(substantia), '위격'(persona 또는 hypostasis), '관계'(relatio) 등의 고유한 용어들을 발전시켜야만 하였다. (중략) 교회는 '실체'라는(때로는 '본질'essentia이나 '본성'natura이라는 단어로도 표현되는) 단어를 단일성에서 본 하느님을 표현할 때 사용하며, '위격'이라는 단어는 성부, 성자, 성령 사이의 실제적 구분에서 본 삼위를 가리킬 때, '관계'라는 단어는 그 위격들의 구분이 한 위격과 다른 위격들의 관련에서 존립한다는 사실을 지적할 때 사용한다."(CCC 251-252)

두둥! 드디어 '삼위일체'(三位一體). 들어 봤지? 별거 아니야. 겁먹지 마. 정체성은 삼위일체에서 온다는 것만 알아 두면 돼. 네가 사회에서 살 수 있는 존재라는 믿음은 어디서 왔지? 부모님에게서지. 사실 부모님의 삼위일체 사랑에서 온 거야.

부모가 없어도 혼자 힘으로 세상에서 살 수 있는 존재로 성장할 수 있다고? 정말 그럴까? '옥사나 말라야'라고 들어 봤니? 1983년 11월 4일 우크라이나 헤르손주 노바 블라호비쉬첸카 마을에서 태어난 옥사나는 어린 시절 개와 함께 살았던 특별한 경험으로 유명해. 세 살 때 알코올 중독자인 부모의 방치로 그녀는 대형 개 사육장에서 개들의 돌봄을 받으며 자랐어. 5년 동안 개 사료를 먹고 개들의 보살핌으로 살아남을 수 있었지.

다행히 인간에게 발견되었지만, 옥사나는 30세가 되어서도 유치원생 정도의 언어 수준밖에는 될 수 없었어. 언어가 안 된다는 말은 생각할 수 없다는 말과 같아. 생각은 언어로 하는 것이거든. 동물은 생각할 수 없어. 언어가 없어서. 어쨌든 옥사나는 자신이 인간과 가까움에도 여전히 개처럼 네 발로 뛰어다닐 때 더 편안함을 느꼈어. 그래서 인간 사회에 적응하는 게 불가능했지.

인간 부모 없이 인간 사회에 사는 건 불가능해. 1920년 인도에서 늑대에게 키워진 두 살과 일곱 살 정도의 여자아이들이 발견되었어. 아말라와 카말라로 이름 지어진 두 여자아이는 네 발로 걸으며 늑대처럼 공격하고 날고기만 먹으며 입혀 준 옷은 찢고 어두운 곳만 좋아했어. 두 살 된 아이는 사람에게 발견된 지 1년 만에 사망했어. 인간 사회에 적응할 수 없었던 거지. 언니는 몇 년 뒤 직립 보행에 성공했어. 몇 년 동안 사람에게 키워진 게 영향을 주었던 것 같아. 그래도 10년 동안 언어를 가르쳤지만, 60개 정도의 단어밖에 구사할 수 없었어. 인간 아이는 하루에도 60개의 단어를 외울 수 있는데 말이야. 이렇게 능력을 발휘하지 못한 이유는 무엇이었을까? 자신을 늑대라고 믿었기 때문이지. 늑대라는 말은 몰랐겠지만, 자기 부모가 늑대라고 믿었던 거야. 그런데 인간의 언어를 배우고 두 발로 걷는다는 것은 어미에 대한 '배신'이지.

본성이란 인간은 인간이 되게 하고, 개는 개가 되게 하고, 늑대는 늑대가 되게 하는, 태어날 때의 성질을 의미해. 그런데 그 본성은 자신이 어미라고 믿는 부모에 의해 결정돼. 아무리 인간에게서 태어났더라도 동물을 어미라고 믿으면 그 본성은 동물의 본성을 지니게 되고 그러면 인간 사회에서는 살 수 없게 되는 거지.

여기에 대해서는 계속 말해 오고 있어. 왜냐고? 중요하니까. 본성을 결정하는 게 뭐라고 했지? 부모가 주는 음식이야. 부모가 주는 음식은 부모의 살과 피라고 할 수 있어. 한마디로 '젖'이지. 젖은 어미의 살과 피야. 젖을 준다는 말은 어미의 생명을 준다는 말과 같지.

2020년 호주에서는 이러한 사례도 있어. 한 부부가 다친 새끼 까치 몰리를 치료해 주었어. 이름을 몰리라고 지어 주었지. 그 집에는 페기라는 강아지가 있었어. 강아지도 몰리를 좋아했고 몰리도 페기를 좋아했어. 그런데 몰리가 울 때 '멍멍' 짖는 거야. 전문가들은 몰리가 페기를 어미로 여기는 것 같다고 말했어. 신기한 것은 새끼를 낳아 본 적 없는 페기에게서 젖이 나왔다는 거야.

새로운 정체성을 부여해 주는 것은 엄마와 엄마가 주는 젖이라 할 수 있어. 엄마와 그의 희생이 없다면 자신이 누구인지 알 수 없게 돼. 스티븐 스필버그의 영화 'A.I.'(2001년)를 본 적 있니? 데이빗은 최첨단 A.I. 로봇이야. 한 부부의 아들로 입양이 되지. 그런데 그 부부의 아들이 병이 치유되어 집에 돌아오자 데이빗은 필요가 없어졌어. 그뿐만 아니라 자기 아들을 질투하는 것 같아서 데이빗을 버려야 했지.

데이빗은 엄마가 필요했어. 자기가 로봇이 아니라 인간이라고 믿고 싶었던 거지. 엄마 모니카는 데이빗에게 피노키오를 읽어 준 적이 있었어. 나무로 만들어졌지만, 인간이 되는 이야기. 그러나 버려졌어. 그리고 자기를 만든 아빠를 찾지. 처음엔 자기가 생겨난 출처를 알고서 기뻤지만, 아빠는 수많은 자기와 같은 로봇을 만드는 과학자라는 것을 알았지. 자기를 특별한 존재로 믿게 해 줄 수는 없다는 것을 알게 돼. 누구나 세상에 하나뿐인 존재라는 것을 믿고 싶나 봐. 아빠는 그것을 해 줄 수는 없었어. 아빠를 보면 수천 개의 자기 자신 중 하나에 불과했거든. 그래서 사라져 버리기로 해. 바다에 자신을 던져 버린 거지. 슬프지?

아빠는 내가 누구인지는 알게 해 주지만, 내가 세상 유일무이한 존재라고 믿게 하기에는 한계가 있는 것 같아. 그러나 엄마는 자기만을 위해 피를 흘리는 존재야. 아빠는 아이를 많이 낳는다고 죽지는 않아. 엄마는 다르지. 나를 낳을 때부터 피를 흘리고 젖을 먹이며 피를 흘리고 기르고 양육하며 피를 흘려. 그만큼 엄마는 나의 자존감을 높여 주지. 그러니까 엄마와 엄마가 나를 위해 흘리는 피만 있으면 내가 온전한 인간이 될까? 그렇지 못해.

엄마는 걸을 수 있게, 말을 할 수 있게 하는 등은 알려 줄 수 있지만, 사회에서 어떻게 살아야 할지는 알려 줄 수 없어. 노벨 문학상 수상자인 귄터 그라스의 『양철북』이란 책을 아니? 독일이 배경인데, 2차 세계 대전 중에 오스카라는 아이가 성장하기를 스스로 거부한다는 설정의 내용이야. 왜 성장하지 못할까? 엄마는 좋은 엄마인데, 아빠가 누구인지 모르겠다는 거야. 엄마가 바람을 피우는 장면을 목격했거든. 아이는 세상에서 살기 위해 세상에 속한 아빠의 모습을 닮아 가는데, 누구를 닮아야 할지 결정할 수 없었던 거지. 아무리 자신이 엄마와 그녀의 희생을 통해 사람인 것을 알아도 세상에 살 자격을 얻으려면 아빠도 필요해.

2018년 6월 1일 조선일보에 '내겐 짐, 아들엔 힘. 전남편을 어떡하지?'란 제목의 사연이 실렸어. 중학생 아들이 학교에 안 가고 자퇴하겠다며 엄마 속을 썩여. 학교에서 돌아오면 방바닥에 누워 천장만 쳐다보고 아무것도 안 해. 그걸 보는 엄마는 울화가 치밀지.

엄마는 아들이 초등학교 3학년 때 이혼했는데 아들이 잘 성장하는 듯 보였어. 그런데 아이는 사춘기에 접어들기까지 마음속에 엄마에 대한 원망을 키우고 있었던 거야. 엄마가 울어도 봤지만 본척만척해. 아이에겐 아빠가 필요했던 거지.

혼자만의 싸움에 지칠 때면 가끔 이혼한 전남편이 생각났다고 해. 무책임하고 무능력하고 무관심한 가장이었지만 그런 남편도 필요하다는 생각이 들었어. 아내는 자존심을 내려놓고 전남편에게 연락했어. 아이의 마음이 지독한 감기에 걸렸으니 아들과 자신 사이에 잠시만 서 있어 달라고 청했어.

남편이 집에 들어온 지 한 달이 넘었어. 아이가 정상으로 돌아왔어. 아빠와 게임도 하고 목욕탕도 가고. 이 편안함 속에 한 번 결혼에 실패했는데, 이젠 이혼에도 실패하는 게 아닌지 궁금해진다는 내용이었어.

아이가 커갈수록 세상에 나가야 한다는 불안과 걱정을 가지게 돼. 자신이 소중한 사람이라는 믿음만으로는 자신감이 생기지 않아. 자기를 낳은 아버지가 세상에서 제대로 사는 모습을 보아야 자신도 세상에서 살 용기가 생기거든. 그것을 주지 못하면 아이는 제대로 성장하지 못해.

이 때문에 아빠는 세상에 속해 있어야 하고 엄마는 집에 있어야 해. 지금이야 맞벌이하는 가정이 많지만, 원시 시절을 생각해 보자. 남자는 밖에 나가 맹수와 싸우며 동물을 잡아 엄마에게 가져다주어야 해. 그래야 동굴에서 아기들을 돌보는 아내가 그것을 자신도 먹고 자녀도 키울 수 있었어.

삼촌이 고리타분해 보일 수도 있겠지만 이 모습이 이어져야 한다고 생각해. 아무래도 엄마가 밖에 오래 나가 있고 아이 혼자 집에 있으면 자존감이 줄어들 거야. 아이만을 위해 피를 흘리며 자존감을 높여 주는 엄마의 역할이 중요하다고 생각해. 어쨌든 삼촌이 말하고 싶은 것은 아이가 세상에 나가 살기 위해서는 아빠와 엄마, 그리고 엄마가 자녀를 위해 내주는 젖과 같은 양식, 이 세 가지가 필요하다는 거야. 이제 조금씩 이 삼위일체가 아이를 세상에서 살 수 있는 존재로 새로 태어나게 만든다는 게 이해되지?

1992년 '잭 캘리'라는 신문 기자가 소말리아 내전의 비극을 취재하다가, 수도 모가디슈에서 죽은 듯 쓰러져 있던 한 소년을 만나. 마을 사람들 대부분이 죽었지만, 소년은 온몸이 벌레에 물리고 영양실조로 배가 볼록했지만 살아 있었어. 일행 중 사진 기자가 사과 하나를 소년에게 주었어. 소년은 너무 허약해서 그것을 들 힘조차 없었지. 기자는 사과를 반으로 잘라서 소년에게 주었어. 소년은 고맙다는 눈짓을 하고는 그 반쪽 사과를 들고 비틀거리며 마을로 내려갔어. 그리고 한 집으로 들어가 이미 죽은 것처럼 보이는 작은 아이에게 다가갔지. 그 작은 아이는 소년의 동생이었어. 형은 손에 쥐고 있던 사과를 한 입 베어 물고는 그것을 다시 뱉어 동생의 입에 넣어 주었어. 동생의 입을 벌렸다 오므렸다 하며 음식을 씹도록 도와주기까지 했지. 기자 일행은 그 소년이 자기 동생을 위해 보름 동안이나 그렇게 해 온 것을 알게 되었어. 그들이 형제를 난민 캠프로 옮겼는데 며칠 뒤 소년은 영양실조로 사망했어. 하지만 동생은 끝내 살아남았어.

삼위일체 신비를 이해하기 위해 이 이야기를 있는 그대로 받아들여 보자. 형은 엄마 아빠 중에 어떤 역할을 한 거라고 볼 수 있지? 엄마지. 그러면 아빠는? 잭 캘리라는 기자야. 그러면 엄마가 주는 젖은? 피 흘림은? 바로 사과 반쪽이지. 자신이 먹으면 살 것이지만, 동생에게 주었어. 동생은 덕분에 살 수 있게 된 거야.

여기서 삼위일체는 바로 '아빠-돈-엄마'라고 할 수 있어. 엄마가 아기에게 주는 젖은 아빠가 벌어 오는 돈으로 음식을 먹고 생긴 살과 피야. 자기 생명과 같지. 우리는 그리스도께서 흘리신 피로 하느님 자녀로 태어나. 그러면 그리스도는 우리에게 어떤 역할을 한 거지? 엄마야. 그리고 우리가 먹고 마시는 성체와 성혈은? 그분의 살과 피야. 이것은 사실 아버지로부터 받은 거지.

예수님께서 세례받으실 때 하늘에서 '성령'이 비둘기처럼 내려오셨는데, 이는 남편이 자신이 가진 전부를 아내에게 주는 돈과 같아. 남편은 아내에게 모두 내주고 아내가 자신에게 밥을 주지 않으면 굶을 수밖에 없어. 많은 가정에서 아버지가 돈을 벌어 오지만, 실제로는 어머니에게 돈을 타서 쓰는 경우가 많잖아? 사랑하면 다 주거든. 이 아버지가 어머니에게 주는 '모든 것'을 '성령'이라고 생각하면 돼. 예수님께서는 이렇게 말씀하셔.

"하느님께서 보내신 분께서는 하느님의 말씀을 하신다. 하느님께서 한량없이 **성령**을 주시기 때문이다. 아버지께서는 아드님을 사랑하시고 **모든 것**을 그분 손에 내주셨다. 아드님을 믿는 이는 영원한 생명을 얻는다. 그러나 아드님께 순종하지 않는 자는 생명을 보지 못할 뿐만 아니라, 하느님의 진노가 그 사람 위에 머무르게 된다."(요한 3,34-36)

하느님께서 아드님께 주시는 '성령'은 아버지께서 아드님께 주시는 '모든 것'이야. 아버지가 어머니에게 주시는 '돈'과 같은 거지.

삼위일체 별거 아니지? 그런데 어떻게 선물인 성령이 아버지와 아드님과 같은 하느님이 되시는지 살펴볼까? 오 헨리의 『크리스마스 선물』 알지? 가난한 이 부부는 성탄에 서로에게 줄 선물을 살 돈이 없었어. 남편은 아버지에게 물려받은 주머니 시계를 팔아서 아내의 빗을 샀고 아내는 남편을 위해 머리카락을 잘라 팔아서 시곗줄을 샀어. 막상 선물을 교환할 때 보니 지금 당장은 필요 없는 선물들이었어. 그래서 싸웠을까? 서로를 향한 사랑이 더 깊어졌지.

'선물'에는 자기 자신이 들어 있어. 만약 네가 누군가를 사랑해서 한 달 동안 점심을 굶고 예쁜 꽃다발을 선물했다고 해 봐. 그런데 그 여자는 그런 건 필요 없다며 쓰레기통에 던져 버리면 그래도 그 여자를 사랑할 수 있겠니? 너 자신이 쓰레기통에 버려지는 것처럼 느껴질 거야. 선물은 자기 자신의 일부를 떼어 주는 것과 같거든. 결국 둘의 관계는 서로에게 자기를 내주는 것으로 하나가 돼. 사랑이 완전해질수록 내주는 선물도 자기 생명과 같아지지.

완전한 사랑은 자기 자신을 온전히 내주게 돼. 그 안에는 주는 사람의 '뜻'도 들어 있어서 받는 사람은 상대의 뜻을 들어줄 수밖에 없게 되지. 사람 안에는 양심이 있으니까. 양심은 정의 시스템이기 때문에 받으면 주게 만드는 장치야. 그렇지 않으면 마음이 불편해져서 힘들어지지. 이런 이유로 누군가를 사랑하지 않으면 그 사람의 선물도 받지 않으려고 하는 거야. 부담이 되거든. 받으면 줘야 해서. 아이들이 왜 부모 말에 순종할까? 부모에게 먼저 받았기 때문이야. 부모는 그렇게 자기 뜻이 자녀 안에서 이루어져 자녀가 세상에 살 수 있는 수준으로 끌어올리는 거지.

이렇게 생각해 보자. 먹을 것이 없는 극한 상황에서 엄마가 아기에게 젖을 주고 있어. 그 젖은 엄마의 생명이야. 엄마의 생명이 아이에게 먹히는 거지. 그런데 그 젖은 또한 아빠의 생명이기도 해. 아빠가 밖에서 목숨을 걸고 먹을 것을 가져와서 엄마에게 주어 젖이 생긴 것이거든. 이런 면에서 엄마가 자녀에게 주는 젖은 자녀의 생명인 동시에 엄마와 아빠의 생명인 거야. 생명은 모든 것이지. 비록 젖이 물질이지만, 엄마 아빠의 생명과 같이 중요한 것이 되는 거야. 성령도 예수님께서 아버지에게서 받아 우리에게 주시는데, 아버지와 아드님처럼 하느님의 생명 자체이시기에 아버지와 아드님처럼 하느님이신 거야. 이런 본성 면에서는 크고 작음을 따질 수 없는 거지.

　이런 면에서 삼위일체는 '아빠-생명-엄마'와 같아. '성부-성령-성자'로 볼 때 성령은 '하느님의 생명'이라고 할 수 있어. 삼위일체를 왜 남자와 여자의 관계로 표현하느냐고 할 수 있는데, 남녀의 관계가 바로 이 삼위일체의 모습대로 창조되었기 때문이야. 성경에 이렇게 쓰여 있어.

　"하느님께서는 이렇게 당신의 모습으로 사람을 창조하셨다. 하느님의 모습으로 사람을 창조하시되 남자와 여자로 그들을 창조하셨다."(창세 1,27)

　남자와 여자가 하나가 되는 방법은 '사랑'이 있어야 해. 그러면 '한 몸'이 되지. 사랑은 선물을 서로 주고받는 거야. 그래서 전통적으로 성령을 '선물'이라고도 하고 '사랑'이라고도 해. '생명'이라고도 할 수 있지. 성령을 받지 않으면 믿음이 생기지 않고 그러면 사랑할 수 없고 그러면 영혼은 죽은 거나 마찬가지야. 바오로 사도는 이렇게 말해.

　"희망은 우리를 부끄럽게 하지 않습니다. 우리가 받은 성령을 통하여 하느님의 사랑이 우리 마음에 부어졌기 때문입니다."(로마 5,5)

　성령의 열매가 사랑이야. 이런 면에서 아빠에게 받은 생명의 선물로 생긴 사랑을 자녀가 받지 못하면 자녀는 사랑할 수 있는 존재로 태어나지 못해. 사랑받아야만 사랑할 수 있다는 말이 이 뜻이야. 엄마 혼자 자녀에게 아무리 사랑을 부어 주어 봐야 자녀가 성장할 수는 없어. 엄마는 항상 아빠에게 받은 생명과 존재가 포함된 선물을 받아 생긴 사랑을 주어야 하는 거야. 그렇지 않은 엄마 혼자의 사랑은, 자녀에게 부담을 주고 자녀를 가스라이팅하며 이용하게 해서 엄마의 만족을 위한 도구로 전락시켜 버리지. 이렇게 삼위일체를 이해하는 게 중요해. 삼위일체가 사랑의 원리이자 태어나가 만드는 원리이기 때문이지.

30~40년 전 이야기이긴 한데, 어떤 엄마가 장남에게 모든 기대를 걸었어. 장남은 잘생기고 공부도 잘해서 엄마가 특별히 더 사랑했지. 생선도 발라 주고 옷도 입혀 주며 모든 정성을 쏟았어. 대학에 들어갈 때도 소도 팔고 땅도 팔며 아끼지 않았지. 아들은 좋은 직장에 취직해서 가문 좋은 여자와 결혼하게 되었어. 장남이니까 홀어머니를 모셔야만 했지.

문제는 이때부터 발생해. 어머니가 며느리를 못살게 굴었던 거야. 며느리는 세 번이나 집을 나가 친정집으로 도망갔다고 해. 심지어 어머니가 '방에서 둘이 무슨 소리 하나?' 엿듣다가 며느리가 문을 열 때 머리를 부딪혀 넘어지기까지 했다는 거야. 며느리는 더는 살 수 없어서 목을 맸어. 더는 참을 수 없던 아들은 어머니를 다시는 보지 않겠다며 혼자 서울로 올라갔다고 해. 어머니는 자기 잘못을 알았을까? 천만에. 이렇게 말했다고 해.

"내가 평생 너만을 위해 살았는데, 네가 나한테 이럴 수 있니?"

엄마는 아들만을 위해 산 걸까? 자기가 한 희생의 보상을 아들을 통해 얻으려고 했기 때문에 '모기'가 되어 버린 거야. 삼위일체가 아닌 사랑은 그래서 사랑이 아닌 괴롭힘이 되고 마는 거야. 그런 식으로는 누구도 새로 태어나게 할 수 없어.

이제 '아빠-선물-엄마'의 삼위일체 구조만이 온전히 자녀를 탄생시킬 수 있다는 것을 알았고, 선물이신 성령께서 엄마 아빠의 '생명'이기에 엄마 아빠와 똑같이 귀할 수밖에 없음을 이해했지? 그러면 마지막으로 왜 성령이 '한 분의 하느님'이신지 살펴보자. 한 분이 되려면 '사명과 자유'가 있는 존재여야 해. 그런데 선물이나 생명과 같은 것은 물질처럼 여겨지잖아?

누군가가 선물로 목숨을 내어놓았다고 가정해 보자. 그 사람은 이미 죽었어. 그러면 그 사람이 자신의 선물을 가져올 수 없어. 누군가 그 선물을 이해하고 그 가치를 알면서 그것을 전달해 줄, 하느님과 같은 분이 필요해. 가령 심장 이식을 해야 하는 상황에서 죽어가는 누군가가 자기 심장을 주었다고 생각해 봐. 그 심장의 운반을 원숭이에게 맡길 수 있겠니? 그 심장이 무엇인지 이해할 수 있고 온전히 전달할 능력이 있는 존재는 같은 인간일 수밖에 없어. 모든 것을 내줄 때 그것을 운반해 줄 중개자도 이 모든 것을 이해할 수 있는 같은 인격체일 수밖에 없는 거지. 마찬가지로 하느님 아버지와 아들 사이에 그들의 전부인 신성을 운반하는 성령도 똑같은 하느님이실 수밖에 없는 거야.

　　삼위일체 참 쉽지? 이제 지금까지 한 것을 신학적으로 정리하고 마칠게. '삼위'는 무슨 뜻이니? 성부, 성자, 성령의 세 '위'를 나타내지. 성부와 성자와 성령은 같은 분이 아니야. 각자의 사명이 다른 서로 분별되는 분이셔. '위'는 영어로 'person'이라고 보면 돼.

　　그렇다면 그분들이 어떻게 한 하느님이 될 수 있니? 하느님이 되려면 '본성'이 필요해. 인간은 '인성'(人性)이 있잖아. 마찬가지로 하느님이니까 '신성'(神性)이라고 하지. 하느님께는 한 신성밖에는 없어. 인성이 있어야 인간이 되듯이 신성이 있어야 하느님이 되는 거야.

　　여기서 문제가 발생하지. 하느님은 세 구별되는 위격이신데, 신성은 하나밖에 없는 거야. 한 위격만이 하느님이 되실 수 있는 상황인 거지. 그러면 어떻게 해야 할까? 주고받는 '관계'가 일어나겠지? 관계가 없다면 사랑이 될 수 없어. 하느님이 한 위격이시면 혼자서는 주고받을 수 없으니까 사랑이 안 되고, 세 위격이 다 각자의 신성을 가지고 있다면 부족한 것이 없어서 주고받는 일이 일어나지 않아. 관계가 일어나지 않는 거지. 사랑은 관계인데. 누군가는 더 가지고 누군가는 부족해야 줄 수 있고 받을 필요성이 생겨.

그러나 신성은 하느님의 '생명'이기 때문에 그것을 내줌은 곧 '죽음'을 의미하게 돼. 그런데 하느님께서 돌아가실 수 있을까? 예수님은 세례 때 성령을 통해 받으신 신성을 다시 성령을 통해 아버지께 돌려주셨어. 이 신비가 십자가의 죽음으로 이어지지. 죽지 않으면 생명을 내주는 것이 아니잖아? 예수님은 십자가에서 당신의 거룩한 영, 곧 성령을 아버지 손에 맡겨. 성경을 볼까?

"예수님께서 큰 소리로 외치셨다. '아버지, 제 영을 아버지 손에 맡깁니다.' 이 말씀을 하시고 숨을 거두셨다."(루카 23,46)

신성을 옮겨 주시는 성령은 전부이기 때문에 그것을 주실 때는 돌아가셔야만 해. 이때 예수님은 완전히 돌아가셨어. 인간이면서 하느님이신 분이 돌아가신 거야. 우리로서는 이해할 수 없지만, 아버지는 당신 성령을 다시 돌려주셔. 이것이 그리스도의 '부활'이 되겠지. 이런 관계가 영원히 지속되는 거야. 하느님께서 시간과 공간을 창조하셨기에 시공을 초월하는 관계는 인간의 머리로는 가늠할 수 없어. 다만 세상에 드러난 계시로 이렇게나마 이해할 수 있는 거지.

한 몸이 되는 인간 부부 관계에 적용해 보자. 주고받으므로 생겨나는 '관계'가 지속해서 이어져야 부부 관계가 오래 지속될 수 있어. 뉴스에서 80년간 한 번도 안 싸운 부부의 이야기를 본 적이 있어. 오하이오주 해밀턴에 사는 남편 하버트 말리코트(99세)와 아내 준 네이피어(100세) 부부야. 이 부부의 비결은 매일 한 번도 빠짐 없이 뽀뽀하고 잤다고 해. 뽀뽀는 서로를 내주는 사랑의 행위야. 어떤 날은 기분이 상해서 뽀뽀하고 싶지 않았을 수도 있지. 그러나 서로를 위해 매일 내주었던 거야. 이 의지가 한 번도 싸우지 않게 한 거지. 뽀뽀는 서로를 위해 주는 '선물'이고 자기를 포기한 '생명'인 거니까 삼위일체로 보면 '성령'과 같아.

이분들은 삼위일체를 이해한 분들이라고 할 수 있어. 다시 말해 이미 부모로부터 삼위일체의 사랑을 받고 깨달은 분들인 거지. 그래서 그런 '의지'가 생긴 거야. 싫어도 매일 서로를 내주어야 한다는 사실을 깨달은 거지. 이런 면에서 성령을 '진리의 영'(요한 14,17)이라고도 해. 성령을 받기 전까지는 사랑의 이 삼위일체 원리를 이해할 수 없기에 실제로는 지성이 어둠에 갇혀 있게 되는 거야. 사랑을 모르면 아무것도 모르는 거니까. 그래서 내줄 의지도 생기지 않고 관계 맺을 능력을 갖지 못하게 돼. 주위에 많은 사람이 있다고 친밀한 관계를 맺는 증거가 되지는 못해. 그 사람의 인기나 부를 보고 사람들이 모여들었을 수도 있거든. 참된 관계는 의지적인 상호 내줌을 통한 삼위일체 관계밖에 없어.

이제 이 장 시작에서 인용한 『가톨릭교회교리서』에 나오는 삼위일체의 가장 중요한 세 개념인 '실체'(substantia), '위격'(persona 또는 hypostasis), '관계'(relatio)를 어렵지 않게 이해할 수 있을 거야. '실체'는 하느님이 되게 하는 '하나의 신성'이고, '위격'은 서로 구별되는 '성부-

성자-성령'을 말하며, '관계'는 의지적으로 '자기 자신을 선물로 내주는 완전한 상호 자기 비움'을 말하는 거지.

물론 이것을 안다고 삼위일체를 다 이해했다고 생각하면 오산이야. 삼위일체 하느님 사랑의 의지는 무한하여 시공을 초월한다고 볼 수 있어. 무한한 사랑의 의지로 세상을 존재하게 만든 존재가 하느님이신 거지. 이 신비가 가장 명확히 드러난 때가 예수님의 세례 때와 십자가의 죽음이라고 할 수 있어. 인간은 한정된 시간과 공간에서 살기 때문에 생각도 그 틀 안에 갇혀 있어서 창조 이전의 삼위일체 신비는 머리로는 이해할 수 없게 되어 있어. 죽으면 알게 되겠지. 그러나 당장은 시공간 안으로 인간의 몸을 가지고 태어나신 예수님의 역사를 통해서만 알 수 있는 거야. 그리고 시공간 안에서 사는 우리는 그 정도만 이해할 수 있으면 돼. 하느님께서 인간이 되신 가장 큰 이유는 바로 사랑이 삼위일체라는 신비로 이뤄진다는 것을 알려 주시기 위함이라고 할 수 있어. 이 신비를 모르면 사랑할 수 없고 사랑할 수 없으면 하늘에 살 자격이 없고 그러면 구원받지 못하는 거거든. 영원한 모기로 남게 되는 거야.

그러면 진짜 마지막으로 부모의 사랑에서 자녀가 태어나듯, 삼위일체 하느님에게서 바로 너희와 같은 하느님의 자녀들이 태어나는 신비를 이해해 보자. 사랑은 '창조' 혹은 '낳음'의 열매를 맺지 않을 수 없어. 남녀가 서로 사랑하면 자연히 자녀가 태어나는 것과 같아.

하느님은 삼위일체의 원형이기 때문에 창조가 일어나지 않을 수 없는 거지. 특별히 하느님 자녀들로 불리는 '교회'가 어떻게 탄생하고 교회가 어떻게 하느님을 아버지로 부를 수 있는지, 이번엔 너희 스스로 아래 교리를 천천히 읽고 이해해 보기를 바라.

"교회는 우리 구원을 위해 그리스도께서 자신을 온전히 내어 주심으로써 태어났다. 이 전적인 헌신은 특히 성체성사를 세움에서 예비되고 십자가 위에서 실현되었다. '그 기원과 성장은 십자가에 못 박히시고 창에 찔리신 예수님의 옆구리에서 흘러나온 피와 물로 상징되었다.' '십자가에서 잠드신 그리스도의 옆구리에서 온 교회의 놀라운 성사가 솟아 나왔기 때문이다.' 하와가 잠든 아담의 옆구리에서 만들어졌듯이, 교회도 십자가 위에서 돌아가신 그리스도의 꿰뚫린 심장에서 태어났다."(CCC 766)

하느님은 한 위격도 아니시고 세 하느님도 아니시다. 하느님은 사랑이셔야 하기 때문이다. 사랑은 나와 너, 그리고 나와 너 사이에 오고 가는 선물로 이뤄진다. 선물 안에는 자신의 존재가 들어간다. 성부와 성자께서는 당신 신성이라는 선물을 서로에게 내주심으로 하나의 사랑을 이루신다. 이 선물을 운반하는 분이 성령이시다. 선물을 운반하는 자는 그것을 이해하고 운반할 능력이 있는 존재여야 한다. 인간의 선물은 인간만이 운반

할 수 있듯, 하느님의 선물은 하느님만이 운반하실 수 있다. 그러므로 성령께서도 성부와 성자와 함께 같은 하느님이 되신다.

계약

모든 관계는 계약이다

"그리스도와 교회는 '온전한 그리스도'(Christus totus)이다. 교회는 그리스도와 더불어 하나이다. (중략) '놀라고 기뻐하십시오. 우리는 그리스도가 된 것입니다. 사실 그분은 우리의 머리이시고 우리는 그분의 지체이기 때문에 그분과 우리는 온전히 한 인간입니다.' (중략) 교회는 흠 없는 어린양의 흠 없는 신부이다. (중략) '머리로서는 자신을 '신랑'이라 부르고 몸으로서는 자신을 '신부'라고 부릅니다.'"(CCC 795-796)

이번 장은 '삼위일체 II'라고 생각하면 돼. 앞 장에서 삼위일체 신비로 자녀가 탄생하는 신비의 교리를 마지막으로 묵상해 보라고 했지? 그럼 이해했나 한번 볼까?

하와를 교회라고 할 때 하와의 탄생을 위한 삼위일체는 무엇이었을까? 맞아. 모르겠다고? 그럼 다시 읽어 봐. 맞아. '하느님-갈비뼈-아담'이지. 그렇다면 아담은 신약의 누구를 상징하는 걸까? 옳지. 아담은 신약에서는 예수 그리스도가 되는 거야. 교회의 엄마지. 교회는 "예수님은 새 아담으로서, 새로운 창조를 시작하기 위해 성령에 의해 동정 마리아의 태중에 잉태되었다."(CCC 411)라고 말하고 있어. 아담이 하와의 엄마인 것처럼, 예수님은 교회의 엄마인 거지.

자, 더 나아가 하와를 위해 아담의 옆구리에서 빼낸 갈비뼈는 예수님의 무엇과 같을까? 하느님은 두 번째 아담인 예수님을 십자가에 깊이 잠들게 하셨어. 그리고 나서는 가슴을 열어 갈비뼈, 아니 피와 물을 빼내셨지.

"군사 하나가 창으로 그분의 옆구리를 찔렀다. 그러자 곧 피와 물이 흘러나왔다."(요한 19,34)

'피와 물'을 아담의 갈비뼈라고 한다면 그 갈비뼈는 곧 뭐라고 했지? 맞아. 성령을 상징할 수밖에 없지. '성사'(聖事)라는 어려운 말을 쓰기는 하지만, 성사는 보이지 않는 성령께서 보이는 이 세상의 물질들과 결합한 것이라고 이해하면 돼. 이제 이 교리도 이해할 수 있게 되었어.

"사실 그리스도께서는 예루살렘에서 당신께서 겪으실 수난을, 받아야 할 '세례'라고 이미 말씀하신 일이 있었다. 십자가에 못 박히신 예수님의 창에 찔린 옆구리에서 흘러나온 피와 물은 새로운 생명의 성사들인 세례와 성체성사의 예형이다. 그때부터 하느님 나라에 들어가기 위해 '물과 성령으로' 새로 날 수 있게 된 것이다(요한 3,5)."(CCC 1225)

우리가 선물을 할 때 그 선물에 어울리는 예쁜 포장을 해서 주지? 교회에는 성사가 일곱 개가 있다고 말하는데, 다 같은 성령께서 선물로 들어 계시고 그 포장지만 바뀐다고 생각하면 돼. 너희가 세례를 받을 때 그러면 성사는 어떤 물질이었을까? 맞아. 물로 세례를 받잖아? 그래서 교리서는 이렇게 말하는 거야.

"우리의 첫 탄생을 위한 잉태가 물속에서 이루어지듯이, 세례수는 하느님 생명으로 다시 나는 우리의 탄생이 성령 안에서 주어진다는 것을 실제적으로 의미한다."(CCC 694)

그렇다면 성령의 세례로 우리가 받는 구원이라는 게 무엇일까? 바로 하느님을 "아빠, 아버지!"라고 부를 수 있게 된다는 거야. 하느님의 자녀만이 하느님 나라에 살 자격을 얻거든. 예수님도 성령의 세례를 통해 하느님의 자녀로 인정받으셨어.

"예수님께서는 세례를 받으시고 곧 물에서 올라오셨다. 그때 그분께 하늘이 열렸다. 그분께서는 하느님의 영이 비둘기처럼 당신 위로 내려오시는 것을 보셨다. 그리고 하늘에서 이렇게 말하는 소리가 들려왔다. '이는 내가 사랑하는 아들, 내 마음에 드는 아들이다.'"(마태 3,16-17)

그러니까 우리도 세례로 아버지로부터 태어난 것일까? 만약 그렇다고 대답하면 아직 삼위일체가 완벽히 이해되지는 않은 거야. 아버지에게서 태어난 아드님은 예수 그리스도밖에 없어. 그래서 그분을 하느님의 '독생 성자'라고 하지. 다시 말하지만, 그리스도를 엄마, 하느님 아버지를 아빠라고 보면 될 거야.

정말 이상하지? 예수님은 남자인데 엄마가 된다니? 역할 측면에서 그렇다는 거야. 조금 뒤엔 더 이상한 말을 듣게 될 거야. 그분이 우리 신랑이 될 거야. 받아들일 마음만 있으면 쉬운데 그럴 마음이 없으면 이해가 되지 않을 거야. 창세기에서 아담 옆구리의 피 흘림으로 태어난 하와는 결국 아담과 무슨 관계가 되지? 맞아. 부부야!

"이야말로 내 뼈에서 나온 뼈요 내 살에서 나온 살이로구나! 남자에게서 나왔으니 여자라 불리리라."(창세 2,23)

자, 이제 어떤 여인이 남자와 결혼하면 그 남자의 아버지와 어머니를 뭐라고 부를까? 아버지 어머니라고 부르지. 그러니까 우리는 하느님에게서 태어나서 하느님을 아버지라고 부르는 것이 아니라 그 아드님과 한 몸이 됨으로써 그분의 아버지를 나의 아버지, 그분의 어머니인 성모님을 나의 어머니라고 부를 수 있게 되는 거야. 이것이 가톨릭의 교리야.

"…교회는 흠 없는 어린양의 흠 없는 신부이다. 그리스도께서는 이 신부를 사랑하시어 '거룩하게 하시려고'(에페 5,26) 자신을 내어 주셨으며, 영원한 계약을 통해 결합하시고 자신의 몸처럼 끊임없이 돌보아 주신다. …머리로서는 자신을 '신랑'이라 부르고 몸으로서는 자신을 '신부'라고 부른다."(CCC 796)

그러면 아내가 되었으면 이제 구원이 완성된 것일까? 아내의 사명은 무엇이겠니? 또 자기 옆구리에서 피를 흘려 자녀를 탄생시키는 일이 아니겠니? 하느님은 아담과 하와에게 이런 사명을 주셔.

"자식을 많이 낳고 번성하여 땅을 가득 채우고 지배하여라."(창세 1,28)

요즘 우리나라는 결혼도 안 하고 자녀도 안 낳고 살려는 젊은 이들이 많아. 살기 어려워서라고 하지만, 언제는 살기 편했던 적이 있니? 부모의 피 흘림으로 태어났지만, 자신은 편안히 그냥 남자와 그냥 여자로 살겠다는 거야. 하느님께서 삼위일체가 아니시면 하느님이 아닌 것처럼, 인간도 삼위일체 신비를 자신에게 실현함으로써 완성되도록 창조된 거야.

그러면 삼촌은 왜 사제가 되어 결혼하지 않느냐고 할 수 있겠지? 삼촌도 결혼도 했고 자녀도 낳고 있어. 그리스도와 혼인하여 하느님 자녀들을 낳고 있는 거지. 그리스도는 삼촌의 신랑이고 삼촌은 그리스도로부터 받은 성령의 사랑에 감사하여 피 흘림으로 하느님 자녀들을 탄생시키는 거야. 오직 이것만이 하느님 본성에 참여하는 길이고 이 길만이 구원의 길이기 때문임을 알거든. 예수님은 아버지께 승천하시면서 제자들에게 이러한 사명을 주셨어.

"나는 하늘과 땅의 모든 권한을 받았다. 그러므로 너희는 가서 모든 민족들을 제자로 삼아, 아버지와 아들과 성령의 이름으로 세례를 주고, 내가 너희에게 명령한 모든 것을 가르쳐 지키게 하여라. 보라, 내가 세상 끝 날까지 언제나 너희와 함께 있겠다."(마태 28,18-20)

하느님께서 우리에게 원하시는 것은 태초부터 하나였어. "자녀를 많이 낳아라!" 이것이 계속 다르게 표현된 것뿐이야. 태초에는 동물에게 이름을 지어 주는 일을 시켰지. 이것은 상징이야. 자신들을 동물이라고 여기고 생존 본능으로만 사는 이들에게 하느님 자녀라는 믿음을 주는 일을 시키셨던 거지.

"주 하느님께서는 흙으로 들의 온갖 짐승과 하늘의 온갖 새를 빚으신 다음, 사람에게 데려가시어 그가 그것들을 무엇이라 부르는지 보셨다. 사람이 생물 하나하나를 부르는 그대로 그 이름이 되었다."(창세 2,19)

자존감이 낮은 사람에게 하느님 자녀임을 잊지 말고 그 사랑의 본성으로 살 자격이 있음을 깨닫게 해 주는 것만큼 큰 사랑이 있을까? 그래서 모세를 통해 십계명을 주신 거야. 십계명은 두 부분으로 나눌 수 있는데 하느님 사랑과 이웃 사랑이야. 결국 이웃을 사랑하여 세례를 베푸는 게 하느님을 사랑하는 것이기 때문에 예수님은 이런 계명만을 주신 거지.

"이것이 나의 계명이다. 내가 너희를 사랑한 것처럼 너희도 서로 사랑하여라."(요한 15,12)

이제 이웃 사랑과 하느님 사랑, 그리고 하느님 자녀를 낳는 선고가 다 같은 의미임을 알겠지?

그냥 하느님 자녀로 살면 되지 왜 굳이 하느님 자녀를 또 낳는 고생을 해야 하느냐고 물을 수 있어. 그러나 관계가 '계약'임을 알고 나면 그런 말은 할 수 없게 될 거야. 받았으면 주어야지 양심적인 거지. 이 정의가 이뤄지지 않으면 자기 스스로 상대에게 합당하지 않다고 여기게 되어 유다 이스카리옷처럼 스스로 하느님을 떠나 영원한 고통으로 갈 수밖에 없게 돼. 모기라고 믿어 모기로 남게 되는 거지.

한 의사가 아프리카의 외진 마을에서 의료 봉사를 하는데, 외국에서 선진 축산 기술을 배우고 돌아온 마을의 젊은 청년을 알게 되었어. 그 마을에는 독특한 결혼 풍습이 있었는데, 특등 신붓감은 암소 세 마리, 괜찮은 신붓감은 암소 두 마리, 그리고 보통의 신붓감이라면 암소 한 마리 정도로 결혼 승낙을 얻을 수 있었다고 해.

어느 날 의사는 그 청년이 친구들과 마을 사람들에 둘러싸여 어디론가 가는 것을 보았어. 놀랍게도 청년이 몰고 나온 청혼 선물은 살진 암소 아홉 마리였어. 사람들은 상대가 누구인지 궁금해서 술렁이기 시작했어. 청년은 마을 촌장 집도, 지역 유지인 바나나 농장 주인집도, 마을 여선생의 집도 그냥 지나쳤어. 그렇게 한참을 걷더니 어느 허름한 집 앞에 멈춰 섰어. 그리고 그 집 노인에게 청혼하는 거야. 그 노인의 딸은 큰 키에 비해 너무 마르고 심약해 보이는 초라한 여자였어.

마을에는 그 처녀가 마법으로 청년을 홀린 것이라는 소문까지 돌게 되었어. 그 후 의사는 의료 봉사를 마치고 본국으로 돌아왔어.

오랜 세월이 지나 휴가차 다시 그 마을을 찾아간 의사는 큰 사업가가 되어 있는 옛날의 그 청년을 만났고 저녁 식사에 초대를 받았어. 식사하면서 의사는 그에게 청혼 선물로 암소를 아홉 마리나 과하게 건넨 이유를 물었어. 그는 빙긋 웃을 뿐 별다른 이야기를 하지 않았지. 궁금증만 커질 즈음에 찻물을 들고 한 여인이 들어왔어. 아름답고 우아한 여인이었어. 유창한 영어와 마음을 편안하게 하는 미소까지, 의사는 마음속으로 '이 사람이 그때의 말라깽이 처녀 말고 또 다른 아내를 맞았구나! 하긴 저 정도는 되어야 이 사람과 어울리지.'라고 생각했어. 그때 사업가가 천천히 말을 시작했어.

"저 사람이 그때 제가 청혼했던 처녀입니다."

의사의 놀란 모습을 보고 사업가는 말을 이었어.

"저는 아주 어렸을 적부터 저 사람을 사랑했고 저 사람과의 결혼을 꿈꿨습니다. 아시다시피 저희 마을에선 몇 마리의 암소를 받느냐가 여자들의 세계에선 중요한 문제였습니다. 저도 그런 관습을 무시할 수 없어서 암소를 몰고 갔습니다. 사실 제 아내는 한 마리의 암소면 충분히 혼인 승낙을 받을 수 있었습니다. 그러나 제가 정말 사랑한 여인이 스스로 자신의 가치를 한 마리의 암소 값에 한정하고 평생을 사는 것을 원치 않았습니다. 자신을 두 마리나 세 마리를 받은 처녀들과 비교하면서 움츠러든 채 살게 하고 싶지 않았습니다. 청혼 때 몇 마리의 암소를 받았느냐가 평생 자기 가치를 결정할 수 있기 때문에 저는 세 마리를 훨씬 뛰어넘는 아홉 마리를 생각해 낸 것입니다.

처음에는 무척 놀랐던 아내도 차츰 저의 진실을 받아들이기 시작했습니다. '혹시 내가 암소 아홉 마리의 가치가 있는 것은 아닐까?'라고 생각하기 시작하는 것 같았습니다. 그 후로 아내는 암소 아홉 마리에 걸맞은 사람으로 변하기 시작했습니다. 그러는 사이에 아내는 더욱 건강해지고 아름다워졌습니다. 누군가 소중한 사람이 있다면 그 사람에게 최고의 가치를 부여해야 합니다. 그것이 제가 암소 아홉 마리를 끌고 갔던 이유였습니다."

늑대가 주는 사랑을 받으면 자신이 늑대라고 믿고, 사람이 주는 사랑을 받으면 사람이라고 믿으며, 하느님께서 주시는 사랑을 받으면 자신이 하느님이라고 믿을 수 있게 돼. 이 믿음이 우리를 구원하는 거지. 자기를 늑대나 개라고 믿는 아이는 절대 두 발로 걷거나 말을 하고 인간과 인격적인 친교를 나눠 인간의 자녀를 낳을 수 있다는 생각을 할 수 없어. 욕구는 다 자기가 누구냐는 믿음의 범위를 벗어날 수 없거든. 우리가 하느님 자녀라고 믿어야 불가능이 없다고 여겨 자신과 같은 하느님 자녀를 탄생시킬 수 있는 거야. 사람이 어떻게 사람 자녀가 아닌 하느님 자녀를 탄생시킬 수 있겠느냐고 의심하지 않고.

그런데 이 믿음을 유지하려면 어떻게 해야겠니? 자신을 믿고 내

준 암소 아홉 마리의 선물에 반응해야겠지.

'내가 정말 저분이 믿어 주는 나라는 존재가 될 수 있는 거 아니야?'

이런 믿음을 가지게 되면 아기는 옹알이하고 걸음마도 하게 돼. 2천 번을 넘어져도 포기하지 않지. 반드시 부모처럼 걷고 말을 하게 될 것을 믿으니까. 어떤 신자들은 같은 죄로 계속 고해성사를 하는 것에 좌절하기도 해. 이때마다 사람이 걷기 위해 믿음으로 2천 번은 넘어져야 한다는 것을 기억해. 미워하는 한 사람을 반드시 용서할 수 있다고 믿고 같은 죄로 2천 번을 고해성사를 볼 수 있다면 그 사람이 믿음이 있는 거야. 그리고 이것이 나에게 살과 피를 내주는 부모에게 당연히 해야 하는 일인 거지. 만약 암소 아홉 마리를 받고도 그에 합당한 존재가 되려고 노력하지 않았다면 남편의 사랑은 결코 이전과 같을 수 없을 거야. 그게 삼위일체 관계의 원리거든. 받았으면 주어야 하는 것.

계약에 대해 조금 더 설명해 줄게. 어떤 사람이 집이 필요하고 어떤 사람이 돈이 필요한데 그 필요가 서로 일치한다면 두 사람은 계약을 맺어 집을 사고팔아. 필요하지 않은데도 계약을 맺는 예는 없어. 맺어서 유익하니까 관계를 맺는 거야. 만약 돈은 받았는데 물건을 주지 않거나, 물건은 받았는데 돈을 주지 않으면 어떻게 되겠니? 관계가 깨지는 것을 넘어서 사기죄로 고소를 하겠지.

혼인 관계도 마찬가지야. 일반적으로 신랑은 밖에 나가서 돈을 벌어 오고 신부는 그 돈을 받아 자녀를 낳고 양육해. 남자가 돈을 안 벌고 집에만 있으려고 한다거나 아내가 아기 낳기를 거부한다면 둘의 사랑은 금이 갈 수밖에 없어.

그리스도와 교회와의 관계도 혼인 계약이야. 미사 때 사제가 성혈이 든 성작을 들고 "너희는 모두 이것을 받아 마셔라. 이는 '새롭고 영원한 계약'을 맺는 내 피의 잔이니, 죄를 사하여 주려고 너희와 많은 이를 위하여 흘릴 피다."라는 예수님의 성만찬 때 하신 말씀을 되풀이해.

예수님은 신랑으로서 '피'를 들고 계약을 맺으러 오신 신랑이야. 그렇다면 그 '피'가 당신과 계약을 맺는 이들에게 절대적으로 필요하다는 뜻이야. 그리스도의 피는 곧 성령이시기 때문에 그리스도와 한 몸이 되어 하느님을 아버지라고 부르기 위해서는 그분의 피가 절대적으로 요구되는 거지. 우리는 그리스도의 신부로서 피의 계약에 초대받은 거야.

우리가 성경을 말할 때, 구약-신약이라고 말하잖아? 여기서 '약'은 계약(契約)의 약이야. 옛 계약은 위에서도 말했듯이 하느님과 이스라엘 백성의 계약을, 그리고 신약은 그리스도와 교회의 계약을 설명하고 있지. 그냥 성경 전체가 하느님과 이스라엘 백성, 그리스도와 교회의 혼인 계약에 관한 것이라 믿고 읽고 이해하면 돼. 교회는 성경 전체의 내용을 이렇게 말하고 있어.

"성경은 하느님의 모습을 닮은 남자와 여자의 창조로 시작하여 '어린양의 혼인 잔치'(묵시 19,9)에 대한 환시로 끝맺는다. 성경은 처음부터 끝까지, 혼인과 그 '신비', 혼인의 제정과 하느님께서 부여하신 의미, 그 기원과 목적, 구원의 역사를 통한 혼인의 다양한 실현, 죄로 생긴 혼인의 어려움과, 그리스도와 교회의 새로운 계약을 통하여 '주님 안에서'(1코린 7,39) 이루어진 혼인의 새로운 의미에 대해 말하고 있다."(CCC 1602)

그러니까 하느님과 인간의 혼인 계약을 이해하지 못하면 성경 전체도 이해할 수 없겠지? 또한 각자의 필요로 삼위일체 혼인 계약을 맺고 쌍방의 의무를 이행할 때 관계가 유지되는 것을 보았잖아? 만약 의무를 이행하지 않으면 계약도 깨지고 관계도 깨져. 그러면 우리가 더는 하느님을 아버지, 성모님이나 교회를 어머니라고 부를 수 없게 돼. 그리스도와의 혼인 계약이 끊어지니까. 계약은 일방이 아닌 '쌍방의 의무'로 관계가 유지된다는 뜻이니까.

2000년 중국 산둥성에서 한 남성이 의료 사고로 뇌사 상태가 된 아내를 극진히 간호해 8년 만에 깨어나게 한 일이 있었어. 남편 장위화 씨는 식물인간이 된 아내의 병원비를 감당할 수가 없어서 아내를 집으로 데려온 뒤 직접 지극 정성으로 돌보았어. 그러면서 아내가 좋아했던 중국 가요 '내 마음속의 연인'을 매일 불러 주었다고 해.

그렇게 간호하기를 6년. 마침내 장 씨는 자신이 노래를 부를 때 아내의 눈가에 맺히는 눈물을 발견해. 다시 2년이 더 흘렀을 때 장 씨는 아내가 뭔가를 중얼거리는 소리를 들었어. 아내가 마침내 8년간의 긴 혼수상태에서 깨어난 거야.

2008년 아직 몸이 완벽히 회복되지 않았는데, 아내는 임신하게 되었어. 의사들은 한결같이 아기를 낳으면 산모의 생명이 위험하다고 경고했어. 하지만 아내는 그들에게 이렇게 말했어.

"남편이 죽어 있는 저를 살려 주었습니다. 제가 남편에게 보답할 수 있는 유일한 일이 이것입니다."

다행히 건강한 딸을 출산했고 산모도 무사할 수 있었어. 지금도 장 씨는 매일같이 아내에게 '내 마음속의 연인'을 불러 준다고 해. 더 이상 장 씨 혼자 부르지 않고 이젠 세 식구가 함께 부르는 거지.

남편이 8년 동안 노력해 뇌사 상태에서 기적적으로 회생하게 해 주었음에도 아내가 남편이 원하는 자녀 낳기를 거부했다면 남편의 사랑이 이전과 같지는 않을 거야. 마찬가지로 신부가 암소 아홉 마리 때문에 이전의 삶에서 구원되어 새로 태어난 것처럼 교회는 그리스도께서 주시는 성령으로 새로 태어나. 바로 계약의 이행을 통해서. 하느님께서 태초부터 인간과 계약을 맺으며 요구하셨던 것은 단 하나밖에 없어.

"새로 태어나게 하라!"

구약도 계약이기는 하지만, 구약엔 자아를 죽일 수 있는 사랑의 힘인 '성령'이 빠져 있었어. 그리스도의 피가 성령이고 성령으로 자아가 죽어. 성령이 자아를 죽일 수 있어야 인간이 계약 조항을 믿고 지킬 수 있게 돼. 구약은 성령이 없기에 본래 완성될 수 없는 불완전한 계약이었던 거야. 예수님은 당신 피를 "계약의 피"라고 하셨어(마태 26,27-28 참조). 바오로 사도도 "이 계약은 문자가 아니라 성령으로 된 것입니다. 문자는 사람을 죽이고 성령은 사람을 살립니다."(2코린 3,6)라고 말했어.

미사는 이 계약을 갱신하러 오는 거야. 성체 성혈을 먹고 마시며 성령을 통하여 그분과 한 몸이 되어 하느님을 아버지라고 부르며 그분의 자녀가 됨을 받아들이고, 이를 유지하기 위해 나가서 선교하기로 마음먹는 거지. 계약에 관심이 없다면 계약의 성취에도 관심이 없기에 이웃을 사랑할 수 있는 능력을 잃게 돼.

교회와 그 일원들은 새로 태어나게 만드는 어머니의 역할을 하며 그 자녀들을 다시 신랑이신 그리스도께 봉헌해야 할 의무를 지녀. 이를 '선교'라는 말로 바꿀 수 있을 거야. 예수님께서 부활하셔서 베드로에게 나타나 물고기를 많이 잡게 하는 기적을 행하셔. 그때 잡힌 물고기의 숫자가 몇 마리인 줄 아니? 우리가 많이 사용하는 볼펜에도 쓰여 있는 숫자 '153'이야(요한 21,1-14 참조). 이 숫자는 '하느님의 자녀들'(베니 하엘로힘)의 히브리어 숫자 값이야.

베드로는 교회의 상징이고 우리 모두의 상징이야. 예수님은 사람 낚는 어부로 만드시겠다고 하신 베드로에게 "방금 잡은 고기를 몇 마리 가져오너라." 하셔. 마지막 때 하느님도 우리에게 그런 요구를 하실 것이고 만약 우리가 그분께 드릴 우리가 낳은 하느님 자녀가 없다면 우리 스스로 하느님 나라에 합당하지 않음을 깨닫고는 감히 그분께 하느님 나라에서 살기를 청할 수 없게 될 거야. 계약을 어겼으니까. 계약을 어김은 '사기죄'와 같은데, 너희에게 사기를 친 사람이 너희 앞에 다시 나타나 잔칫상에 자리하게 해 달라고 청할 수 있겠니? 양심상 그럴 수 없지. 이에 하느님은 우리에게 계속 말씀하셔.

"아무도 빈손으로 내 앞에 나와서는 안 된다."(탈출 34,20)

나의 머리는 교회이고, 교회의 머리는 그리스도이시며, 그리스도의 머리는 아버지시다(1코린 11,3 참조). 이 모든 관계의 모델은 삼위일체이다. 삼위일체는 자신의 모든 것을 상대를 위해 내주어야 하는 계약으로 이뤄진다. 이 계약을 통해 창조가 이뤄지는데 여자는 남자에게 자녀를 봉헌해야 할 의무를 지닌다. 그리스도는 피로 교회와 이 계약을 맺었고, 이제 교회는 그리스도께 합당한 신부가 되기 위해 온 세상에 나가 세례를 주도록 파견받는다.

삼중 직무

하느님 삼위일체 신비에 참여하는 길

"'그리스도'라는 이름은 '기름부음받은이'를 뜻하는 히브리 말 '메시아'의 그리스 말 번역에서 온 것이다. 예수님께서 '그리스도'가 의미하는 신적 사명을 완전히 수행하시는 분이시기 때문에, 이는 예수님의 고유한 이름이 된다. 실제로 이스라엘에서는 하느님께서 주시는 사명을 위해 봉헌된 사람들에게 하느님의 이름으로 기름을 부었디. 왕과 사제들의 경우가 그랬고, 간혹 예언자들도 그런 경우가 있었다. 하느님께서 당신의 나라를 결정적으로 세우시기 위해 파견하시는 메시아의 경우는 그중 가장 특출한 예이다. 메시아는 왕이며 사제로서, 또한 예언자로서 주님의 성령을 통해 기름부음을 받아야 했다. 예수님께서는 사제, 예언자, 왕의 삼중 임무 안에서 메시아에 대한 이스라엘의

희망을 채워 주셨다."(CCC 436)

이번 장은 '삼위일체 III'이라고 해도 되겠다. 사실 모든 교리는 삼위일체 신비에서 나온다고 봐도 되고 마찬가지로 모든 이단도 삼위일체를 잘못 이해하는 데서 나온다고 보아도 틀리지 않으니 이 책에서 가장 중요한 부분이 될 것으로 생각한다.

여기서는 우리가 어떤 방식으로 삼위일체 신비에 참여할 수 있는지 살펴보도록 하자. 삼위일체는 사랑이고 사랑만이 영원하다는 것은 이미 말했지? 사랑은 둘이 완전히 자기 자신을 선물로 내주는 삼위일체 관계를 통해서만 만들어지지. 그런데 그렇게 사랑할 수 있는 존재가 되기 위해서는 먼저 사랑받아야만 해. 다시 말하면 누군가 사랑할 능력을 갖췄다면 이미 그 사람을 사랑한 부모와 같은 존재가 있었다는 뜻이야. 내가 두 발로 걷고 있다면 이미 두 발로 걷고 있었던 부모가 있었을 수밖에 없어. 사랑받아 부모처럼 따라 하다가 두 발로 걷게 된 것이거든. 원숭이가 아무리 진화해서 인간의 유전자를 가져도 인간 수준의 사랑을 받지 못하면 두 발로 걷거나 말을 할 수 없어. 반면 인간이 원숭이와 살면 원숭이처럼 되는 거야. 다시 말해 인간이 존재하기 전에도 사랑은 있었다는 뜻이지. 그래야 첫 번째 인간이 인간답게 될 것이니까. 이렇게 올라가다 보면 인간 이전에 삼위일체 사랑이 존재해야만 한다는 결과에 도달할 수밖에 없어.

앞에서 우리는 삼위일체 신비에 참여하는 것이 그리스도의 신부가 되는 것임도 배웠어. 그리고 계약상 '어머니'가 되어야 함도 알았지. 신랑이 벌어 온 피와 같은 돈을 받으며 자녀를 낳거나 키우지 않는 어머니는 아내의 자격을 잃거든. 엄마를 먼저 만나지 못한 자녀는 아빠를 감당할 수 없게 돼. 이런 면에서 하느님은 예수님에 앞서 '세례자 요한'을 보내신 거지. 세례자 요한이 교회의 모델이요, 그리스도의 신부로서의 우리 모델임을 살펴볼 거야. 그리고 엄마가 자녀에게 해야 하는 세 가지 직무, 혹은 사명도 말해 줄게.

어떤 사람이 그릇 빚는 노인의 숙달된 솜씨와 작업대 위에 얹혀 있는 갓 빚은 옹기들에 대하여 감탄하면서 감상했어. 잠시 후 그는 옹기장이의 그 모든 수고가 헛되이 끝나 버린 것을 보았어. 옹기들이 풀무 불에 들어갔을 때 일부 그릇들에 금이 가고 깨졌기 때문이야. 그는 왜 어떤 것들은 금이 가고 깨지는지 알기 위해 옹기장이에게 다음과 같이 물었어.

"같은 흙을 사용하면서 당신이 어느 것은 잘 빚고 어느 것은 못 빚었습니까? 아니면 어느 것에다가는 더 수고를 기울이고, 어느 것에는 수고를 기울이지 않았습니까? 그것도 아니면 그릇 만드는 과정에서 어느 것에는 어떤 재료가 부족했습니까?"

옹기장이는 다음과 같이 대답했어.

"옹기가 손상되는 이유는 그 그릇들이 불에 견딜 수 없었기 때문입니다."

 옹기는 만들어지고 구워지는 두 과정을 거쳐야 하지. 먼저 거쳐야 하는 작업은 만들어지는 작업이야. 여기서 하는 작업에는 '물'이 필요해. 물로 잘 만들어지지 않으면 불의 작업에서 깨지거나 뒤틀려서 쓸모없는 그릇이 되지.

 목매달아서 죽었는데 내장까지 다 터져 나온 유다 이스카리옷을 생각해 볼까? 유다는 최후의 만찬상에서 성체도 영하고 성혈도 영했어. 왜 그 효과가 없었을까? 세례자 요한의 물의 세례를 거치지 않았기 때문이야. 물을 통과하지 못하면 불은 어림도 없어. 감당할 수 없게 되지.

 혹시 '루르드'라고 들어 봤니? 1858년 성모님께서 소녀 베르나데트에게 나타나셔서 "나는 원죄 없는 여인이다."라고 당신을 소개하셨어. 베르나데트는 원죄 없음이 무슨 뜻인지 몰랐지. 그 교리가 반포된 지 얼마 되지도 않았는데 어린 소녀가 그런 단어를 쓰는 것을 보고 본당 신부님도 믿게 되었어.

 아, 그게 중요한 건 아니고, 어쨌건 성모님은 베르나데트에게 구정물을 마시고 손으로 그 구덩이를 파라고 했어. 베르나데트는 무조건 순종했지. 하느님은 그런 사람을 당신 도구로 선택하셔. 그 자리에서 샘이 솟아났고 지금도 그 물을 마시고 수많은 치유의 기적이 일어나고 있어. 못 걷던 사람이 일순간에 걷게 되고 사라졌던 뼈가 생겨나

짧았던 다리가 길어지는 등 의학적으로 설명할 수 없는 인정받은 기적들만 70여 건이 돼.

그런데 그 물을 마시고 치유되려면 반드시 '믿음'이 필요해. 무엇에 대한 믿음일까? 물에 기적의 힘이 있다는 믿음이야. 이 믿음은 누구에게서 찾을 수 있을까? 바로 그 물이 나오게 한 베르나데트에게서 찾을 수 있지. 지나가는 사람이 멋모르고 그 물을 마시고 간다고 치료가 일어나지는 않아. 베르다데트 성녀의 시신은 거의 150년이 되었는데도 부패하지 않았어. 방금 잠든 사람처럼 유리관에 누워있고 엑스레이를 촬영한 결과 안구나 내장도 그대로 있다고 해.

이 기적을 먼저 믿지 못하면 그 물에 대한 믿음도 가질 수 없고 그러면 물을 마시는 것은 아무 소용도 없게 돼. 유다 이스카리옷도 마찬가지였지. 예수님의 첫 제자들은 세례자 요한의 제자들이었어. 세례자 요한은 광야에 살면서 사람들을 예수님께로 인도했지. 사람들은 세례자 요한만 보면 이렇게 물어. 예수님께 가는 방법을 묻는 거지.

"그러면 저희가 어떻게 해야 합니까?"

세례자 요한은 가진 것을 나누고 남에게 피해를 주지 말라고 가르쳐. 세례자 요한에게 순종하는 법을 배우지 못하면 예수님을 만나 봐야 소용이 없어. 아니 오히려 그분이 다 내주시는 성체와 성혈을 모시면 유다처럼 배가 터져 버릴 수도 있어. 물을 감당할 수 없으면 불은 어림도 없는 거지. 세례자 요한의 세례를 물의 세례 혹은 회개의 세례라고 하고, 예수님의 세례를 불의 세례 혹은 성령의 세례라고 말해.

　루카 18,18-23을 보면 어떤 부자가 예수님께 와서 영원한 생명을 얻으려면 어떻게 해야 하느냐고 물어. 예수님은 먼저 구약의 모세의 법에 순종해야 한다고 알려 주셔. 그는 모세의 법엔 다 순종하고 있다고 말해. 그러자 예수님은 아직 한 가지 부족한 점이 있다고 하시며 가진 것을 다 팔아 당신을 따르라고 하셔. 그것까지 해야 영원한 생명에 이를 수 있었던 거야. 부자는 그럴 수 없다고 판단하고 슬픈 표정으로 돌아가. 큰 부자였기 때문이지. 하물며 꼭 필요하지 않은 것들은 가난한 사람에게 나누어 주라는 세례자 요한의 말을 따르지 않고 돈의 욕심에 찌든 유다가 예수님을 따를 때는 어떻게 되겠니? 너무 부담스러워서 터져 버릴 수밖에 없는 거지.

　삼촌도 예수님에 관한 책을 읽고는 갈등을 해야 했어. 내 것들을 포기하고 사제가 될 것인지, 아니면 세상의 성공을 좇을 것인지. 삼촌은 무언가를 주님을 위해 포기하기로 하고 늦게나마 신학교에 들어갔어. 그때 성체를 영할 때 "그래, 넌 많이 주었니? 난 다~ 주었다."라고 하시는 예수님의 목소리를 들었어. 진짜 예수님의 목소리인지, 아닌지는 모르겠어. 다만 성체에서 나오는 목소리 같았어. 그런데 만약 내가 조금이라도 내놓지 않았다면 '다 주다'라는 말의 뜻을 몰랐을 거야. 그리고 다 주시는 분 앞에서 무언가를 주고 있다고 착각한 나 자신이 부끄러워 한없이 눈물을 흘렸지. 그러면서 '아, 이젠 내가 다 드려야 할 차례구나!'라고 느꼈어. 내가 그 책을 읽지 않았다면 예수님의 이 말씀을 감당할 수 없었음을 알아. 부담스러워서 뛰쳐나와 다시는 그분께 가지 못했을 거야.

알겠지? 엄마가 자녀에게 어떤 역할을 해야 하는지? 아빠에게 가까이 가도록 먼저 자신에게 순종할 수 있게 가르쳐야 해. 베르나데트는 성모님에게서 받은 은총의 물을 자기만 알고 마실 수는 없었어. 사람들이 그 물을 마시게 하고 싶었지. 그러려면 사람들이 자신에게 와서 무언가 배울 수 있게 해야 하는 거야. 성모님이 아버지의 역할이라면 베르나데트는 엄마의 역할을 한 거야. 엄마에게 순종하지 못하는 아이는 아빠는 더 감당할 수 없게 돼. 엄마는 가정이나 학교 등에서 어떻게 살아야 하는지 알려 주지만, 아빠는 사회나 나라, 세상에서 어떻게 살아야 하는지를 알려 주는 분이거든. 아이들은 엄마에게 "그러면 우리는 어떻게 해야 합니까?"라고 묻지. 이렇게 순종하는 법을 알려 주는 일을 어려운 말로 '예언자직'이라고 해.

예언자는 하느님 성령을 받고는 그분 말씀을 받아 전하는 역할을 하는 사람들이야. 성령을 받은 사람을 우리는 '그리스도인'이라고 말해. 그리스도는 기름부음을 받은 사람이란 뜻인데, 성경에서 말하는 기름의 상징은 성령이야. 아빠가 엄마에게 벌어다 주는 돈이 성령과 같은 거지. 그것을 받은 엄마는 당연히 아빠에게 순종할 자녀가 되도록, 자신에게 순종할 수 있게 이것저것을 알려 줘야 하는 거지.

플라톤의 '동굴의 비유'를 들어 봤어? 동굴에 갇혀 바깥에서 돌아다니는 것들의 그림자만 볼 수 있는 사람 중 하나가 빛의 세상으로 나올 수 있게 되었어. 그가 처음 보는 빛의 세상은 정말 찬란했지. 양심상 그 아름다운 세상을 자신만 보고 있을 수는 없었지. 다시 동굴 안으로 들어가서 사람들에게 그 사실을 알렸어. 사람들은 그러면 자신들이 바보들이라고 하는 것이냐며 그 사람을 잡아 죽였어. 그리고 계속 불빛에 비치는 현실의 그림자만 보며 동굴에 갇혀 살았다는 이야기지. 이것이 예언자의 운명이고 예수님도 결국 당신이 본 하늘 나라의 영광을 말씀하시다가 똑같이 돌아가시게 되었어(루카 13,33 참조).

우리는 세례자 요한으로부터 예언자직을 어떻게 수행해야 하는지 깨달을 수 있어. 결국 예수님은 다 주시는 분이라 자녀들도 내줄 줄 아는 존재로 키우는 거야. 예수님은 항상 받는 것보다 주는 것이 더 행복하다고 가르치셨지. 그 가르침을 몸으로 실천했던 분이 세례자 요한이고 그래서 구약의 마지막 예언자라고 하는 거야.

나는 현대에서 이와 같은 역할을 잘한 인물이 '디팩 초프라'였다고 생각해. 그는 자녀들에게 항상 남을 돕는 것이 결국엔 자기를 돕는 것이라고 가르쳤어. 자녀들은 이 교육을 받고 경쟁하기보다는 어떻게 남을 도울 수 있을까를 생각했고 그러다 보니 잘 가르치는 교육자가 되고 선한 일을 하는 사업가가 되기도 했지. 남을 도우려다 보니 사람들의 필요가 무엇인지 깨닫게 되고 그것을 채워 주려다 보니 지식도 재산도 늘어날 수밖에 없었던 거야. 뭐 당연한 거지. 가진 자는 더 가지게 마련인데, 내주는 사람은 이미 가진 사람이거든. 너희들도 자녀를 낳거든 나눔을 먼저 가르쳐. 그래야 너희 자녀들도 엄마 아빠의 내줌을 보고 깨닫고 존경하게 될 거야.

　구약 성경에는 예언자 외에도 하느님의 기름부음을 받는 다른 두 부류의 사람들이 나와. 사제와 왕이지. 삼촌과 같은 사람이 사제잖아? 그런데 세례를 받으면 다 사제가 돼. 사제는 무엇을 하는 사람일까? 예수님과 신자들을 이어 주는 사람이지. 너희들은 신부님과 믿지 않는 친구들을 이어 주는 사제인 거야. 엄마도 이와 같아. 너희와 아버지를 이어 주는 분이지. 세례자 요한은 자기 제자들을 그리스도께 보내어 그분의 제자가 되게 하셨어. 이를 사제직이라 하는 거야. 마치 자녀를 엄마 혼자 키운 것인 양 말하면 자녀들은 엄마가 주는 것에 부담을 느끼고 엄마도 부담스러워하게 될 거야. 엄마도 자녀에게 많은 것을 요구하겠지. 결국 남편에게 받아서 주는 게 아니라 자기 것을 주니 분명히 자녀에게 보상을 요구하게 될 것이거든. 그러면 자녀는 성장하지 못해.

　구약에 사제직을 이해하는 데 큰 도움이 되는 인물이 나와. '에스테르' 왕비야. 이스라엘 백성이 페르시아라는 나라에서 유배 생활하고 있을 때야. 왕이 하만이란 신하에게 속아 이스라엘 백성을 몰살하라는 명령을 내려. 그런데 당시 여왕은 이스라엘 사람인 에스테르

였던 거지. 자신은 죽지 않겠지만, 자기 민족이 걱정됐어. 문제는 왕의 부름이 없었는데 왕비가 왕에게 오면 그것도 죽을 수 있는 상황이야. 왕비는 자기 백성을 위해 목숨을 걸 각오를 해. 왕은 이제 자기 허락도 없이 찾아온 왕비와 충신이라고 여기는 하만 사이에서 갈등하지. 왕은 결국 왕비의 말을 믿어 주고 하만을 처형시켜. 그리고 이스라엘 백성을 몰살하려던 명을 거둬들여.

사제가 예수님과 신자들을 이어 주는 일도 이와 같아. 미사 때 사제는 신자들이 그리스도의 살과 피를 먹고 마시지 않으면 자신들이 하느님 자녀가 되었음을 믿지 못할 것이고 그러면 원수까지 사랑할 자격을 갖추지 못했다고 믿어 구원될 수 없음을 알아. 할 수 있다고 믿어야 할 수 있거든. 원수를 용서하는 일은 사람으로서는 물 위를 걷는 것처럼 불가능해. 그러나 자신 안에 하느님이 계시다고 믿으면 베드로처럼 물 위도 걸을 수 있다고 믿는 거지. 그러면 가능해. 이렇게 반복되는 내용은 중요하기 때문에 반복하는 거니까 짜증 내지 말기를.

신약에서는 성모 마리아도 이러한 모습을 보이셔. 바로 카나의 혼인 잔치에서였지(요한 2,1-11). 혼인 잔치에서는 무엇이 떨어지면 안 되겠니? 맞아. 포도주야. 그런데 포도주가 딱 떨어진 거지. 성모님은 아무 상관도 없는 그 상황에도 예수님께 포도주가 떨어졌다고 청하셔. 예수님은 한 번도 기적을 행하신 적이 없으셨어. 성모님은 당신이 청하면 분명 들어주실 것이라 믿어. 예수님은 첫 번째 기적을 포도주를 만드는 것으로 행하시지. 혼인 잔치의 손님들은 그렇게 얻은 포도주 덕분에 혼인 잔치에 합당한 존재로 계속 남아 있을 수 있었어.

사제직은 이렇게 자존감을 주는 것이라고도 볼 수 있어. 자존감은 '자격'이지. 누구든지 누군가를 만날 때는 자기가 자격이 있는지 생각하게 돼. 자격이 없다고 여기면 스스로 관계를 포기하고 말지. 사제는 우리가 하느님 자녀가 될 자격이 있다고 믿도록 하느님 아드님의 살과 피를 받아서 전하는 역할을 하는 거야. 곧 우리도 하느님처럼 하느님 본성을 가질 수 있음을 믿게 만드는 일이지. 그러나 사제 스스로 그것을 먼저 믿지 못하면 그 믿음을 전해 줄 수 있겠니? 자신이 먼저 하느님이 되었다고 믿어야 사제직을 제대로 수행할 수 있겠지? 성모 마리아께서 먼저 하느님의 어머니가 되실 수 있음을 믿었기에 우리에게도 당신 아드님을 내주실 수 있으셨던 것과 같아. 너희도 이웃에게 그런 믿음을 전해 줄 사명이 있는 거야. 교회의 가르침을 잘 읽어 보자.

"(사제는 누구입니까? 그는) 진리의 옹호자이며, 천사들과 함께 일어서고, 대천사들과 함께 찬양하며, 하늘의 제대에 희생 제물이 오르게 하고, 그리스도의 사제직에 참여하며, 인간의 면모를 새롭게 하여 (하느님의) 모습을 드러내고, 저 높은 곳을 위하여 일합니다. 그리고 가장 위대한 점을 감히 말하자면, 하느님이 될 것이고 다른 이를 하느님이 되게 할 것입니다."(CCC 1589)

자, 이것으로 사제직이 완성된 것일까? 아니지. 자녀들도 아빠를 위해 무언가를 하게 해야 해. 일방적인 관계는 없으니까. '봉헌'을 하게 해야지. 이것도 자기가 하느님께 무언가 봉헌할 자격이 있다고 믿게 하는 데 소용되는 일이야.

옛날이야기가 있어. 임금을 사랑하는, 시골에서 사과 농장을 하는 농부가 있었어. 그해에는 예년과는 다르게 크고 당도도 높은 사과들이 많이 열렸어. 농부는 이 모든 게 다 어진 임금 덕분이라며 좋은 사과를 한 상자 싸서 왕궁으로 왔어. 그러나 농부의 허름한 옷과 나무 상자에 담긴 사과로는 경비병을 통과할 수 없었어. 풀이 죽어 있는데 때마침 왕비가 밖에서 궁궐로 돌아오고 있었던 거야. 왕비는 사정을 알고는 상자에서 사과 몇 개만 달라고 했어. 그리고 사과를 예쁜 쟁반에 담아 임금에게 깎아 주었지. 임금은 그 맛에 놀라며 이런 맛있는 사과를 어디서 구했느냐고 왕비에게 물었지. 왕비는 모든 사정을 임금에게 말했고, 임금은 당장 아름다운 옷을 농부에게 주고 자신에게 그 사과들을 가져오라고 시켰지. 왕은 농부를 보며 앞으로는 왕궁의 사과는 그 농부가 댈 수 있도록 해 주었어.

어머니는 남편에게 은총을 받아 자녀에게 주기도 하지만, 자녀에게서 봉헌을 받아 아버지에게 드리기도 하는 역할이야. 이렇게 둘을 이어 주면 사제직이 완성되는 거야. 사제직을 하지 않는다면 이기적인 엄마가 되는 거지. 그러면 남편과 자녀, 둘 모두에게 사랑받을 수 없게 돼. 에덴 동산에서 선악과를 바치라고 하신 것처럼, 예수님도 우리에게 무언가를 요구하셔. 성당에서 교무금도 내고 헌금도 내게 하는 이유가 이것이야. 이렇게 하는 이유는 아무것도 바치지 않고 받기만 하면 자신이 그런 존재인 줄 착각해서 아버지까지도 자기 종처럼 여기게 되기 때문이야. 사람 안에는 그렇게 만드는 교만이 항상 도사리고 있거든.

그렇지만 자녀가 엄마 말을 안 들을 수도 있지. 이 때문에 엄마 자신도 자녀에게 다 내주어야 해. 이것을 '왕직'이라고 해. "왕은 다스리는 사람 아닌가요?"라고 물을 수도 있어. 물론 다스리는 사람이지. 그러나 여기서 말하는 왕직은 좀 달라. 세상 왕들은 힘과 권력으로 백성을 찍어 누르며 순종하게 할 수 있지만, 삼위일체 사랑 안에서는 자유를 제한할 수 없다는 규칙이 있거든. 자발적인 순종을 끌어내기 위해서는 미안함과 고마움을 느끼게 만들어야 해. 그러기 위해서는 무작정 내주는 수밖에 없지. 그래서 왕직을 '봉사직'이라고도 하는 거야.

예수님께서는 제자들의 발을 씻어 주셨어. 돌아가시기 직전에. 제자들은 너무 부담스러워했지. 하지만 그런 제자들도 예수님께서 붙잡히실 때는 다 도망쳤어. 나중에 예수님께서 부활하셨을 때 그들은 그분이 하느님이셨음을 확신하게 되지. 하느님이 종처럼 자신들의 발을 씻겨 주셨던 거야. 그들은 그 부담감에 더는 예수님을 볼 수 없었어. 그래서 그들도 죽기까지 그리스도께 순종하며 복음을 전하다가 대부분 피를 흘리는 순교를 해. 목숨을 받았으니 목숨을 내주는 존재가 된 거지. 우리가 어머니에게 순종하는 이유는 그분들이 다 내주셨기 때문인 거야.

1985년 어느 날 전재용 선장은 일 년간의 참치잡이 조업을 마치고 부산항으로 돌아오는 길이었어. 그때 사흘 동안 먹지도 마시지도 못한 채 서로 엉겨 있는 96명의 선상 난민을 발견해. 곧 죽게 생긴 사람들이 있다는 보고를 받은 회사는 상관하지 말고 그냥 오라고 해. 하지만 전 선장은 그들을 그냥 지나칠 수 없었어.

전 선장은 회사의 방침을 어기고 그들을 배 위로 끌어 올려. 여성과 아이들에게 먼저 선원들의 침실을 배정하고 노인과 병자들은 선장실로 데려와 치료해 주었지. 선원 25명이 육지에 도착할 때까지 먹을 열흘분의 식량과 생수를 96명의 선상 난민과 함께 나누어 먹으며 버텼어. 그들은 부산항에 도착해 난민 수용소에 일 년 반 동안 있다가 미국 등지로 건너가 새 삶을 살게 되었지.

난민 중 한 명인 피터 누엔은 간호사가 되었고 생명의 은인인 전 선장을 찾았어. 그런데 어디서도 전 선장을 찾을 수 없었어. 피터 누엔은 포기하지 않았고, 결국 17년 만에 전 선장의 첫 편지를 받게 돼.

편지 내용은 이랬어. 전 선장은 그 일로 부산항에 도착하자마자 회사에서 해고 통지를 받았고 이후로 어떤 해운 회사에도 취직할 수 없었어. 그래서 그는 고향에 돌아와 멍게 양식업을 하며 생계를 유지할 수밖에 없었어. 전 선장은 난민들을 구할 때부터 이미 그렇게 될 줄 알았다고 해. 소식을 알 수 없는 난민들을 위해서 성모상 앞에서 기도를 하면서도, 그는 단 한 번도 그때의 결정을 후회하지 않았다고 해.

2년 뒤 피터 누엔은 전 선장을 미국으로 초청했어. 전 선장은 많은 베트남인의 환영을 받으며 LA 공항에 도착했어. 19년 만의 재회는 눈물바다였어. 베트남 난민들이 직접 나서서 전 선장을 'UN 난센상'에 추천했는데, 전 선장은 "누구라도 그렇게 했을 것입니다."라고 말할 뿐이었지. 하지만 사실 그날 난민들의 배를 보고 25척의 배들이 그냥 지나쳤다고 해. 전 선장의 광명 87호가 아니었다면 그들은 모두 목숨을 잃었을 거야.

봉사는 이렇게 피를 쏟는 일이야. 봉헌이나 봉사가 힘들지 않다면 그건 그냥 연민일 뿐인 거지. 이런 봉사를 받은 이들은 이제 자녀가 되어 그 사람을 왕처럼 섬기게 되지. 양심이 있다면 말이야. 유다 이스카리옷처럼 되지 않기 위해서는 평상시에도 모든 것을 주시는 분과 이웃에게 자기 것을 내놓는 연습을 게을리해서는 안 돼.

이렇듯 왕직은 자기 피로 자녀를 길들이는 직무야. 에덴 동산에서 하느님은 아담을 창조하시고 자연과 동물들을 지배하라고 하셨지. 이는 남용하고 파괴하라는 말씀이 아닌 길들이라는 말씀이었어. 왕직이 무엇인지 안다면 세상 사람들이 자연을 이렇게 훼손하고 파괴해 스스로 자멸의 길로 가지는 않을 거야. 왕직은 봉사하고 더 풍요롭게 만들어 그들이 자기 집으로 우리를 맞아들이게 만드는 일인 거야.

왕직이 아니면 예언자직이나 사제직은 무의미해. 엄마 말을 듣지 않을 것이고 봉헌하지도 않을 것이기 때문이지. 세례자 요한도 "그러면 우리가 어떻게 해야 합니까?"라는 질문을 받는 존재가 되기 위해 그들을 위해 다 내놓았음을 알아야 해. 예수님께서 우리의 발을 씻어 주신 이유는 우리도 그렇게 왕이 되고 사제와 예언자가 되라는 의미임을 잊지 말기를 바라.

"주님이며 스승인 내가 너희의 발을 씻었으면, 너희도 서로 발을 씻어 주어야 한다. 내가 너희에게 한 것처럼 너희도 하라고, 내가 본을 보여 준 것이다."(요한 13,14-15)

삼위일체는 사랑이다. 사랑만이 영원하다. 영원히 살고 싶다면 삼위일체 신비에 참여해야 한다. 그 방법은 어머니가 되는 것뿐이다. 그리스도의 신부가 되는 것만으로는 부족하다. 그분의 자녀를 낳는 어머니가 되어야 한다. 어머니는 가르치고(예언자직) 이어 주고(사제직) 봉사하는(왕직) 직무로 완성된다. 이렇게 당신의 '협조자'가 된 신부를 그리스도께서는 "지아비에게서 나왔으니 지어미라 부를 것이다."라고 하시며 당신과 하나로 여기실 것이다.

광야
순종을 위한 시험과 단련의 기간

"너희는 오늘 내가 너희에게 명령하는 모든 계명을 명심하여 실천하여라. 그러면 너희가 살 수 있고 번성할 것이다. 그리고 주님께서 너희 조상들에게 맹세하며 약속하신 땅에 들어가 그 땅을 차지할 것이다. 너희는 이 사십 년 동안 광야에서 주 너희 하느님께서 너희를 인도하신 모든 길을 기억하여라. 그것은 너희를 낮추시고, 너희가 당신의 계명을 지키는지 지키지 않는지 너희 마음속을 알아보시려고 너희를 시험하신 것이다. 너희는 마치 사람이 자기 아들을 단련시키듯, 주 너희 하느님께서 너희를 단련시키신다는 것을 마음 깊이 알아 두어야 한다."(신명 8,1-2.5)

영화 '베테랑'(2015년) 봤니? 베테랑 형사 서도철과 재벌 3세 조태오의 대결이 볼만했지. 조태오는 금수저였어. 재벌 3세로 태어나 뭐 하나 부족할 것 없이 자라서 욕심을 절제하는 법이나 다른 사람의 마음을 헤아리는 법을 배우지 못했어. 그러다 보니 자기 하고 싶은 대로만 행동하면서 그게 잘못되었다고 생각하지 않았지. 돈과 권력이 있으면 뭐든 해결할 수 있다고 믿고 법이나 도덕 같은 건 아예 무시하면서 살았어.

조태오가 그렇게 된 것은 그냥 성격 때문이 아니라, 자란 환경 때문이야. 주변 어른들이 제대로 된 가르침을 주지 않았고, 잘못된 행동을 제지하거나 꾸짖지 않았거든. 오히려 특권을 누리는 게 당연하다고 여겨지게 했고, 그게 점점 조태오를 교만하게 만들었지. 그러니 나라의 법도 우습게 보게 된 거야. 법을 지키지 않으면 그 나라에서 살 자격을 잃게 되지.

세례로 우리 구원이 시작됨은 부인할 수 없어. 세례를 받으면 하느님의 자녀가 되어 성체를 영하고 예수님만 받을 수 있는 하늘의 축복을 우리도 함께 받아 누리게 돼. 그러나 준비가 되어 있지 않은데 그 축복을 바로 주면 어떻게 되겠니? 조태오처럼 되겠지? 행복할 수 있는 세상에서 자신도 만족하지 못하고 타인에게도 손해를 끼치는 모기.

1994년 한약 유통업으로 많은 부를 이룬 부모를 살해하고 불을 질러 유산을 빨리 받아 내려 한 사건이 있었어. 박 군은 미국 유학생으로, 유흥과 도박에 빠져 돈을 탕진하며 살았어. 한국에 돌아와 돈 문제로 아버지와 말다툼을 벌이던 중 분노를 이기지 못하고 말도 안 되는 행위를 한 거지. 정말 끔찍하지 않니? 그런데 나는 박 군에게만 책임이 있다고 보지는 않아. 가장 큰 책임은 그의 인격을 재산을 가질 만한 수준으로 교육하지 못한 부모에게도 있어.

앞에서 보았듯이, 자아의 욕망을 절제하도록 훈련하지 못한 상태에서 돈만 주는 일은 오히려 자녀를 망치는 결과를 낳게 돼. 돈은 은총이야. 있으면 좋지. 그러나 은총은 감당할 능력이 필요해. 그 능력이란 자아의 욕망을 통제할 힘과 지혜지. 세례를 받으면 하늘 나라를 상속받게 돼. 그러나 자녀가 된 것만으로는 그 유산을 감당할 능력을 지닐 수 없어. '훈련'이 필요한 거지.

이스라엘 백성이 파라오의 종살이에서 벗어나기 위해 홍해라는 바다를 건넜다는 것을 이미 말했었지? 그런데 그들이 홍해를 건넜다고 하늘 나라를 상징하는 젖과 꿀이 흐르는 가나안 땅에 바로 들어가지는 못했어. 혹독한 환성인 광야에서 40년을 방황해야만 했어. 방황? 하느님께서 그들을 가나안 땅에서 살기에 합당하도록 훈련하셨다고 말하는 게 옳을 거야.

한 부자가 병이 들어 죽을 날이 가까워 아직 철이 들지 않은 아들에게 유산을 물려줄 수밖에 없게 되었어. 아버지는 아들에게 자기 손으로 한 달 동안 일해서 돈을 벌어 오면 유산을 물려주겠다고 말해.

평생 편하게만 산 아들은 어머니에게 돈을 달라고 해서 한 달 뒤에 자기가 번 돈이라고 거짓말을 하며 아버지에게 주었지. 아버지는 아무 말 없이 그 돈을 벽난로 불 속에 집어던져. 그리고 다시 벌어 오라고 말해. 아들은 이번에도 어머니에게 돈을 달라고 해서 가져다주었어. 아버지는 또 그것을 불에 던져. 이런 일이 여러 차례 반복되었어.

아버지의 죽음이 가까워지자 아들은 안 되겠다 싶어 정말 자기 손으로 일을 해서 돈을 벌었어. 처음 일해 본 것이라 고통이 이만저만이 아니었어. 그리고 그 돈을 아버지에게 가져다주었어. 아버지는 이번에도 그 돈을 불에 던졌어.

아들은 "아버지, 이건 제 피 같은 돈이에요!"라며 난로에 손을 집어넣어 돈을 꺼냈어. 당연히 손에 화상을 입었지. 하지만 아들은 손보다 마음이 더 아팠어. 자신을 알아주지 않는 아버지에게 서운해서 눈물을 흘렸어. 그제야 아버지는 "이제 너는 내 유산을 물려받을 자격이 생겼다!" 하며 아들을 안아 주었어.

현명한 아버지지? 아기가 두 발로 걸으려면 몇 번 넘어져야 한다고 했지? 맞아 2천 번. 아기는 2천 번 실패해도 분명 부모가 원하는 기대대로 할 수 있다고 믿고 자기 자신과 싸우는 거야. 이 훈련의 시기를 세례와 구별하여 '견진'(堅振)이라고 불러. 세례 때 약속받은 상속에 합당한 자가 되기 위해 훈련하는 시기인 거야.

삼촌이 초등학교 다닐 때 고치에서 나오는 나비를 발견한 적이 있어. 몸이 너무 젖어 있어서 힘들어 보여서 숨을 불어넣어 주었어. 그러자 나비는 빨리 말랐고 날개를 펼 수 있었지. 기쁜 마음에 학교에 갔다가 돌아오는 길에 다시 보았는데 나비는 날지 못하고 죽어 있더라고. 도와주는 게 항상 좋은 건 아닌 거야. 반드시 거쳐야 하는 고통이라면 지켜보며 응원하는 수밖에 없어. 부모가 자녀의 걸음마를 대신해 줄 수 없는 것과 같아.

들어봤지? '연옥'. 가톨릭교회에서는 천국과 지옥뿐 아니라 연옥이 있다고 가르쳐. 연옥은 천국에 들어갈 수준이 아직 안 된 이들이 수련하고 정화하는 곳이야. 이런 면에서 견진은 연옥의 과정과 같다고도 할 수 있어.

삼촌이 어렸을 때 부잣집 친구 생일잔치에 간 적이 있었어. 초코파이와 치킨 등이 있었던 것 같아. 천국이었지. 그런데 신발을 벗고 거실에 들어가자 그곳이 지옥 같아졌어. 삼촌 양말에 구멍이 나서 엄지발가락이 나와 있었던 거야. 삼촌은 다른 발로 그 엄지발가락을 가리며 빨리 시간이 지나가기만을 바랐어. 양말이 온전치 않아서 잔치에서 제외되는 것은 좀 그렇지? 다시 꿰매 신고 들어올 시간을 주는 게 합당하겠지. 그래서 견진과 연옥의 기간이 주어지는 거야.

조류 인플루엔자나 신종 플루, 코로나 등의 전염성이 강한 병이 발병했을 때는 외국에서 들어오는 사람들을 일일이 검사해 전염병이 나라에 퍼지지 않게 관리해. 죄도 그래. 전염성이 있어. 하와는 죄를 짓고 그 죄책감을 나눌 공범자를 찾았지. 그게 아담이야. 하와는 아담이 선악과를 먹게 부추겼어. 아담도 공범자가 되기로 했지. 이렇게 죄인들 가운데 있으면서 선한 사람으로 남아 있기는 매우 힘들어. 그래서 천국이 천국이 되려면 이런 바이러스를 퍼뜨리는 사람은 들어올 수 없는 거야.

그러면 코로나에 걸렸다고 자국민을 추방해야 할까? 불치병이 아닌 이상 그 병이 치료될 때까지 시간을 주어야겠지? 그래서 연옥도 하느님 사랑과 배려의 장소인 거야. 연옥이 없다면 바로 천국에 들어갈 수 있는 사람은 거의 없을 거야.

지옥에 갈 사람과 적어도 연옥에 갈 사람은 어떻게 구분할 수 있을까? 믿음이지. 천국에 들어갈 수 있다는 믿음을 지녔으면 분명 자기 자신과 싸우고 있을 거야. 아기가 2천 번 넘어져도 포기하지 않는 건 아기 안에 이미 믿음이 있어서야. 그 믿음은 부모가 젖을 먹이면서 준 믿음이지. 그러나 다시 일어서려고 노력하지 않는다면 그 자체가 부모를 부모로 인정하기를 포기했다는 뜻이 돼. 이런 면에서 적어도 연옥에 확실히 갈 수 있는 사람은 같은 죄라 하더라도 그것을 이기기 위해 죽을 때까지 '고해성사'를 멈추지 않는 사람이야. 고해성사는 죄로 쓰러졌지만 다시 그 죄를 이길 수 있음을 믿고 매번 일어서는 것과 같아. 아기가 넘어져 상처가 나더라도 부모는 약을 발라 주며 응원하겠지. 얼마든지 다시 시도하라고. 이것이 고해성사야. 고해성사는 견진의 과정에서 하느님께서 주시는 가장 큰 도움이라고 할 수 있어.

　죽기 전에 고해성사를 하면 될 것 아니냐고 생각할 수도 있을 거야. 그런데 이걸 알아야 해. 어느 정도 이상 흘러가 버리면 더는 돌아올 수 없는 곳이 있다는 것을. 유다 이스카리옷이 그랬어. 자기가 예수님까지 팔아넘겼는데 어떻게 감히 용서를 청할 수 있었겠어. 남은 것은 자살뿐이었지. 스스로 지옥으로 가는 것.

　삼촌이 유학할 때 남미에 있는 이구아수 폭포에 간 적이 있어. 이 폭포는 폭이 7km가 될 정도로 크고 높아. 쏟아지는 물의 양이 대단하지. 한눈에 다 보이지 않기 때문에 브라질 쪽에서 보고 아르헨티나로 돌아와서 보아야 해. 아르헨티나 쪽에서 볼 수 있는 폭포의 부분 중 '지옥의 목구멍'이란 곳이 있어. 엄청난 물이 둥그렇게 한곳으로 집중해서 떨어지는 부분이야. 천둥과 같은 소리가 계속 들리면서 정신이 아찔해질 정도로 겁이 나. 삼촌이 넋을 놓고 보고 있는데 나비 한 마리가 폭포 쪽으로 날아갔어. 나비는 좀 자만했던 것 같아. 어느 순간 그 낙하하는 폭포의 바람에 빨려 들어가더라고. 그러고는 다시 나올 수 없었어.

　죄도 마찬가지야. 더는 되돌아올 수 없는 부분이 반드시 있어. 거기까지 가지 않도록 우리는 하늘 나라에 합당하기 위해 자기 자신과 끊임없이 싸울 필요가 있어. 그래서 교회는 일 년에 한두 번은 꼭 고해성사를 보도록 권고하고 있어. 성탄 판공, 부활 판공이란 말 들어

봤지? 물론 성사표를 받아 고해성사를 보게 해서 냉담자를 가려내는 이런 제도는 한국 교회에만 있지만, 삼촌이 보기엔 매우 좋은 제도인 거 같아. 이것만 잘해도 분명 광야를 걷고 있기에 연옥에는 갈 거라고 믿어.

물론 이 광야의 연옥을 거친다고 천국에서 다 똑같은 모습은 아닐 거야. 연옥은 마치 옹기장이에 의해 구워지는 과정과 같아. 그 모양은 이미 만들어져 있어. 그것이 변할 수는 없는 거지. 이 세상에서 어떤 모양으로 자신을 반죽했느냐가 천국에서 자기 크기를 결정하는 거야. 그러니까 어차피 신앙생활을 할 거면 천국에서 별처럼 빛나는 성인이 되려는 목적으로 나아갔으면 좋겠어. 다시 말해 죄를 하나도 짓지 않는 존재가 되기 위해 노력하는 거지. 성경에 이런 말이 있어.

"그러므로 이 계명들 가운데에서 가장 작은 것 하나라도 어기고 또 사람들을 그렇게 가르치는 자는 하늘 나라에서 가장 작은 자라고 불릴 것이다. 그러나 스스로 지키고 또 그렇게 가르치는 이는 하늘 나라에서 큰사람이라고 불릴 것이다."(마태 5,19)

아우구스티노 성인은 "이 연옥의 불은 이 세상에서 느껴지고, 보이고, 상상할 수 있는 어떤 고통보다 더 심할 것입니다."라고 말했어. 우리가 굳이 그 고통을 연옥에 가서 받아야만 하겠니? 피할 수 있으면 피하는 게 낫지.

삼촌이 연옥에 안 가는 기도를 알려 줄게. 비르지타 성녀가 예수님에게서 받은 '일곱 번의 기도'야. 이 기도는 예수님께서 우리 죄를 씻기 위해 흘리신 피를 매일 일곱 방울씩 감사하며 그 죄에서 벗어나겠다고 결심하게 만들어. 무려 12년 동안 매일 바쳐야 하는 거지. 하루 10분이면 돼. 삼촌은 신학교 들어간 해인 97년부터 매일 바치고 있어. 12년이 훨씬 넘었지. 예수님은 이 기도를 꾸준히 바치면 연옥을 거치지 않고 바로 천국에 올려 주겠다고 하셨어.

삼촌이 12년이 넘도록 왜 이 기도를 계속 바치는지 아니? 처음에는 믿음이 별로 안 생겼어. '이 짧은 기도를 바친다고 연옥에 안 가게 된다고?' 그런데 바치다 보니까 내가 변하는 게 느껴졌고 시간이 지남에 따라 '정말 가능할 수 있겠는데?'라고 생각하게 된 거야. 믿음이 생기더라고. 결국 믿음이야. 공항을 통과할 때 어떤 바이러스도 가지지 않고 천국에 들어갈 수 있겠다는 믿음. 그 믿음이 이 세상에서부터 행복할 수 있게 해. 마치 비행기에 탄 사람이 자신에게 아무런 전염병이 없다고 믿을 때 편안할 수 있는 것처럼.

만약 몸이 조금이라도 이상하면 빨리 약을 먹고 진정할 수 있어. 지옥이나 심판이 없다고 생각한다고 마음이 편안해지지는 않아. 우린 이미 어느 나라에 들어가든 반드시 심판이 있고, 격리되거나 거절되는 상황이 발생한다는 것을 경험으로 아니까. 준비하는 게 속 편하지. 준비한다는 말은 혹시 나에게 거절당할 만한 무언가가 있다면 빨리 치료하는 일이야. 언제 죽어도 연옥이나 천국으로 들어갈 수 있는 상태로 사는 거지. 이것을 '은총 지위'라고 해.

은총 지위에 있으려면 적어도 그 나라 국적은 가져야지. 이것을 가능하게 하는 게 믿음이야. 그런 믿음이 있다면 그에 합당하기 위해 광야는 스스로 자신을 격려해 자기 자신과 싸우고 있을 수밖에 없고. 자신과의 싸움이 없는 상태가 이미 지옥을 선택했다는 뜻이 되는 거지. 보통 사람이 죄를 짓지 않고 사는 것은 드문 일이거든. 교리서는 이 광야의 삶에 대해 이렇게 말하고 있어.

"세례의 은총은 본성의 모든 나약함에서 누구도 해방시켜 주지는 않는다. 오히려 우리는 아직도 우리를 끊임없이 악으로 이끌어 가는 사욕(邪慾)의 충동과 싸워야 한다."(CCC 978)

핵심

세례를 받았다고 구원이 완성되었다고 할 수는 없다. 아기가 태어났다고 온전한 인간으로 완성되었다고 할 수 없는 것과 같다. 이전의 이기적 본성에서 벗어나 원만한 사회생활을 할 수 있도록 성장해야 한다. 이 성장의 과정에서 부모의 끊임없는 사랑이 필요하다. 아기는 그 은총을 받으며 자기 자신과 싸워 어른으로 성장하고 성숙한다. 이 과정을 완성하지 못한 채 죽으면 연옥에 가게 되는데, 적어도 연옥에 들어가려면 믿음의 싸움은 하고 있어야 한다. 세례 이후 신앙생활은 바로 끊임없는 죄와의 싸움이며 이 싸움 자체가 우리 구원을 확신하게 해 준다.

삼구(三仇)
신앙인의 세 가지 원수

"세례성사를 완성하는 견진성사도 세례성사처럼 단 한 번만 베풀어진다. 왜냐하면 견진성사는 영혼에 지워지지 않는 영적 표지인 '인호'를 새겨 주기 때문이다. 이는 예수 그리스도께서 그리스도인에게 성령의 인장을 찍어 주시고, 하늘의 능력을 부어 하시어 당신의 증인이 되게 하셨다는 표지이다."(CCC 1304)

지금 우리는 견진에 대해 말하고 있어. 견진은 견고해진다는 뜻이야. 무엇이 견고해질까? 세례 때 받은 믿음이지. 세례 때 어떤 믿음을 받았지? 우리가 하느님 자녀가 되었기에 불가능이 없는 신적인 존재가 되었다는 믿음이야. 새로운 정체성에 대한 믿음이지. 우리는 하느님 자녀가 된 거야. 동물로 말하면 인장이 새겨진 것이나 마찬가지지. 하느님은 동물에 인장을 새기듯 견진 때 이마에 기름을 바르며 '너는 나의 것이다.'라고 하시는 거야. 이 표지는 영원히 사라지지 않아.

사실 이마에 기름을 바르는 견진 예식은 세례 직후 바로 행해져. 견진은 한 번에 받는 게 아니라 세례에서 시작해서 천국에 들어갈 때까지 믿음을 키우는 하나의 과정으로 보아야 해. 아기가 단번에 어른이 될 수는 없잖아? 그러니까 세례 때 바로 견진을 받고 교리 보충 후 1~2년 정도는 지나서 받는 게 좋아. 이때 가장 중요한 교리는 전례에 관한 거야. 우리는 미사나 고해성사 등을 통해 성장하는데 그 상징적 의미를 깨닫지 못하면 성사의 효과가 떨어지거든.

이마에 "너는 나의 것이다!"라는 인장이 새겨졌음을 믿는 자녀는 어떻게 해야 할까? 그 정체성에 맞는 존재가 되기 위해 자기 자신과의 처절한 싸움을 해야 해. 테니스 선수 비너스와 세레나 윌리엄스 자매 알지? 여성 테니스 선수로는 당시 범접할 수 없는 두 선수였지. 자매끼리 결승에서 대결하는 경우도 많았을 정도로 적수가 없었어. 이 자매들을 키워 낸 사람이 그들의 부친 리처드 윌리엄스야. 리처드는 그녀들이 태어나기 전부터 이마에 '너희들은 위대한 테니스 선수야!'라는 인장을 새겨 넣었지.

흑인인 리처드는 당시 백인들에게 당하는 평등하지 않은 처우에 화가 나 있었어. 어느 날 TV에서 한 테니스 선수가 우승 상금으로 4만 달러를 받는 것을 보고 테니스의 잠재적 기회를 깨달았어. 흑인으로 성공할 수 있는 길을 스포츠에서 찾은 거야. 스포츠는 공정하니까. 그는 딸들이 태어나기 2년 전부터 78쪽에 달하는 '챔피언 육성 계획서'를 작성했어. 그는 "계획을 세우지 않는 것은 실패를 계획하는 것과 같다."라는 신념 아래, 비디오 레슨과 독서를 통해 독학으로 딸들에게 직접 테니스를 가르쳤어.

물론 아이들 스스로도 미래를 선택할 자유가 있으니까 인권 문제가 있기는 해. 아무튼 운동선수로서의 정체성을 빨리 깨닫고 훈련을 할수록 늦게 시작하는 아이들과는 차이가 날 수밖에 없어. 먼저 준비할수록 효과가 크다는 것은 의심할 여지가 없지.

이런 의미에서 유대인들은 자녀를 낳으면 여드레째 하느님께 봉헌하고, 12세에 또 봉헌해. 아기였을 때는 부모가 마음을 다잡기 위해, 12세 때는 아이가 마음을 다잡는 시간이지. 이것이 유대인들이 여러 분야에서 뛰어날 수 있었던 이유야. 사람은 믿는 대로 되거든. 바로 되는 게 아니라 견진의 과정을 빨리 시작한다는 말이야. 예수님도 성인식 후에 자신을 찾는 부모에게 왜 자기를 찾았느냐며 오히려 부모를 이상하게 여기셨어.

리처드 윌리엄스처럼 태어나기 전부터 준비하면 더 완전한 성공을 거둘 수 있어. 너희도 아이를 낳을 테니까 미리 알아 두면 좋지. 무엇을 할지는 아이 본인에게 맡기더라도 적어도 태어나기 전부터 부모와 자녀가 함께 이런 믿음을 가질 필요가 있어.

"내가 너희에게 말한다. 여자에게서 태어난 이들 가운데 요한보다 더 큰 인물은 없다." (루카 7,28)

아이는 이 기대에 따라 성장할 수밖에 없어. 헝가리의 심리학자 루돌프 폴가는 "천재는 태어나는 것이 아니라 만들어진다."라는 믿음을 가졌었어. 자신만으로는 이것을 증명할 수 없기에 자신과 같은 믿음을 가진 여인을 찾았지. 신문 광고를 보고 온 여인과 결혼하여 딸 셋을 낳게 돼. 당시 천재를 증명하는 가장 좋은 방법은 체스를 두게 하는 거였어. 그는 자녀가 태어나기도 전에 "나는 자녀들을 체스 천재로 만들 것이다."라고 계획을 세웠고, 그 믿음에 따라 집을 온통 체스 분위기로 만들었어. 강요한 적은 없다고 해. 아이들은 다른 놀이가 없으니 체스를 두게 된 거겠지. 물론 그것도 계획의 일부였지만. 아무튼 첫째 딸 수잔 폴가는 세계 4위까지 올랐고, 둘째 소피아 폴가는 여성 선수 1위, 셋째 주디트 폴가는 당시 최고의 체스 천재였던 바비 피셔를 꺾고 당당히 최연소 세계 챔피언에 올랐어.

부모의 믿음이 확고하고 오래될수록, 또 그 믿음에 동조해 주는 이가 주위에 많을수록 자녀는 그 믿음대로 성장할 수 있어. 이는 부정할 수 없는 사실이야. 태어나기 전부터 준비된 사람을 그보다 나중에 무언가를 배워 따라갈 수는 없겠지. 그러나 너희 아이들을 이렇게 키우라는 말은 아니야. 아이들의 삶을 부모가 미리 알 수는 없지. 자기 자신도 늦게서야 길을 찾곤 하거든. 하지만 적어도 하느님 눈앞에서 큰 인물이 되리라고 태어나기 전부터 믿으면 나중에 성장해서도 믿음을 버리거나 세상에서 걸려 넘어지는 자녀는 되지 않을 거야.

　이렇게 믿음을 가진 부모의 기대와 믿음은 자녀를 향해 많은 지원을 아끼지 않게 돼. 유대인들은 열두 살에 성인식을 하고 나면 가족 친족들이 돈을 모아 대학을 졸업할 때까지 필요한 돈을 성인식을 한 아이에게 준다고 해. 그는 그것으로 주식과 같은 것에 투자하며 세상을 배우게 되지. 대학을 졸업하고 돈을 벌 때 주식을 하는 자녀들과는 이미 출발에서 차이가 나게 되는 거지. 신앙적으로 말하면 하느님의 기대대로 광야에서 견디도록 주님께서 성령으로 힘을 주신다고 할 수 있어.

　견진도 성사인데, 성사는 성령을 여러 형태로 받음을 의미해. 예식에서는 '기름'을 사용하지. 당시에 기름은 치유하는 데도, 자신을 꾸미는 데도 사용되었어. 기대하고 있다면 이 정도 도움은 줘야 하는 것 아니겠니? 물론 자녀에겐 그것이 부담될 수도 있겠지만.

　태어났는데 이미 부모는 자녀가 어떻게 성장해야 할지를 믿고 기대하며 지원을 아끼지 않는다면 자녀는 그것에 부응하기 위해 싸움을 시작하지. 누구와? 자기 자신과. 한 분야에서 최고가 되기 위해서는 얼마나 많이 넘어져야겠니? 아기도 걷기 위해 2천 번 넘어지잖아. 일어서는 작업은 자기 자신과의 싸움이야. 뛰면 서고 싶고, 서면 앉고 싶고, 앉으면 눕고 싶은 게 인간의 본성이거든.

에덴 동산에서도 하느님의 이러한 지원과 믿음을 꺾어 버린 사악한 동물이 있었어. 바로 뱀이지. 선악과를 봉헌하는 일은 바로 하느님의 뜻대로 순종하겠다는 상징적인 표현이야. 하느님은 선악과를 봉헌하라고 했는데, 부모에게 아무것도 주고 싶지 않은 자녀가 부모의 뜻을 따를 수는 없는 일이지. 부모가 주는 지원에 고마워해야 그 뜻도 따라 줄 수 있는 거야. 그런데 뱀은 이것을 하지 못하게 만든 거지. 뱀이 자아이고 하느님 뜻과 반하는 나 자신의 뜻이라고 앞에서 말했던 것을 기억해 보렴. 하느님께서 우리 각자 안에 자유를 지니게 하시려고 넣어 주신 첫 주인이야.

이 과정에서 뱀은 세 가지 욕구를 자아내게 해. 바로 선악과를 자신이 '가져라.', '먹어라.', '강해져라.' 한 거야. 부모가 챙겨 주는 것을 믿지 못하고 자신이 가지려 하고 먹으려 하고 강해지려 하면 어떤 일이 일어나겠니? '독립적'이 되겠지. 다른 말로 부모의 뜻을 따를 필요가 없는 존재가 되는 거지. 반대로 가지는 것, 먹는 것, 보호받는 것을 부모에게 의지하면 그 보답으로 부모의 뜻을 따라 주게 되는 거야. 아이가 자라면서 뱀이 강해지는 때가 있는데 '사춘기'지. 이때 아이들은 부모가 자신에게 아무것도 해 준 게 없다고 여기면서 부모의 말을 잘 안 따르게 되는 거야. 사춘기는 사실 인간 부모에게 의탁하다가 하늘의 부모를 찾게 만들기 위해서 하느님께서 자아가 강해지도록 해 놓은 시기라고 할 수 있어.

뱀이 자아야. 앞에서 자아가 없으면 자유가 없는 거라고 말했었지? 에덴 동산에서 아담과 하와가 자아의 세 욕구에 지배당한 일이 있었는데, 이를 '원죄'(原罪)라고 해. 소유욕과 성욕, 교만을 제어할 수 없었던 거지. 교리서는 이렇게 가르쳐.

"시초부터 하느님께서 인간에게 맡기신 세상에 대한 '다스림'은 무엇보다도 먼저 자기 다스림으로 실현되었다. 관능적 쾌락, 세상 재물에 대한 탐욕, 반이성적 자기주장 등 이 세 가지의 욕망에서 자유로웠기 때문에, 인간은 흠 없고 질서 잡힌 존재였다."(CCC 377)

삼구를 모르면 견진은 결코 자신 안에서 성취될 수 없음을 알아야 해. 전쟁터에서 적을 구분할 줄 모르면 이길 가능성은 없지. 노력을 해도 무엇을 위해서 하는지 알아야 해. 방향을 모르는데 목적지에 도달할 수는 없는 거지.

'관능적 쾌락'이란 '육체의 욕망'을 의미하고, '세상 재물에 대한 탐욕'이란 '소유욕'을 뜻하며, '반이성적 자기주장'이란 자기만 옳다고 믿는 '교만'이야. 간단히 말해서 삼구는 '세속(돈), 육신(성욕), 마귀(판단)'라고 할 수 있어. 뱀은 '하느님처럼 된다'라는 생각을 심어 주어 금지된 열매가 '먹기에 좋고' '탐스럽게' 보이도록 만들었어(창세 3,6 참조). 여기서 '먹기에 좋겠다'라는 욕망은 '육체의 욕망'(관능적 쾌락)이고, '탐스럽게 보였다'라는 것은 '소유의 욕망'(세상 재물에 대한 탐욕)입니다. 이 두 욕망은 결국 자신이 하느님처럼 되고 싶다는 '교만'(반이성적 자기주장)에서 기인해.

물론 가지려는 욕구, 먹으려는 욕구, 강해지려는 욕구 자체가 나쁜 것은 아니야. 이 욕구가 없으면 생존을 할 수 없어. 다만 자기가 필요한 것 이상을 가지려 든다면 어떻게 되겠니? 하느님께서는 세상에 굶어 죽어 가는 사람이 그렇게 많은데도 더 가지려고만 하고 나누지 않는다면 죽어 가는 사람들에 대한 책임을 묻지 않으실 수 없는 거지. 하느님의 눈에는 모든 이가 다 당신의 자녀거든.

따라서 누군가를 사랑하려면 필연적으로 그와 반대되는 욕구를 줄여야 해. 사랑도 욕구거든. 삼구는 사랑과 반대되는 욕구야. 삼구는 생존 욕구이고 사랑은 목숨을 내놓는 일이거든. 생존을 생각할수록 조건 없는 사랑은 할 수 없어져. 그래서 탐욕과 성욕, 교만 자체가 죄가 되는 거야. 그러한 행동을 해서가 아니라 그냥 욕구 자체가 사랑을 저해하니까.

바오로 사도는 "사실 돈을 사랑하는 것이 모든 악의 뿌리입니다."(1티모 6,10)라고 말해. 그렇다고 돈을 사랑하지 않으면 가난해진다고 착각할 필요는 없어. 오히려 돈에 집착하는 사람이 더 가난해져. 세상에서 성공하는 사람들은 돈에 집착하는 사람이기보다는 이웃을 더 행복하게 하려고 생각하는 사람들이야. 하느님은 그런 사람을 도와주시려고 돈이 흘러들게 하셔.

예수님은 또 "음욕을 품고 여자를 바라보는 자는 누구나 이미 마음으로 그 여자와 간음한 것이다."(마태 5,28)라고 하셔. 아내가 있는데 다른 여자와 간음하는 것은 사랑을 배신하는 행위지. 이런 행위는 성욕을 절제하지 못하기에 나와. 성욕이 강해야 부부의 애정이 클 것 같지만, 철부지 사랑에 불과하지. 아이들 다 키우고 육체적 감정이 느껴지지 않아도 서로 바라보고 있기만 해도 감사한 그런 연세 든 부부의 사랑이 더 큰 거지. 성욕은 상대를 이용해 자기 행복을 채우려는 이기심일 뿐이야.

그러면 하느님께서 왜 인간에게 성욕을 넣어 주셨냐고 할 수 있겠지? 만약 성욕이 없으면 인간이 아기를 낳겠니? 결혼도 안 할 거야. 인간이 원죄로 기본적으로 이기적이 되었기 때문에 희생하려 하지 않거든. 결혼과 아기를 낳는 과정에서 그러한 기쁨이라도 있어야 결혼하고 아기도 낳지 않겠니? 우리가 케이크와 같이 달콤한 음식을 먹으면 살이 찔 걸 알지만, 그래도 먹는 이유가 무엇일까? 단맛 때문이지.

예수님은 또한 "자기 형제에게 성을 내는 자는 누구나 재판에 넘겨질 것이다."(마태 5,22)라고 하셔. 성을 낸다는 말은 심판했다는 뜻이야. 사탄은 하느님까지 심판한 존재야. 판단하기 좋아하지. 하느님만이 심판관이신데. 인간도 그런 원죄에 빠져서 자동으로 타인을 심판하는 습성을 지니고 있어. 화를 내고 미워하는 일은 고통이야. 그렇지만 여기에도 기쁨이 있어. 타인보다 내가 우월하다는 마음을 갖게 되는 거지. 삼구는 이렇게 작은 기쁨으로 긴 고통이 남게 만들어. 사랑을 파괴하거든. 오래 지속되는 행복은 관계에서 오는데 말이지.

    이 세 가지 욕구는 태어날 때부터 우리를 지배해. 나이가 들면서 그런 것들을 제어하려고 해도 잘 안 되는데 그 이유는 우리가 '생각'을 좋은 것으로 여기기 때문이야. 사실 삼구는 자아에서 오는데, 본래의 나와 자아인 뱀이 대화하는 것을 '생각한다'라고 해. 인간은 하루에도 오만 가지를 생각한다고 하는데 이 모든 것의 주제는 위 세 욕구에서 벗어나지 않아. 생각은 욕구를 채우기 위한 도구이거든. 하와가 뱀과 대화하면서 욕구가 커졌던 것처럼 생각을 많이 하면 삼구에 사로잡히게 돼. 욕구가 커지면 당연히 불만도 커지지. 행복하지 못해. 우울해지지. 결국 자기만을 생각하게 되어 이기적인 인간이 되고 사람들에게 외면을 당해. 모기를 좋아하는 사람은 없거든. 그래서 삼구를 모른다는 것은 하느님 자녀로의 발전을 저해하는 가장 큰 요인을 모른다는 말이 돼. 그래서 사도 요한은 이렇게 말한 거야.

    "여러분은 세상도 또 세상 안에 있는 것들도 사랑하지 마십시오. 누가 세상을 사랑하면, 그 사람 안에는 아버지 사랑이 없습니다. 세상에 있는 모든 것, 곧 육의 욕망과 눈의 욕망과 살림살이에 대한 자만은 아버지에게서 온 것이 아니라 세상에서 온 것입니다." (1요한 2,15-16)

    이제 구분할 수 있겠지? 육의 욕망은 성욕이고, 눈의 욕망은 교만이며, 살림살이에 대한 자만은 소유욕임을. 가장 근원적인 욕망은 교만이야. 교만에서 모든 죄가 파생되지. 이웃을 사랑하기 위해서 겸손해져야 하는 것은 기본이야. 소유욕과 육욕을 버려야 하는 것도 당연하고. 그렇지 않으면 자기도 모르게 모기로서 피 빨아 먹기 위해 다가가는 거야. 이 진실을 외면하면 진정한 인간관계는 맺어지지 않아. 부부가 함께 살아도 깊어지지 않는 이유는 모든 관계를 깨는 원인이 삼구임을 모르기 때문이야.

하와는 뱀을 무서워하지 않았어. 이게 교만이지. 그래서 수많은 영성가는 발전하려면 삼구를 꼭 알아야만 한다고 입에 침이 마르도록 가르쳤지.

"이런 악마들이 우리를 계속 겁에 질리게 만드는 것은, 우리가 '명예와 재산과 쾌락'과 같은 다른 애착을 가짐으로써 스스로를 겁에 질리게 만드는 탓입니다. 왜냐하면 우리가 혐오해야 할 것들을 사랑하고 갈망할 때, 우리는 우리 자신의 적이 되고 마니까요."(『자서전』, 예수의 성녀 데레사, 25, 21).

이 책 맨 앞에서 '지혜'는 무엇이 행복인지 아는 지식이라고 했지. 세상 모든 시혜는 잭 속에 다 있는데 위대한 인물들은 하나같이 행복해지려면 '사랑'해야 한다고 말하고 있어. 사랑의 반대말이 생존 욕구야. 부모가 자녀를 사랑하려면 생존 욕구와 싸워야 해. 내놓아야 하고 절제해야 하고 겸손해져야 하니까. 그런데 이 생존이 바로 삼구인 거야.

돈을 좋아하고 먹는 걸 좋아하고 남을 판단하는 것을 좋아하며 동시에 이웃을 사랑하는 것은 불가능해. 원죄에 사로잡혀 있다가 이 세 욕구와 싸워야 함을 깨닫는 순간을 회개라고 하는 거야. 이어서 세례는 내가 이 욕구를 추구할 필요가 없는 하느님 자녀라는 믿음을 갖는 순간이고, 견진은 이 믿음을 굳건하게 하려고 자신과 싸우며 성장해 나가는 과정이지.

사제는 신자들이 허튼 데에 에너지를 쓰지 않고 올바른 견진의 광야를 건널 수 있도록 이 교리를 철저히 가르쳐야 해. 삼구에 대한 명확한 가르침 없이 다른 외적 행위에 대한 가르침만으로 신자들을 바리사이적으로 만들기 때문이야.

우리나라는 이 삼구 교리가 약해. 성당 다니면서도 잘 들어 보지 못했을 거야. 무엇과 싸워야 하는지 모르니 그 무기인 말씀과 성체도 의미가 없어지는 거지. 왜 삼구와 싸워야 하는지 모르기 때문에 성체성사에서 의미를 찾지 못하는 거야. 그렇게 해서 냉담자들이 많아지고 특히 젊은이들은 왜 성당에 나가야 하는지 이해하지 못하게 되었어.

한국 교회의 첫 사제인 김대건 안드레아 신부님은 순교하러 가시기 직전에 신자들에게 보낸 처음이자 마지막 편지에서 가장 중요한 당부 말씀으로 이렇게 쓰셨어.

"마음으로 사랑해서 잊지 못할 신자 여러분, 여러분은 이런 어려운 시절을 만나 부디 마음을 허실(虛失)하게 먹지 말고, 밤낮으로 주님의 도우심(主佑)을 빌어, 마귀와 세속과 육신의 세 원수(三仇)를 대적하십시오."

견진은 삼구와의 지속적인 투쟁의 과정이다. 삼구가 살아 있는 한 천국에 들어가지 못한다. 사랑할 수 없기 때문이다. 프란치스코 교황은 세속과 육신, 악마와의 싸움에서 승리해야만 한다고 가르치신다. "그리스도인의 삶은 끊임없는 투쟁입니다. 우리에게는 악마의 유혹을 뿌리치고 복음을 선포할 힘과 용기가 필요합니다. 우리의 삶 안에서 주님께서 승리하실 때마다 기뻐할 수 있기에 이러한 투쟁은 달콤합니다. 우리는 단순히 세상에 대항하는 투쟁, 우리를 기만하고 열정과 기쁨이 부족한 지루하고 시시한 사람으로 만드는 세속적인 사고방식에 대항하는 투쟁을 다루고 있는 것이 아닙니다. 이러한 투쟁은 (나태, 음욕, 질투, 시기 또는 그 밖의) 인간적인 나약함과 나쁜 성향에 대한 투쟁으로 축소될 수 없습니다. 그것은 또한 악마, 곧 악의 우두머리에 대항하는 지속적인 투쟁입니다."(프란치스코 교황,

「기뻐하고 즐거워하여라」 158-159)

3
복음 삼덕 (福音三德)
견진의 세 열매

"행복하여라, 가난한 사람들! 하느님의 나라가 너희 것이다. 행복하여라, 지금 굶주리는 사람들! 너희는 배부르게 될 것이다. 행복하여라, 지금 우는 사람들! 너희는 웃게 될 것이다."(루카 6,20-21)

한 재벌이 아들의 신붓감을 고르기 위해 세 명의 며느리 후보를 시험해 보기로 했어. 각자에게 천만 원씩을 주고 마음대로 쓰라고 한 거야. 돈을 어떻게 쓰는지 지켜보기로 한 거지. 한 여인은 그 돈으로 명품들을 사서 몸을 치장했어. 한 여인은 통장에 고이 저축했지. 한 여인은 그 돈으로 요리와 예절 등을 배우며 좋은 신붓감이 되기 위한 준비를 했어. 모두가 재벌가의 며느리는 이래야 한다는 선입관이 있었고 그대로 한 거야.

재벌이 이 셋 중에 누구를 며느리로 삼았을까? 당연히 세 번째 여인이 신붓감으로 적당할 거야. 부자 며느리가 되면 일부러 명품으로 자기를 치장할 필요가 없겠지. 저축할 필요도 없겠고. 그런 것들은 없다고 믿는 사람이나 하는 거야. 세 번째 여인은 그 집안에 합당한 며느리가 되기 위해 자신에게 투자했어. 외적인 모습이 아니라 자기 자신을 변화시키는 목적으로 재물을 쓴 거지.

이것이 우리 모든 신앙인이 세례 이후 천국에 들어가기 직전까지 견진의 과정에서 해야 하는 작업이야. 세례는 정체성을 받는 것인데, 견진은 그 정체성에 합당한 자가 되기 위해서 자기 자신에게 투자하는 시간이야. 그런데 그 자격을 잃게 만드는 가장 큰 요인이 무엇이겠니? 자신이 부잣집 며느리가 된다는 사실을 잊지 않는 것이겠지. 그 믿음이 약해지면 변하고 싶은 마음도 약해지니까.

유튜브 '파인딩 스타' 채널에 '군인 아빠의 묘비를 껴안은 소년'의 이야기가 나와. 소년의 아버지는 군인이었고, 소년이 태어난 지 5주가 되었을 때 걸프전에 참전했다가 전사했어. 소년은 아빠 얼굴도 모르지만 유품인 군번줄을 지니고 다니면서 아빠가 함께 있음을 믿으려고 하지. 그 노력이 소년의 삶을 변화시켰어.

어느 날 마일스는 식당 주차장에서 20달러를 주워. 횡재 한 거지. 그는 게임팩을 사기로 마음먹었어. 그런데 식당에 군인이 들어오는 것을 보고는 자기 아버지도 군인이어서 고마운 마음이 든다며 그 20달러를 드리고 싶다는 편지와 함께 돈을 건네주었어. 그 군인은 감동해서 이 사연을 인터넷에 올렸어. 마일즈는 돌아오는 길에 아버지가 보고 싶다며 엄마와 함께 무덤을 방문했어. 마일즈는 묘비를 껴안고 한참 동안 있었어. 그렇게 찍힌 사진은 많은 이들에게 큰 감동을 주었어.

마일즈에게 아버지는 하늘에 살아 계셔. 그에게는 죽는다고 존재가 사라지는 것이 아닌 거지. 아빠가 하늘에 살아 계시다는 말은 죽음을 초월하는 존재가 되었다는 뜻이야. 다시 말해 신과 같이 되었다는 거지. 죽지 않는 존재는 엄청난 능력의 소유자이기도 한 거야. 마일즈는 아버지의 존재에 대한 믿음으로 욕심을 부리지 않는 아들이 되려고 해. 그것이 아버지가 살아 계신다는 믿음에 대한 보답이 되니까. 이렇게 마일즈는 욕심을 버리고 사랑을 실천할 수 있었던 거야.

우리도 마일즈처럼 하늘의 하느님이 우리 아버지시라는 믿음을 되새기며 살아야 해. 그 믿음은 우리 삶에서 나누는 습관을 길러 주고 몸에 그런 습관들이 배면 하늘 아버지께 합당한 존재가 되게 하는 거야. 그리스도의 멋진 신붓감이 되어 하느님 나라를 상속받게 되는 거지.

이제 믿음이 있으면 무엇부터 변하게 되는지 살펴보자. 마일즈는 가지려는 욕망과 싸워야 했어. 욕심이지. 그 욕심은 아버지가 하늘에 살아 계신다는 믿음에 반하는 욕망이야. 이 욕망과 싸우지 않으면 이웃에게 도움이 되는 사람은 될 수 없겠지?

영화 '쉰들러 리스트'(1993년) 봤니? 돈만 알던 사업가 쉰들러는 독일군 장교들에게 뇌물을 제공하고 수용소에 갇힌 유대인들의 노동력을 싼값에 사서 쓰는 사람이었어. 그러나 처참하게 죽게 될 유대인들의 미래를 생각하면 인간으로서 아무것도 하지 않고는 견딜 수 없었어.

그는 자기 전 재산을 투자해 1,100명의 유대인을 고용했고, 그들을 모두 탈출시켜 생명을 구해 주었어. 물론 자기 나라에서는 배신자가 되었지. 어쩔 수 없어. 세상에서는 하나와 원수가 되어야 다른 하나를 사랑할 수밖에 없거든.

영화 마지막 장면은 매우 감동적이야. 쉰들러는 천 명이 넘는 유대인들 앞에서 눈물을 흘려. 그동안 흥청망청 돈을 낭비한 것과 마지막 남은 차를 팔지 않은 것, 심지어는 자신의 금배지를 팔지 않아 한 명이라도 더 구하지 못한 것을 후회해. 우리의 마지막 때에도 나 자신의 이기심과 싸워 이기지 못해 그 돈으로 구할 수 있었던 사람들을 구하지 못한 것을 깨달았다면 이처럼 큰 후회를 하게 될 거야. 아프리카에서는 돈 100원이 없어서 병들거나 굶어 죽는 아이들이 많거든.

위에서 삼구에 대해 말했었지? 죽음이 끝이 아니라고 믿게 되면 반드시 재물에 대한 욕심과의 싸움이 일어나게 되어 있어. 죽을 때 돈을 적게 벌어서 후회하는 사람은 한 사람도 없어. 그것 때문에 가까운 이들에게 사랑을 실천하지 못했던 것을 후회하지. 사탄은 우리가 이 세상이 전부이고 죽음 뒤의 세상은 생각할 필요가 없다고 믿게 만들어. 그래야 욕심 때문에 지옥에 떨어지게 되거든. 예수님도 세례를 받으시고 나서 광야에서 사탄에게 유혹을 받으셨어. 싸워 이겨야 할 유혹이었지. 사탄은 세상의 모든 재물과 영화를 보여 준 다음에 이렇게 유혹해.

"내가 저 나라들의 모든 권세와 영광을 당신에게 주겠소. 내가 받은 것이니 내가 원하는 이에게 주는 것이오. 당신이 내 앞에 경배하면 모두 당신 차지가 될 것이오."(루카 4,6-7)

여기서 우리는 세상 권세와 영광이 이미 사탄의 손에 쥐어졌다는 것을 알 수 있어. 세상은 사탄의 손아귀에 있어. 그러니 욕심을 부리는 이는 사탄의 손에 잡히는 거야. 아프리카에서 원숭이 잡는 방법이 있잖아? 작은 구멍에 곡식을 넣어 놓으면 원숭이가 그것을 움켜쥐지. 그러면 주먹 때문에 손이 빠지지 않아. 주먹을 펴고 도망치면 되는데 움켜쥔 것을 놓지 못해서 사냥꾼에게 잡힌대. 인간이 돈 때문에 망하는 것도 이와 같아. 예수님은 이렇게 말씀하셔.

"성경에 기록되어 있다. '주 너의 하느님께 경배하고 그분만을 섬겨라.'"(루카 4,8)

돈도 우상이야. 우상은 거짓 하느님을 말해. 하느님을 믿지 않는다고 말하는 사람도 실제로는 자기 자신이나 돈을 하느님으로 믿는 거야. 믿지 않고는 살 수 없거든. 불안해서. 불안을 없애려고 추구하는 모든 것은 다 하느님이 되는 거야. 앞에서 세상에 진정한 무신론자는 없다고 말했었지? 이런 뜻이야.

어차피 믿고 의지할 것이라면 어린이처럼 부모가 있음을 믿고 그 부모에게 의지하는 게 현명한 일 아닐까? 위에서 말한 마일즈는 보이지 않는 아버지를 의지했고 그 믿음은 그를 탐욕의 손아귀에서 벗어나게 했어. 이렇게 오직 믿음만이 우리를 사랑할 수 있는 존재로 변화시켜. 돈을 좋아하는 마음은 그래서 하늘 아버지에 대한 배신이 되는 거야. 성경에서는 이렇게까지 말해.

"아무도 두 주인을 섬길 수 없다. 한쪽은 미워하고 다른 쪽은 사랑하며, 한쪽은 떠받들고 다른 쪽은 업신여기게 된다. 너희는 하느님과 재물을 함께 섬길 수 없다."(마태 6,24)

'돈에 대한 욕심이 사라지면 가난해져 굶어 죽지 않을까?' 하고 걱정하는 사람들이 있어. 이것은 아무것도 모르는 소리야. 세상에 돈에 쪼들리는 사람 대부분이 돈을 좋아하는 사람들이야. 반대로 돈에 대한 욕심을 없애고 세상에 유익한 일을 하려고 하는 사람들이 부자가 돼. 예를 들어 워런 버핏은 돈이 많지만, 오래된 집에서 오래된 차로 햄버거 하나로 한 끼를 때우며 살아. 그가 돈에 대한 욕심이 없어서 부자가 되었을까, 아니면 부자가 되어서 돈에 대한 욕심이 사라진 걸까? 홍콩 영화배우 주윤발도 마찬가지야. 수천억이 있어도 전철을 타고 다니고 하루 흰밥 두 그릇이면 족하다고 말하며 재산을 다 사회에 환원하겠다고 말하지. 삼촌이 부자 되는 법을 알려 줄게. 이 법칙을 알면 부자 되는 건 시간문제야.

"누구든지 가진 자는 더 받아 넉넉해지고, 가진 것이 없는 자는 가진 것마저 빼앗길 것이다."(마태 25,29)

가진 자는 욕심을 낼 필요가 없겠지. 이미 가졌으니까. 그러니까 그 사람에게 하느님은 재물까지 넘치도록 베풀어 주셔. 잘 쓸 줄 아는 게 보이니까. 하지만 돈이 아무리 많아도 부족하다고 여기고 욕심내는 사람은 하느님께서 그를 훈련시키기 위해 가진 것을 빼앗을 수밖에 없으셔. 부모라면 그래야 하지 않을까?

이 원리를 알면 부자가 될 수 있어. 이미 많이 가진 것처럼 믿고 감사하며 사는 거야. 돈이 더 필요가 없어지면 이제 타인의 부족한 것이 보이게 되고 그것을 채워 주려다가 저절로 돈이 벌리는 원리지. 이서윤 작가의 책 『더 해빙』이 있는데, 이와 같은 내용을 담고 있어. 모든 부자는 부자가 되기 전부터 돈의 부족을 느끼지 않고 넉넉한 마음을 가지고 있었다는 거야. 그러니 하늘의 하느님을 믿고 이미 충분히 가지고 있다고 믿자. 생존할 만큼만 있으면 되잖아? 가진 사람은 타인의 요구에 시선을 돌리게 되고 그 요구를 채워 주며 진짜 부자가 되는 거야.

우리는 충분히 가진 존재라는 믿음으로 나눔을 실천하는 덕을 '청빈'이라고 해. 바로 견진의 과정에서 생기는 첫 번째 덕이지. 그런데 '덕'(德)이 무엇인지 아니? 어떤 행동을 자주 하다 보면 무엇이 생기지? 습관이지. 습관이 굳어지면 생기는 게 덕이야. '악덕 업자'라고 할 때는 그 사람의 안 좋은 습관이 덕이 되어 버린 상태를 말하는 거지. 덕보다 더 우리와 하나가 된 습관을 우리는 '본성'이라 불러. 본성은 타고난 성품이지. 덕은 우리가 노력으로 갈고닦아서 마치 본성처럼 저절로 나오게 되는 품성이야. 청빈의 덕이 생겼다면 그 사람은 이미 에덴 동산 문 앞에 다가섰다고 할 수 있어.

자 이제 삼구에서 육신을 살펴보자. 마일즈는 20달러로 무엇을 사려고 했지? 맞아. 게임팩. 게임은 왜 하지? 즐거우려고. 뭐가 즐겁지? 육체가 즐겁겠지. 공부할 필요도 없고 기도할 필요도 없잖아. 하지만 마음은 더 불안해지겠지. 마일즈가 육체의 편안함을 포기할 줄 몰랐다면 사랑을 실천할 수 없었을 거야.

톨스토이의 '안나 카레니나'에서 주인공 안나는 나이 많은 백작과 결혼해 큰 어려움 없이 살아가는 귀부인이었어. 무료한 삶을 살던 안나는 한 기차역에서 브론스키라는 멋진 장교를 만나 사랑에 빠져. 나이 많고 매력 없던 백작과는 다른 무언가에 빠진 거지.

세속-육신-마귀는 하나인 자아에서 나오기 때문에 셋은 서로 연결돼 있어. 육체적 짜릿한 느낌이 사랑인 줄 알았던 안나는 이제 브론스키를 소유하려 들어. 세속과 마귀가 함께 작용하는 거지. 그러나 브론스키는 이런 안나가 부담스러워 조금씩 멀리하려고 하지. 결국 불륜은 들통나고 안나는 브론스키가 자기를 멀리하자 더는 갈 곳이 없어져 스스로 목숨을 끊어.

안나에겐 두 아이가 있었어. 남편과의 사이에서 난 아들, 내연남과의 관계에서 난 딸. 아들을 사랑했지만 만날 수 없는 처지가 되었고, 양심의 가책을 느끼며 낳은 딸에겐 마음을 줄 수 없었어. 아이들이 무슨 죄니? 이렇게 육체적 욕망은 사랑할 자격을 잃게 만들어.

그러면 하느님은 왜 인간에게 성적 욕망을 넣어 주셨을까? 어쩌면 인간에게 성욕이 없었다면 인류는 벌써 멸종했을 수도 있어. 인간에겐 이성이 있잖아. 아기를 낳아서 받아야 하는 고통. 성욕은 필요악인 거지. 소유욕이나 교만도 마찬가지야. 그냥 생존할 수 있을 만큼만 욕구를 충족시키고 통제할 수 있다면 그 사람은 진정한 사랑이 무엇인지 아는 사람인 거야.

인기 많은 유명인치고 자기 육체를 괴롭히지 않은 사람이 없어. 미국의 드웨인 존슨은 남들이 일어나기도 전에 이미 두 시간 이상 운동하고 하루를 시작한대. 영화배우인데도 말이야. 우리나라에서 오랜 시간 인기를 유지한 연예인들 대부분도 술이나 담배, 커피 등을 절제하지. 이들은 자기 육체를 만족시키는 만큼 자신에게 기대하는 사람들에게는 예의를 다하지 못한다고 여겨. 사실 그게 맞지. 자기 먼저 배부르게 먹고 자녀를 먹이는 부모가 어디 있겠니?

일론 머스크는 이른 나이에 수백억을 벌었어. 세상에 태어났으니 세상을 위해 좋은 일을 하고 싶었지. 그러나 그 수백억 원을 투자했다가 망하는 게 두려웠어. 그래서 한 가지 실험해 보기로 했어. 하루 1달러로 사는 실험이야. 매일 싸구려 햄버거 하나만 먹고 한 달을 살아 보기로 한 거지. 그랬더니 살 만하더래. 그래서 두려움 없이 투자해서 지금은 세계에서 최고로 영향력 있는 인물이 된 거지. 배고픔이 두려우면 세상이나 주위 사람을 위해 어떤 좋은 일을 할 용기도 가질 수 없게 돼. 배고픔을 즐길 줄 아는 사람은 두려움이 없어. 그러면 모든 것을 할 수 있는 존재가 되는 거야.

예수님은 광야에서 40일 동안 음식을 먹지 않고 사셨어. 춥고 배고프셨겠지만, 한번 살아 보신 거야. 그랬더니 정신이 맑아지고 가난해지는 두려움이 사라진 거야. 이렇게 훈련으로 생기는 덕을 '정결'이라고 해. 정결은 성적 욕망에서 자유로운 것만을 의미하는 말이지만, 사실 성욕과 식욕은 다 같은 것으로 보면 돼. 이 덕이 생기지 않으면 남들에게 어떤 도움도 줄 수 없는 존재일 수밖에 없어. 자기 배고픈 거만 아는 아기와 다를 바가 없는 거지.

청빈이나 정결, 이제 이야기할 '순명'과 같은 덕들을 말하면 가슴이 답답해질 수도 있어. 왜냐하면 지금까지는 돈 많고 맛있는 거 먹고 남들에게 명령하는 삶이 행복이라고 여겼을 수 있거든. 세상이 그렇게 가르쳐. 그래서 반대로 그것들이 고통의 원인이라고 말하면 속에서 반감이 올라오는 거야. 그런데 그 반감은 너 자신이 아니라 네 자아, 곧 네 안에 있는 뱀의 감정임을 알아야 해. 뱀은 자기가 죽기 싫어서 자기가 너 자신이라고 믿게 하고 진리는 답답한 것이라고 느끼게 만드는 거야. 마지막으로 '순명'에 대해 살펴보자. 이것을 보면 더 잘 이해하게 될 거야. 왜 삼구를 이겨야 행복한지.

어린 소년 쟈니는 조부모를 방문하고 선물로 새총을 받았어. 그는 새총으로 장난치다가 할머니의 애완 오리를 죽이게 돼. 두려운 마음에 죽은 오리를 장작더미 속에 감추었어. 그런데 여동생 샐리가 모든 행동을 지켜보고 있었지, 뭐야.

점심 식사가 끝나고 할머니는 "샐리야, 설거지하는 것 좀 도와줄래?"라고 말씀하셨어. 샐리는 "오늘은 쟈니가 부엌일을 돕고 싶다고 했어요. 그렇지, 오빠?"라고 말했어. 그리고 샐리는 쟈니에게 작은 소리로 속삭였지.

"오리 기억하지?"

쟈니는 설거지를 할 수밖에 없었어. 잠시 후 할아버지께서 낚시하러 가지 않겠느냐고 물으셨어. 할머니는 "샐리는 저녁 준비하는 것을 좀 도와야 해요."라고 말씀하셨어. 샐리는 씩 웃으면서 말했지.

"할머니, 오빠가 저녁 준비를 돕고 싶다고 했어요."

또 한 번 샐리는 그에게 작은 목소리로 속삭였어.

"오리 기억하지?"

샐리는 할아버지와 낚시하러 갔고, 쟈니는 집에 남아서 저녁 준비를 도왔어. 쟈니는 며칠 동안 이런 식으로 샐리의 일을 떠맡았지. 더 이상 견딜 수 없게 되자 쟈니는 할머니에게 모든 것을 자백하기로 해. 그러자 할머니가 말씀하셨어.

"쟈니야, 다 알고 있었단다. 다만 할머니는 샐리가 너를 노예로 삼는 것을 네가 얼마나 견디는지 두고 보았을 뿐이야."

쟈니가 솔직할 수 없었던 이유는 삼구 중 무엇 때문일까? 돈 때문에? 육체 때문에? 아니지. 교만 때문이지. 자신을 할머니에게 야단을 맞아서는 안 되는 그런 존재로 착각하고 있었기 때문이야. 교만 때문에 사람은 거짓말을 하고 솔직하지 못하게 돼. 아담과 하와가 죄를 범하고 무화과 나뭇잎으로 자기 몸을 가린 이유도 다 교만 때문이야.

교만이 쟈니를 행복하게 했니? 아니지. 샐리의 노예가 되게 만들었지. 세상 사람들은 이렇듯 자아를 지키려고 하면서 자존심의 노예가 되어 살아. 그게 행복이라고 여기면서. 다 자아와 자기 자신을 구별하지 못하는 어리석음 때문에 받는 고통이야.

이 교만에서 벗어나는 길은 무엇이겠니? 자아에 순종하지 않고 하느님께 순종하면 되겠지? 자아는 자기가 나의 창조자라고 말하며 자기 말을 들어야 한다고 믿게 해. 그러나 자아가 나를 만든 게 아니라 부모와 하느님이 나를 만든 분이야. 만들어졌다면 만든 분에게 순종해야지. 자동차가 원숭이에게 순종하면 되겠니? 인간에게 순종해야 본연의 모습대로 살 수 있는 거지. 그래서 교만을 이기는 방법은 하느님께 순종하는 길뿐이야.

물론 하느님의 뜻을 바로 알아듣기는 어려워. 그래서 하느님은 아드님을 인간이 되게 하셨어. 그 모습대로 살라고 하셨지. 그래서 예수님 모습대로 살려고 하면 교만이 죽게 돼. 예수님은 또 교회를 파견하셨어. 교회가 그리스도의 대리자인 거야. 예수님이 하느님 아버지의 대리자인 것처럼. 예수님의 대리자로 믿는 교회나 교회가 파견하는 사제나 수녀님, 혹은 성인들의 책 등을 통해 하느님의 뜻을 알아들을 수 있게 돼.

어차피 인간은 자아, 아니면 하느님께 순종하는 존재야. 진정으로 자유로운 사람은 없어. 사람은 욕구 때문에 움직이는데 욕구를 주는 대상이 나의 주인인 거야. 욕구가 없으면 나무토막에 불과하고. 자아가 주는 욕구는 생존 욕구로 타인을 먹어야만 하는 삶을 살게 되어 모기가 되게 해. 반대로 하느님이 주시는 욕구는 사랑하라는 것으로 나의 생존을 포기하고 타인을 살게 만들라는 명령이야. 선택은 우리에게 달려 있고 순종을 연습해서 배우면 그것이 덕이 되는 거야.

영화 '양철북'(1979년) 봤니? 주인공 오스카는 어른들의 부도덕한 일상을 보면서 자라. 엄마의 불륜으로 두 아빠를 두고 살게 되지. 이런 환경에서 어른들에게 순종할 필요가 있겠니? 그래서 반항해. 전쟁과 불륜으로 점철된 어른들의 세상에. 자라지 않기로 결정한 거야. 어른이 되면 자기도 똑같은 사람이 되니까.

어른들의 결정이 마음에 들지 않으면 북을 두드리며 소리를 지르지. 그런 상황에서 부모와 친척들이 죽어 가는 것을 아무렇지 않게 바라봐. 그러다 느끼지. 자신도 어른들과 다를 바가 없음을. 결국 판단을 멈추고 어른들에게 순종하며 살아야 성장할 수 있음을 깨닫게 돼. 그렇게 양철북을 내려놓고 판단을 멈추니 다시 성장이 시작된다는 내용이야. 누구도 부모에게 순종을 배우지 않고 어른이 될 수는 없어.

목적 없는 신앙생활은 목적지 없이 물동이만 이고 종일 돌아다니기만 하는 아낙네와 같아. 돌을 갈기만 한다고 거울이 될까? 거울이 될 목적을 가지고 닦아야지. 도를 닦는다고 하지? 수녀님들도 도를 닦는 사람들이야. 수도(修道)라고 하지. 수도자들의 수도의 시간이 견진과 같아. 바로 삼구를 이기고 청빈-정결-순명의 복음 삼덕의 열매를 맺겠다는.

복음 삼덕이 없다면 영원한 아기로 남아서 어른이 될 수 없어. 어른이 되지 못하면 결혼도 못하지. 수녀님은 예수님과 결혼해. 그리스도의 신부로서 교회의 모델인 거지. 신부가 돈만 알고 정결하지 못하고 순종하지 않는다면 어떻게 되겠니? 그리스도의 신부가 될 수 없고 그러면 하느님을 아버지라고 부를 수 없게 돼. 영원한 모기가 되는 거지.

수도자들이 그리스도의 신부로서 자아의 삼구를 이겨 내고 순결한 신부가 되기 위해 도를 닦는 것처럼, 우리도 신앙의 일상에서 열심히 청빈과 정결과 순명의 덕을 닦아서 그리스도의 참신부가 되어 가는 과정이 견진인 거야. 이 덕을 기르기 위해 노력하는 삶이 신앙생활인 거지. 삼구를 이겨야 하는 것은 기본이야. 그 바탕 위에 이웃 사랑의 집을 짓는 노력이 이 세상에서 살아야 하는 이유인 거야. 내가 나 자신을 봉헌해 하느님 뜻에 순종하는 존재로 새로 태어남으로써 하느님 나라의 상속자임을 증명하고 인정받는 일.

"그리스도의 모든 제자는 다양한 복음적 권고를 받고 있다. 모든 신자는 완전한 사랑으로 부름 받는다. 이 사랑은 봉헌 생활의 소명을 자유로이 받아들이는 사람들에게 하느님 나라를 위한 독신 생활의 정결, 청빈, 순명의 의무를 지운다. 교회가 인정하는 일정한 생활 신분에서, 바로 이 복음적 권고의 서원이 하느님께 '봉헌된 생활'의 특징이다."(CCC 915)

견진은 세례의 믿음을 확고하게 만드는 시간이다. 세례 이후의 신앙생활은 다 견진이라 할 수 있다. 세례 때 받은 믿음이란 우리가 삼위일체 하느님의 모상을 닮은 자녀라는 사실이다. 하느님은 사랑이시다. 그러므로 하느님의 자녀도 사랑이다. 이 믿음이 들어오면 사랑과 반대되는

세 욕망이 드러난다. 소유욕-성욕-명예욕이다. 견진은 우리가 사랑의 존재임을 믿으려고 어쩔 수 없이 이 세 욕망과 싸우는 과정이다. 이 싸움에서 승리할 때 생겨나는 덕이 있는데, 청빈-정결-순명이다. 이 복음 삼덕은 마치 집을 짓기 전에 다지는 지반처럼 사랑이 나오기 전에 필연적으로 맺어야만 하는 열매이다. 이 세 덕을 갖추지 않고 나오는 사랑은 없다.

4
자선-단식-기도
삼구에서 복음 삼덕으로 건너가는 다리

"그리스도인의 내적 참회는 매우 다양하게 표현될 수 있다. 성경과 교부들은 그중에서 특히 단식, 기도, 자선의 세 가지 형태를 강조한다. 이 셋은 각각 자신에 대한 회개, 하느님에 대한 회개, 다른 사람들에 대한 회개를 나타낸다."(CCC 1434)

신앙생활이란 세례 후 40일간 광야에서의 예수 그리스도의 모범대로 세속-육신-마귀와 싸워 청빈-정결-순명의 덕을 키워 나가는 과정이라고 정의할 수 있다고 말했지? 교회는 이 삼구에서 복음 삼덕으로 가는 통로로 '자선-단식-기도'를 권고하고 있어.

교회 전례력에서 40일 동안 특별히 더 집중적으로 견진을 사는 시기가 있는데 '사순절'이라고 해. 그 사순절에 특별히 더 자선-단식-

기도를 실천하라고 권하고 있지. 덕이란 것이 습관이 지속되면 내 안에 생기게 되는 습성이라고 했잖아? 악한 습성에서 벗어나 좋은 덕이 생기기 위해 습관처럼 억지로라도 실천해야 하는 것이 자선-단식-기도인 거야.

자선-단식-기도 중에 가장 중요한 게 무엇일까? 당연히 '기도'지. 마귀가 교만인데, 그 교만에서 육신과 세속의 욕망도 나오는 거야. 마귀를 이길 수 있는 기도만 잘하면 겸손과 순명의 덕은 물론 청빈과 정결의 덕까지 저절로 갖추게 돼. 그래서 여기서는 단식과 자선보다는 기도에 대해 좀 더 자세하게 말할게. 규칙적인 기도만 할 줄 안다면 신앙생활은 끝난 거야.

삼촌의 개인적인 경험으로 시작할게. 삼촌은 초등학교 3학년 때 처음 성당에 나가게 됐어. 첫영성체와 세례를 동시에 받았지. 교리를 받는 중에 성당에 앉아 있을 때마다 십자가를 바라봤어. 십자가의 예수님으로부터 맑고 푸른 물이 투명한 튜브를 통해 내게로 오고 내게서 배설물처럼 더러운 것들이 그 밑으로 예수님께로 가는 것을 상상했어. 이러한 상상을 하며 성당에 앉아 있으면 너무 평화로워지는 거야. 안 좋은 생각과 죄가 내게서 빠져나가고 좋은 것이 들어오는 느낌을 받았거든. 그렇게 성체 앞에 머무는 게 좋았어.

진정한 기도가 이렇게 시작된 것 같아. 물과 음식을 먹으면 소화되어 배설물이 되잖아? 기도도 양식을 먹는 시간이야. 그런데 음료와 음식은 시간이 지나면 소진되어 다시 또 먹고 마셔야 해. 그래서 다음 주에 와서도 십자가를 바라보며 똑같은 상상을 했어. 그러면 언제나 한 주간 살 힘이 채워지는 느낌이 들었어. 매주 성당에 갈 이유가 생긴 거지. 기도를 꾸준히 하려면 이렇게 기도에 맛 들여야 해.

'필요성'을 알면 기도를 규칙적으로 할 수밖에 없게 돼. 우리는 잠을 자고 밥을 먹어야 할 필요성을 알아. 그래서 때가 되면 배가 고프지 않아도 밥을 먹고 잠이 안 와도 내일을 위해서 잠들려고 노력하잖아. 누군가가 오늘 기도하지 않으면 손가락을 하나 부러뜨리겠다고 하면 기도 안 할 사람이 있을까? 사람이 기도를 안 하는 이유는 자기가 누구인지 생각할 때 영혼은 생각하지 않고 육체만 생각하기 때문이야. 눈에 보이지 않는다고 믿지 않고 관심도 갖지 않는 거지. 그렇게 자신도 모르게 영혼이 메마르고 죽어 가는 거야.

그러면 먼저 기도의 필요성에 대해 잠깐이라도 생각해 보자. 우리는 세례를 받았어. 세례는 믿음이야. 내가 하느님 자녀가 되었다는. 그런데 그 믿음은 다시 강화하지 않으면 마치 몸에 뿌린 향수처럼 사라져 버려. 그 믿음을 다시 회복시키는 게 기도야.

사람은 자신이 가진 믿음의 정도에 따라 세 가지 다른 세상에서 살게 돼. 천국-연옥-지옥. 누구나 이 지상에서부터 이 세 곳에 속해 있고, 천국의 행복과 지옥의 고통 사이에서 살고 있어. 믿음의 정도에 따라. 무슨 믿음의 정도일까? 자신이 누구냐는 믿음이지.

삼촌이 첫 보좌 신부로 있을 때 어떤 자매님이 아들이 군대 가서 귀신을 본다며 삼촌에게 쫓아 달라고 찾아온 적이 있었어. 자대에 배치되어 같이 온 군인인 줄 알았는데, 알고 보니 자기만 보였다는 거야. 며칠 동안 자기만 그 군인을 볼 수 있다는 것을 몰랐었대. 삼촌도 신기하더라고. 그 자매님이 삼촌에게 말할 때 그 군인에게 전화가 와서 삼촌이 직접 들은 거니까 믿어도 돼. 매일 엄마에게 전화를 했는데, 엄마가 삼촌과 상담하다가 바꿔 준 거였어.

처음에 선임들은 신병이 거짓말하는 줄 알았대. 그런데 보인다는 그 군인의 명찰을 읽고 이름을 말하니까 부대에 오래 있었던 주임원사가 그 이름을 어떻게 아느냐며 깜짝 놀랐다는 거야. 몇 년 전에 화장실에서 목매달아 자살한 군인의 이름이라는 거야. 삼촌은 '죽은 사람이 명찰까지 달고 다니다니. 죽을 때 옷은 잘 입고 죽어야겠구나!'라는 생각도 했어. 어쨌거나 신병인데도 작업에서 열외도 되고 매일 어머니에게 전화해도 된다는 허락도 받았다는 거야. 탈영이나 자살만 하지 말라면서. 전화를 하고 있는 순산에도 그 군인이 자기를 바라보고 있다고 말했어.

삼촌이 그 귀신을 어떻게 쫓아 보냈는지 아니? 귀신에게 반응하지 말라고 했어. 반응한다는 뜻은 같은 수준이란 뜻이야. 손바닥도 마주쳐야 소리가 나잖아? 이것으로 이 군인이 연옥에서 지옥의 수준으로 떨어져 있다는 것을 알았지. 그래서 지옥의 것들이 보이는 거야.

왜 지옥으로 떨어졌겠니? 연옥 수준의 세상 사람들과 관계가 되지 않기 때문이지.

　사람은 하느님 모습대로 창조되었어. 하느님은 삼위일체시잖아? 삼위일체가 뭐니? '관계'지. 관계없이 사랑일 수 없잖아? 관계는 주고받음의 움직임이 끊임없이 일어나는 상태야. 반응한다는 뜻이지. 그런데 비슷한 수준의 것을 주고받기 때문에 같은 이 세상에 살면서도 각자 자기 수준에 맞는 이들과 소통하게 되는 거야. 인간관계를 하지 않고 혼자 방 안에 틀어박혀 있더라도 사실은 뱀, 곧 사탄이나 그 지하세계의 것, 곧 귀신이나 악령과 소통하는 거야. 누구도 진정으로 혼자 있을 수는 없어. 자기 수준에 맞는 소통의 상대를 반드시 만나게 되거든.

　삼촌이 귀신에게 반응하지 말라고 한 말을 이해하겠지? 귀신이든 악령이든 그 존재에게 '난 너와 소통할 수준이 아니야!'라는 것을 보여 주어야만 해. 그 군인은 전에 성당에서 학생회장까지 했었다고 해. 성체를 영하고 하느님 자녀라고 믿었던 때가 있었던 거지. 물론 지금은 당연히 성당을 떠나 있던 것이고. 입대 전에 애인이 있었다가 헤어지고, 사람에 대한 배신감도 커졌고, 군대에서 더 외로운 상태가 된 것도 당연한 일이었어.

　이제 내 수준이 더 높은 수준임을 어떻게 믿을 수 있을까? 바로 '기도'를 통해서야. 먼저 사람들과 진정한 소통을 해야 해. 지옥에 있다가 바로 천국으로 올라갈 수는 없어. 계단을 제대로 밟으면서 가야지. '나는 귀신이 아니라 사람이다!'라는 믿음을 가지려면 사람과 소통하는 시간을 규칙적으로 가질 필요가 있어. 규칙적으로 갖는다는 말은 습관을 들이며 노력한다는 뜻이야. 어떤 습관이나 첫 2주는 지옥을 체험하게 돼. 다음 2주는 연옥이고, 그다음 2주는 천국의 맛을 느끼게 되지. 그 노력으로 정말 사람과 소통을 잘하는 자신을 보면 자신이 지하 세계의 존재가 아니라는 확신을 가지면서 그것들이 보이지 않게 되는 거야. 물론 행복의 수준도 그만큼 더 높아지지.

이제 왜 천국의 존재들을 규칙적으로 만나야 하는지 알겠지? 세례 때 받은 나의 믿음을 회복시키기 위해서야. 만나서 소통하지도 않는데 자신이 천국의 존재인 믿음을 계속 유지할 수 있을까? 의사가 되었지만, 진료를 한 번도 경험해 보지 않았다면 '내가 의사 맞나?'라는 의심이 들 수밖에 없을 거야. 그러다 결국 자격을 잃게 되는 거지. 이런 의미에서 교회는 "기도는 하느님을 향하여 마음을 들어 높이는 것"(CCC 2559)이라고 가르치는 거야.

개인적인 이야기 하나 더 할게. 삼촌이 고등학생 때였어. 너희들 혹시 삼촌이 살았던 시골집이 생각나는지 모르겠다. 자전거를 타고 나와서 송탄에서 수원으로 작은 승합차를 타고 고등학교에 다녀야 했어. 무척 힘든 시기였지. 고생스럽다 보니 혼자 깜깜한 새벽과 밤에 자전거를 타고 시골길을 다닐 때 '결국 나는 혼자구나!'라는 생각을 많이 하게 됐어. '나는 누구인가?'라는 생각도 많이 했으니 사춘기가 좀 늦게 왔던 것 같기도 하고. 타지에서 학교를 다니고 또 모두 공부로 경쟁하고 있었기에 진정으로 마음을 나눌 친구도 없었어. 나도 모르게 "외롭다. 외롭다."라는 말을 많이 했나 봐. 이때 공부도 잘하고 착한 개신교 친구 하나가 이렇게 말하는 거야.

"너 성당 다니잖아. 예수님이 함께 계시는데 왜 외롭니?"

창피하기도 하고 화가 나기도 했지만, 맞는 말이라 반박할 수도 없었어. '난 왜 성당 다니면서 예수님께서 함께 계심을 느끼지 못할까?' 그런데 이런 생각이 벌써 기도가 되는 줄은 몰랐던 거야. 자전거를 타고 시골길을 왔다 갔다 하면서 '예수님이 함께 계심을 느낄 수 있다면 얼마나 좋을까?'라는 생각을 했던 거지. 그런데 어느 날 귀밑으로 스치는 시원한 바람에 "내가 너와 함께 있다."라고 하는 듯한 느낌을 받았어. 뭐라 표현할 수 없는 느낌인데, 그 이후로 삼촌은 외로움을 느껴 본 적이 한 번도 없어. 오히려 혼자 있는 시간을 즐기게 됐어. 혼자 있는 시간? 아니지. 그때는 천상의 존재들을 만나는 시간이 된 거지.

이 일이 있은 후 어떻게 되었는지 아니? 내 주위에 친구들이 많이 몰리기 시작했다는 거야. 내가 외로울 때 친구들을 통해 외로움을 극복하려고 해서 친구들도 부담스러웠던 거지. 친구들을 이용하는 모기와 같았던 거야. 그런데 내가 더 이상 외롭지 않으니 이제 내가 피를 흘려 친구들의 외로움을 채워 줄 수 있는 예수님의 모습이 된 거지. 사람들은 이런 것을 기가 막히게 알아보는 거 같아. 외로운 사람은 그래서 더 외로워지고, 외롭지 않은 사람은 더 외롭지 않게 되는 거야.

이제 기도가 무엇이고 왜 해야 하는지 알겠지? 기도는 하늘의 존재와 소통하면서 나 자신이 누구인가에 대한 믿음을 끌어올리는 시간이야. 그런데 한 인간은 어떻게 구성되어 있지? '육체-정신-마음'으로 되어 있어. 이 구조를 알아야 친밀한 인간관계는 어떻게 할 수 있는지도 알 수 있어. 사람의 만남은 처음에는 몸으로, 그다음엔 '생각과 정신'으로, 그다음에는 '마음' 차원으로 깊어져. 마음으로 만나는 사이가 가장 친밀한 관계지.

기도도 이와 같지 않을까? 하느님과의 관계도 처음에는 몸으로, 그다음에는 생각으로, 그다음에는 마음으로 깊어질 수 있는 거야. 교회는 전통적으로 몸으로 하는 기도를 소리 기도, 생각으로 하는 기도를 묵상 기도, 마음으로 하는 기도를 관상 기도로 나누었어. 너무 복잡한 것 같다고 걱정할 필요는 없어. 어차피 대부분 신자는 소리 기도에 머무르니까 우선 그것이 무엇인지부터만 알면 돼.

관계의 친밀도에도, 기도의 깊이에도 수준의 차이가 있음을 인정해야 발전이 있어. 기도가 신앙인의 가장 핵심적인 세속·육신·마귀와 싸우는 무기인데 필요에 따라 주어지는 무기들을 다룰 줄 모르면 전쟁에서 승리할 수 없기 때문이야. 오토바이를 타고 가야 할 곳에 세발자전거를 타고 가거나 세발자전거를 탈 수준이면서 오토바이를 타고 가면 목적지에 도달할 수 없는 것처럼, 자신의 수준을 알고 기도 방법을 채택할 필요가 있어.

영화 '리얼 스틸'(2011년) 봤니? 공상 과학 영화인데, 쓸모없어져 버려진 주인공 로봇이 어떻게 본연의 모습을 회복하는지를 살펴보면 우리가 기도를 통해 우리 본연의 모습을 찾아가는 과정과 다르지 않음을 알게 될 거야.

아톰은 기억에서 잊혀 쓰레기장에서 버려진 로봇으로, 한때는 유용했지만 더 이상 가치가 없는 존재야. 주인공 맥스가 아톰을 발견하면서, 아톰의 회복과 더불어 원래의 자아를 찾아가는 여정이 시작돼. 맥스는 찰리의 아들이야. 영성의 단계로 말하면, 이는 자신의 상태를 인정하며 도움을 요청하는 첫 단계인 '소리 기도'와 같다고 할 수 있어. 소리 기도는 "내가 여기 있어요!"라고 자기를 드러내는 단계와 같아. 기도서를 읽는다거나 묵주 기도를 바치고 성경을 읽는 등의 기도가 여기에 해당할 수 있어. 아기들이 "엄마, 엄마!" 하는 것과 같지. 묵주 기도는 같은 말을 반복하는 건데, 이는 자기 자신을 드러내는 첫 번째 자녀의 소통 방식인 거야.

버려진 아톰은 차츰 외부 명령에 반응을 시작해. 맥스와 찰리는 아톰을 로봇 권투 경기장에 투입하고, 아톰은 경기에서 활약하면서 자신의 존재와 가치를 증명해. 아톰이 수리되고 훈련되면서 자기 존재를 드러냄을 넘어서 주인의 뜻을 듣고 따르는 단계로 나아가는 거야. 말하는 단계에서 '듣기'로 옮겨 간 거지. 자기 존재를 드러내는 것보다 주인과 더 친밀한 관계가 형성되기 시작하는 거야. 이 '듣기'를 '묵상 기도'라고 하는 거야. 이 단계에서는 주인에 대한 이해가 깊어지고, 주인에게 이익을 주는 존재가 됨으로써 주인도 그를 더 사랑하게 돼. 아이들도 부모가 자신에게 무엇을 바라는지 듣는 때가 있잖아? 좀 더 부모와 가까워진다고 볼 수 있어.

아톰의 변모가 절정에 이르는 순간은 바로 챔피언 제우스와의 대결에서야. 이 전투에서 아톰은 더 이상 외부 명령에만 의존하지 않고, 찰리의 움직임을 그대로 반영해. 아톰은 찰리의 복싱 기술을 거울처럼 따라 하며 둘이 하나가 된 것처럼 보여. 여기서 아톰은 최고의 능력을 발휘하며 버려진 스파링 로봇에서 최고 권투 로봇이 되지. 이 단계가 '보기' 혹은 '관상'의 단계라고 해. 관심이 있는 것만 보이잖아? 본다는 말은 마음이 간다는 뜻이야. 이 마음으로 하는 기도가 관상 기도인데, 보통 신자들은 도달하기 어려운 수준의 단계야.

소리 기도-묵상 기도-관상 기도를 사람의 영혼이 성장하는 과정으로 나누면 정화-조명-일치라는 말을 쓰기도 해. 정화는 깨끗해진다는 뜻이고, 조명은 빛을 받는다는 뜻이며, 일치는 하나가 된다는 뜻이야. 뭐 '그런 단계가 있다.' 정도만 알면 돼. 기도의 수준에 관해서는 삼촌이 쓴 『더 높은 기도』라는 책을 참고하면 될 거야. 지금은 그저 맞는 수준의 기도를 해야 무리가 가지 않고 효과를 보면서 성장할 수 있다는 것만 알면 돼. 중요한 것은 아기는 젖을 먹고 어른이 되면 딱딱한 것을 먹어야 한다는 것을 아는 거지.

왜 아이가 소리 기도로 자기를 드러내면 정화가 일어날까? 부모와 함께 있는 것 자체가 자신에게 안정을 주기 때문에 그렇지. 불안이 삼구를 강화하고, 평화가 삼구를 이기는 힘이라고 말했지? 우리를 정화하는 힘은 나를 지켜 주시는 분이 나와 함께 있다는 믿음이야.

왜 아이가 묵상 기도를 하면 조명이 일어날까? 부모의 뜻을 알아듣기 때문이지. 자아의 어둠에 싸여 있다가 올바른 길을 찾게 되는 거야. 빛으로 빛을 보게 되는 거지. 나에게 하시는 주님의 말씀을 들을 수 있게 되었을 때 조명의 삶이 시작되는 거야.

왜 아이가 부모를 볼 수 있게 되면 참일치가 일어날까? 사실 아이는 부모의 진짜 모습을 볼 수는 없어. 아이가 커서 부모가 되어 자신도 아이를 키울 때야 부모 모습이 보이는 거지. 그때가 되면 이미 돌아가셨을 수도 있는 부모와 일치하게 되는 거야. 이게 참행복을 느끼는 관상이지.

삼촌은 잠깐 관상이라는 것을 부모를 통해 체험해 본 일이 있었어. 어쩐지 엄마가 나의 엄마가 아닐 수 있다는 의심이 들 때였어. 촛불의 희미한 빛 속에서 엄마의 거친 손과 비틀어진 발과 굳은살을 봤지. 손으로 만져 보기도 하고. 아버지 발도 굳은살이 엄청나게 박여 있었어. 깜짝 놀랐지. 부모님을 보게 된 거야. 육체를 본 것도 아니고 생각을 알게 된 것도 아니야. 마음을 보게 된 거지. 그 이후로는 부모님이 주시는 돈 100원도 함부로 쓸 수 없었어. 그게 부모의 살과 피임을 보았으니까. 묵상 기도가 하느님의 생각을 듣는 것이라고 한다면, 관상 기도는 하느님의 마음을 보는 거야. 그렇게 되면 그 사랑에 행복하지 않을 수 없단다.

그러나 기도는 절대 쉽지 않아. 아기가 우는 게 쉽겠니? 목이 다 쉬지. 아이가 부모 생각을 알아들으려고 하는 게 쉽겠어? 자기 뜻대로 하는 게 쉽지. 아이가 부모 마음을 보는 게 쉽겠니? 자기가 바라는 것만 주장하는 게 쉽지. 기도는 자기 자신과의 싸움이야. 예수님께서 광야에서 40일간 단식하며 기도할 때 편했을까? 기도는 나를 불태워 제단에 봉헌하는 것과 같아. 그 자리를 주님의 몸과 생각과 마음이 채우는 거지. 나를 죽이는 시간인 거야. 그래서 힘들고 어려워. 어떤 신자들은 기도가 어렵고 분심이 많이 든다고 하는데, 그때가 가장 잘되는 때인 것을 몰라. 나의 몸과 생각과 마음과 싸우며 가장 고통스러웠을 때, 그때 효과가 가장 커. 내가 분심이 든다는 것을 안다면 그것은 내가 집중하기 위해 노력했기 때문이야. 밥도 그렇지만, 기도도 하고 나서 그 힘을 느낄 수 있어. 소화된 다음에. 그렇게 조금씩 성장하는 거야.

자, 바로 견진의 과정이 기도의 과정임을 알겠지? 가장 중요한 것은 규칙적인 기도 생활에서 벗어나지 않아야 함을 깨닫는 거야. 대나무에 마디가 규칙적으로 있잖아? 대나무는 속이 텅 비었지만, 상당히 높이까지 키가 클 수 있지. 그 이유가 이 마디 때문이라고 해. 마디가 일정하지 않으면 나무가 휘어 높이 올라갈 수 없어. 마찬가지로 하루 중 가장 중요한 기도 시간은 아침과 저녁이야. 아침 기도가 저녁 기도보다 더 중요한 것 같기는 해. 이제 기도의 필요성을 알았으니 하루 일과 중 기도 시간을 마련하는 게 가장 중요한 일이 되어야 진정한 신앙인이라고 할 수 있을 거야.

사막 횡단 달리기라는 것이 있대. 외로이 사막을 횡단하는, 오랜 자기와의 싸움이지. 왠지 사순과 견진과 닮은 것 같아. 그런데 예전엔 이 경기를 하다가 사망하는 경우가 많이 발생했대. 원인은 탈수증. 그 사람들은 물이 없어서 죽은 게 아니래. 나름대로 경기기 때문에 뛰다가 물 마시는 걸 잊어버리고 자기도 모르게 쓰러지는 거지. 요즘은 규칙적으로 물을 마시기 위해서 만보기를 차고 목이 마르지 않아도 규칙적으로 물을 마시는 시스템을 장착하고 뛴다고 하네. 이처럼 견진을 사는 우리도 아침과 저녁 기도, 삼종 기도, 주일 미사, 일 년에 두 번의 고해성사 등을 정해 놓고 그대로 하며 영성을 발전시켜 가야 하는 거야.

규칙적인 기도 생활에 충실할 결심을 했으면 좋겠어. 그러면 겸손해져서 순종의 덕이 생기는 것은 물론, 하느님을 믿으니 자선도 더 하게 되고 육체와 싸워야 하는 게 기도이기 때문에 육체도 절제하는 사람이 될 수 있는 거야. 기도를 하고 나면 나도 모르게 소유욕과 성욕, 교만이 불타서 사라졌음을 느끼게 될 거야. 그러면 참자유가 무엇인지 알게 돼. 모든 고통은 욕망의 집착에서 오거든. 기도하면 마치 성체가 성령으로 축성되어 그리스도의 몸이 되듯, 우리 자신이 봉헌되고 세포 하나하나 성령의 힘으로 그리스도로 대체가 돼. 내가 그리스도가 될 때 생명이 되는 거야. 하느님만이 영원한 생명이시니까. 자유이시기도 하고. 규칙적으로 기도하지 않는 신앙인은 그냥 신앙인으로서는 죽은 거야. 그러니 살자. 이 광야를 건너자. 싸움에서 승리하자. 기도라는 유일한 무기로.

"언제나 기뻐하십시오. 끊임없이 기도하십시오. 모든 일에 감사하십시오. 이것이 그리스도 예수님 안에서 살아가는 여러분에게 바라시는 하느님의 뜻입니다."(1테살 5,16-18)

삼구를 이기고 복음 삼덕을 가지는 견진의 과정을 무사히 거치기 위해서는 기도-자선-단식의 도구들을 활용해야 한다. 이 세 도구 중 가장 중요하고 핵심적인 무기는 '기도'이다. 기도를 멈추지 않으려면 그 필요성을 인식해야 한다. 기도를 하지 않으면 음식을 먹지 않는 것이나 잠을

자지 않는 것처럼 삶에서 그 영향이 반드시 나타남을 체험해야 한다. 이 체험이 기도를 꾸준히 해야 하는 존재가 되게 할 것이다. 기도를 할 줄 아는 신앙인이 되었다면 기도에도 수준이 있기에 기도를 통해 믿음을 증가시키는 발전으로 나아가야 한다. 결국 완전한 기도에 도달해야 가나안 땅에 들어갈 자격을 가지게 된다.

공동체
신앙인의 광야

"신앙은 인격적인 행위이다. 곧, 먼저 자신을 계시하시는 하느님에 대한 인간의 자유로운 응답이다. 그러나 신앙은 고립된 행위가 아니다. 누구도 홀로 믿거나 홀로 살아갈 수는 없다. 누구도 스스로에게 생명을 줄 수 없듯이 스스로에게 신앙을 줄 수 없다. 신앙인은 다른 이에게서 신앙을 받으며, 그 받은 신앙을 또 다른 이들에게 전달해야 한다. 예수님과 이웃에 대한 우리의 사랑은 신앙에 대해 다른 사람들에게 말하도록 우리를 재촉한다. 각 신앙인은 마치 신앙인들이 이루는 커다란 사슬의 고리 하나하나와 같다. 나는 다른 사람들의 신앙에 의지하지 않고서는 믿을 수 없으며, 또한 나의 신앙을 통하여 다른 사람들의 신앙을 지탱하는 데 이바지한다."(CCC 166)

기러기들이 'V'자 모양으로 날아가는 모습을 본 적이 있지? 이렇게 편대 비행을 할 때 각 기러기는 바로 앞서 날아가는 기러기의 날갯짓으로 생기는 상향 기류를 활용해 항력을 줄이고 체력을 아낀다고 해. 실제로 이 편대 비행이 에너지 효율을 최대 70%까지 높인다는 연구 결과도 있는데, 이는 다른 철새에게서는 볼 수 없는 놀라운 수치야. 거대한 대륙을 가로질러, 한 번 이동 기간에 4만 킬로미터 이상을 비행할 수 있는 이유가 여기에 있지.

편대의 선두에 선 기러기는 가장 세찬 맞바람을 견디다가, 어느 정도 시간이 지나면 다른 기러기가 앞으로 나와 역할을 교대해. 이러한 교대는 한 마리가 계속 거센 바람과 싸우는 부담을 덜어 주어서 무리 전체의 체력을 고르게 유지해 준대. 만약 어떤 기러기가 지치거나 다치면 두세 마리가 편대를 이탈해 그 기러기와 함께 머무르며 보호해. 이런 행동은 누구 하나 버리지 않고 뒤처지지 않도록 하는 무언의 연대 의식을 보여 주지. 놀랍지 않니?

기러기들의 울음소리 역시 중요한 역할을 하는데, 무작위로 들리는 그 울음은 사실 무리 전체가 소통하며 의욕을 북돋우는 신호라고 해. 이러한 소리는 편대의 질서를 유지하고, 체력이 떨어진 기러기들을 격려하며, 전체적인 비행의 효율을 높여 준다고 해. 마치 우리 선조들이 일할 때 함께 부르던 노동요와 같은 것이지.

대륙을 가로질러 하늘 높이 날아가는 기러기 공동체가 만드는 시너지는 각자의 능력을 단순히 합한 것보다 크다는 사실을 일깨워 줘. 기러기도 하는데, 하물며 인간인 우리가 마음을 모으면 아직 가 보지 못한 길도 충분히 헤쳐 나가지 못하겠니?

기러기는 태어날 때부터 내재한 방향 감각이 있다고 해. 구약의 탈출기에서 하느님은 모세를 통해 이스라엘 백성을 이집트의 노예 생활에서 가나안 땅의 해방으로 인도하셨지. 예수님께서 세우신 교회 공동체도 마찬가지야. 예수님께서 베드로 위에 교회를 세우셨는데, 교회 안에 하느님 나라에 이르는 방향 감각을 심어 주지 않으셨을 리가 없지. 교회에서는 공동체의 수장이 베드로야. 배가 출발할 때 선장은 도착까지의 항로를 다 인지하고 있어야 해. 그렇지 않고 배를 출발시키는 어리석은 선주는 없겠지? 예수님도 베드로에게 '하느님 나라의 열쇠'를 주시고 교회라는 거함을 통해 우리가 쫓겨났던 에덴 동산까지 잘 도착하게 배려하신 거지.

개신교에서는 교회의 이 방향 감각이 성경이라고 주장해. 그러나 예수님은 베드로에게 성경을 써서 주지 않으셨어. 성경은 예수님께서 돌아가시고 한참 뒤에 쓰인 것이고 수많은 글 중에 신약 성경 27권을 정하는 일도 400년에 이르는 오랜 노력의 결과였어. 배를 출발시켜 놓고 400년이 지나서야 항로가 그려진 지도를 주는 선주가 어디 있겠니? 교회 안에는 이미 '성령'께서 함께하시고 교회를 이끄시는 거야. 그 성령님이 하늘 나라의 열쇠라고 할 수 있는 거지.

어떤 사람이 배에서 청소도 하고 빨래도 하고 밥도 지으며 봉사를 많이 했어. 그런데 나중에 재판받고 사형당했어. 착한 일을 많이 했는데 왜 그런 심판을 받았을까? 한번 생각해 봐. 알겠니? 그 배가 해적선이었던 거지. 구원에 이르기 위해 가장 중요한 일은 내가 어떤 배를 선택하느냐일 수밖에 없어. 가톨릭교회를 선택하지 않으면 구원의 핵심인 '성체성사'의 은총을 받을 수 없어. 예수님은 당신 살과 피를 먹고 마시지 않으면 하늘 나라를 볼 수 없다고 하셨거든. 여기까지 읽었다면 그 이유를 잘 이해할 수 있게 되었을 거야.

일단 어떤 공동체를 선택해서 머물면 거기서 빠져나오기는 매우 힘드니까 첫 선택이 매우 중요해. 일본 야쿠자에서 탈퇴하려면 손가락 하나를 스스로 잘라야 하는 것을 알지? 그러나 만약 그 집단에 계속 속해 있으면 어떻게 되겠니? 아무리 착해지려고 해도 해적밖에 될 수 없는 거야. 이것을 '상황의 힘'이라고 해. 어떤 집단이나 그 집단을 형성하는 힘이 있어. 그것이 선이든 악이든.

삼촌이 어렸을 때 뱀을 먹은 적이 있어. 동네 형들이, 쥐를 삼키고 배가 불러 자기 굴에 들어가지 못한 뱀을 잡은 적이 있어. 형들은 뱀의 껍질을 벗기고 불에 굽기 시작했어. 나한테는 집에 가서 소금을 가져오라고 했어. 나는 '그걸 왜 먹어야 하나?' 하고 생각했지만, 그 집단에서 소외되지 않으려면 어쩔 수 없이 대세를 따라야 했어. 결과는 회충이었지. 시장에서 회충약을 파는 사람이 나보고 약을 먹어 보라고 했는데, 잠시 뒤 사람들이 보는 앞에서 내 몸에서 회충이 나오는 것을 보여 주어야만 했어. 지옥이 따로 없었지.

사람은 왜 상황의 힘에 지배받을까? 바로 '소속 욕구' 때문이야. 소속의 욕구는 사람의 가장 기본적인 욕구야. 아기가 태어나서 엄마를 찾지? 단지 젖만 먹으려는 게 아니야. 혼자여서 자기가 누구인지 모르는 불안을 없애려는 욕구지. 원숭이 격리 실험에서 새끼 원숭이는 젖이 나오는 철사로 만든 어미가 아니라 젖은 안 나와도 수건으로 감싸 포근한 어미를 어미로 믿고 온종일 끌어안고 있었던 것과 같아. 인간도 아무리 성장해도 이 소속 욕구에서 벗어날 수 없어. 육체적인 부모를 알아도 영혼의 부모를 모르거든. 내가 누구인지 알려 줄 존재는 공동체밖에 없는 거야. 자주 말하지만, 혼자 있어도 그것은 나 자신이라는 공동체, 혹은 게임과 같은 가상 공동체와 함께 머물기를 원한다는 뜻이야. 관계를 맺는 법을 배우지 못했기 때문에. 그러나 그 결과는 지옥이겠지.

EBS 다큐멘터리 '상황의 힘'은 개인의 성격이니 의지보다 '상황'과 '환경'이 사람의 행동 결정에 훨씬 더 큰 영향을 미친다는 내용을 중심으로 전개돼. 이 다큐멘터리는 특히 '필립 짐바르도'(Philip Zimbardo) 박사의 '스탠퍼드 교도소 실험'을 통해, 평범한 사람도 특정한 환경에 놓였을 때 쉽게 가해자나 피해자 역할에 몰입할 수밖에 없음을 보여 줘. 그냥 실험이었는데도 간수 역할을 하는 학생들은 진짜

인 듯 수감자 역할을 하는 사람들에게 가학적인 태도를 보였어. 사실 모두들 종교도 있고 자신이 사는 세상에서는 선한 사람들이었는데도 말이야.

다큐멘터리에는 또 다른 연구인 '스탠리 밀그램'(Stanley Milgram) 박사의 '복종 실험'도 있어. 단지 돈을 조금 받고 주위에는 그냥 진행하라는 의사 옷을 입은 몇 명의 사람들이 있었을 뿐인데도 피실험자들은 타인이 죽음에 이르는 수치까지 전기 충격을 가해. 문제를 틀리면 다른 방에 있는 사람에게 전기 충격을 가하는 장치를 해 놓았는데, 사람들은 다른 방에서 사람이 비명을 지르는 데도 전압을 올렸어. 자신 탓이 아니라 자신에게 그렇게 하도록 강요한 환경 탓으로 돌릴 수 있었기 때문일 거야. 악한 사람이 악해지는 게 아니라 악한 집단에 속하기 위한 선택 때문에 악해진다는 현실을 보여 주는 예는 이 밖에도 엄청나게 많아. 사람이 독립적으로 자신이 원하는 방향으로 성장할 것 같지만, 사실 자신이 몸담은 공동체의 평균 모습이 되어 가고 있는 것이지.

우리는 지금 '견진'의 과정에 대해 살펴보고 있어. 목표는 사랑의 능력을 갖춘 사람이 되는 거야. 사랑과 반대되는 욕구인 삼구를 이겨 복음 삼덕의 열매를 얻으려면 자선과 단식, 기도가 중심이 되어 모인 공동체에 머무는 수밖에 없어. 다시 말하지만, 내가 환경을 만드는 것이 아니라 환경이 나를 만드는데, 모든 인간의 환경은 자신이 속한 집단일 수밖에 없거든.

이것은 과학이라고 말하면 좀 문제가 있지만, 공동체의 구성원들이 자신도 모르게 하나로 연결될 수 있음을 보여 주는 실험이 있어. 멕시코의 신경과학자 '하코보 그린베르그-질버바움'(Jacobo Greenberg-Zilberbaum)은 1980~90년대에 이른바 '뇌 얽힘' 실험을 진행했다고 알려져 있어. 그린베르그-질버바움과 동료들은, 서로 눈 맞춤이나 명상을 통해 공동 준비 과정을 거친 두 사람이 떨어진 상태에서도 한쪽만 빛 자극을 받으면 다른 쪽 뇌에서도 유사한 뇌전도(EEG) 반응이 나타난다고 보고했어. 눈만 맞추고 서로 보이지 않는 공간에 두 사람을 격리해도 두 사람은 서로 연결되어 있다는 주장인 거지.

물론 과학적으로는 증명이 어려운 실험이고 주장이지만, 실생활에서 우리는 많은 이들이 이와 같은 생각을 믿고 산다는 것을 발견하게 돼. 누군가가 자신을 바라보면 자신도 모르게 뒤통수가 따가워 뒤를 돌아보게 된다든지, 상대를 만나기도 전에 감정 상태가 어떤지 미리 느낀다든지, 심지어 딸의 태몽을 엄마가 꾼다든지 하는 상황을 접할 때가 있잖아? 어쩌면 스위스의 정신과 의사였던 카를 구스타프 융이 처음 제시한 '집단 무의식'이라는 개념과 비슷할 수도 있어. 집단 무의식이란 한 집단이 공유한 보편적 무의식이고 그 무의식은 각 구성원들에게 영향을 줄 수밖에 없다는 이론이야.

이것이 중요한 이유는 내가 선택한 집단이 무의식적으로 내가 영향을 받아 변화되기를 원하는 마음의 표현이라는 거야. 북한이나 폭력적이고 폐쇄적인 사이비 종교와 같이 한번 발을 들이면 빠져나오기 어려운 상황이 아니라면 누구나 자신도 모르게 자신이 속할 집단을 선택함으로써 미래를 결정하게 된다는 거야. 따라서 집단 무의식은 마치 어찌할 수 없는 환경처럼 그 사람 안에 스며들어 그 사람을 그 집단의 평균으로 만드는 힘이 되는 거지. 그러니 신앙인이라면 세속-육신-마귀를 이겨 내는 공동체를 선택해서 청빈-정결-순명의 열매를 맺는 자선-절제-겸손의 훈련을 할 수밖에 없는 공동체를 선택해야 한다는 뜻이야. 이것을 알고 실천하기만 하면 그 사람의 미래 모습이 확정되는 것이지.

물론 좋은 공동체에 들어가더라도 점점 안 좋아지는 사람도 있어. 유다 이스카리옷과 같은 사람이지. 예수님과 사도 공동체에서 3년간 머물며 유다는 점점 나빠졌어. 그에게 행복은 돈과 쾌락과 명예였기 때문이지. 그래서 예수님을 은전 30냥이라는 적은 돈에도 팔아넘길 수 있었던 거야. 어떤 공동체나 그 공동체에 적합하지 못하면 다른 사람이 쫓아내지 않아도 스스로 견딜 수 없어 떨어져 나가게 돼. 예수님을 팔아넘긴 유다가 어떻게 사도들과 함께할 수 있겠어. 그렇게 그는 스스로 목을 매어 죽었어. 자신도 모르게 지옥의 모기떼 같은 집단의 무의식을 받아들이고 있었던 거지. 몸은 예수님의 공동체에 속해 있었지만, 마음은 지옥의 집단과 함께하고 있었던 거야. 이것이 지옥에 가는 이유야. 회개하지 못해서. 무엇이 행복인지 정하지 못해서. 그렇게 교회 공동체에 머무르는 건 소용이 없어.

우리는 완전하지 않아. 그래서 성당에 가서 작은 공동체를 선택해 들어가면 각 공동체가 요구하는 것들을 받아들여야 해. 예를 들어 성당의 큰 단체인 '레지오 마리애'에 들어갔다고 가정해 보자. 레지오 마리애는 한 주에 한 번씩 모여서 기도하고 공부하고 활동하는 단체야. 우리나라 가톨릭교회에 큰 영향을 준 단체지. 여기 들어가면 매일 묵주 기도를 5단 이상 바치고 비밀 헌금도 해. 그리고 싫어도 선교 활동을 해야 하지. 말만 들어도 힘들지? '레지오'는 군대란 뜻이야. '마리애'는 '성모님의'란 뜻이지. 성모님께서 원하시는 공동체 모습인 거야.

삼촌이 조원동 주교좌성당에 부임했을 때는 코로나가 거의 끝난 시점이었어. 신기한 것은 코로나 동안 여성 레지오는 숫자가 많이 줄어든 반면 남성 레지오 단체는 숫자가 크게 줄지 않은 거야. 왜 이런 현상이 발생했을까? '술' 때문이라고 생각해. 남자들은 끝나고 술을 마시러 가는 경우가 많아. 여기서 끈끈한 소속감을 가지게 된 거야. 코로나로 레지오 회합도 못할 때도 그분들은 가족처럼 만날 수 있었던 거지. 술이 좋다는 말이 아니야. 술이 취하면 고해성사를 봐야 해. 술을 마시지 말라는 말은 성경에 없지만, 취하지 말라는 말은 많이 있어. 그것이 친교로 사용되었을 때는 외롭고 불안한 이 세상에서 광야의 공동체에 머물 가장 큰 힘이 된다는 거지. 버티기만 하면 나도 모르게 묵주 기도나 영적 독서, 선교와 자선 활동이 몸에 밴 하느님 자녀가 되어 있음을 발견하게 되는 거지.

물론 그렇더라도 사람들과의 관계는 절대 쉽지 않아. 마음에 안 드는 사람도 있고 혼자만 소외된 것 같은 느낌을 받을 수도 있어. 이것만 알면 돼. 다 그렇다는 것. 사실 삼촌도 그래. 어떤 성당에서 5년 이상 있어도 신자들에게 완전히 받아들여지지 않았다고 느낄 때가 있어. 그런데 신자들은 어떻겠니? '내가 진짜 이 성당과 봉사 단체의 가족이 맞나?'라는 생각이 들지 않을 수 없지. 또 생각해 봐. 진짜 가족 안에서는 그런 마음을 느낀 적이 없니? '이 가족 안에서 나만 혼자가 아닌가?' 혹은 결혼해도 여전히 배우자에게 온전히 받아들여지지 않았다고 생각하는 때도 많아. 그러니까 이런 마음은 당연한 거라고. 그런 이유로 가족을 그만두고 싶다고 말하는 사람이 어디 있을까? 마찬가지로 내가 성장하기 위해 선택한 공동체에서 벗어나고 싶다면 결국 삼구를 이기고 복음 삼덕의 열매를 맺겠다는 의욕이 떨어졌다고 보는 게 맞을 거야.

기도도 마찬가지지만, 어떤 단체에 머무는 힘은 '감정'이 아니야. 사랑은 '의지'로 이루어져 있어. 이것만 알면 돼. '나는 이 공동체에 머물도록 부르심을 받았다.' 부부가 힘들 때 어떻게 하지? 결혼식 사진이나 동영상을 보며 첫 마음을 되새겨. 사람들 앞에서 머리가 파 뿌리가 될 때까지 사랑하겠다고 했던 서약을. 감정적으로는 당장 헤어지고 싶어도 이 서약이 주는 의지가 끝까지 가게 만들어. 자녀를 위해 '내가 이러면 안 되지!'라는 결심을 하기도 해. 물론 이것도 의지지.

그 의지를 가장 크게 불러일으키는 것은 '사명'이야. 사명은 기도를 통해 얻을 수 있는 거지. 기도의 열매는 무엇이지? 바로 사명이야. 어떤 사명을 받고 '파견'을 받는 거지. 그래서 기도의 가장 완전한 형태인 미사가 '파견'이란 뜻이라고 이미 말한 적 있나? 모든 관계의 기본은 그 관계를 맺어 주신 주님의 섭리를 믿는 거야. 그러면 그 관계는 끝까지 깨지지 않아. 내가 주님을 버리지 않는 이상. 이웃을 사랑하는 것도 감정으로 해서는 안 돼. 사랑하라고 하셨으니까. 형제들이 처음부터 사랑이 있어서가 아니라 부모가 같고 부모가 사랑하기를 원하니까 사랑하는 것처럼 말이지. 사명은 그 모든 것을 견디게 해. 예수님께서 아버지께 파견받으셔서 인간과 하나의 공동체를 이루시고 인간을 위해서 십자가의 죽음까지 참아 받으실 수 있었던 것처럼.

사명 의식을 가지고 교회 공동체의 일원이 된 그 사람은 점차 어떤 신자가 되는 줄 아니? 교회 공동체를 '쇄신'하는 존재가 돼. 교회 공동체와 그 구성원이라고 해서 완전한 사람들은 아니야. 완전으로 나아가는 사람들이지. 어차피 사람이 모인 곳은 완전히 정화되지 않아. 돈에 대한 욕심과 먹고 마심, 성적인 유혹, 교만과 뒷담화, 따돌림과 같은 부족한 면이 존재해. 그런데 사명을 가진 이는 본래 공동체가 그래서는 안 된다는 것을 깨닫게 되지. 그러면 선택해야 해. 다른 공동체로 가거나 아니면 이 공동체를 쇄신하여 본래의 예수님께서 원하시는 공동체가 되게 하는 역할을 하거나. 물론 그렇게 하기 위해서는 왕따가 되고 박해를 받을 걸 예상해야 해.

성 프란치스코는 죄에 빠져 있다가 교회의 일원이 되었어. 그런데 당시 교회는 꽤 타락해 있었어. 돈을 좋아하고 있었지. 그런데 프란치스코가 만난 예수님은 그런 분이 아니었던 거야. 프란치스코는 거지 수도회를 만들고자 했어. 교회는 이것을 허락할 수 없었지. 돈만 아는 자신들에게는 눈엣가시 같았기 때문이야. 그래서 처음에는 교황님도 이 수도회를 허락하지 않으셨어. 예수님의 뜻을 꿈에서야 깨닫고는 허락해 주셨고, 성 프란치스코가 세운 가난의 덕을 앞세운 이 수도회는 교회 전체가 쇄신하는 데 큰 도움을 주었어. 이렇게 성인이 되는 거야.

그러나 만약 예수님께서 세우신 교회 안에서 쇄신하지 않고 자기만의 공동체를 세우겠다면 그것은 이단의 길을 가는 거야. 마르틴 루터가 그런 경우지. 그러나 광야의 공동체는 하나야. 예수님은 모세를 통해 이스라엘을 이집트에서 가나안 땅으로 이끌라고 하셨어. 한 명의 지도자라면 하나의 공동체밖에 없는 거야. 그 안에 수많은 더 작은 공동체가 있지만, 결국 한 명인 베드로, 곧 교황의 지도 아래서 벗어나면 안 돼. 예수님은 교회가 분열되는 것을 막기 위해 하늘 나라의 열쇠를 베드로에게만 주셨던 거야. 물론 그 열쇠들을 이용하는 권한은 그와 일치하는 다른 사도들에게도 주셨어. 베드로만이 독자적으로 나아가지 못하게 하신 거지. 교회도 그래서 마치 민주주의 국가가 삼권 분립으로 서로 균형을 이루는 것처럼, 주교들의 모임인 공의회를 통해 교황권을 견제해. 어쨌거나 교회 밖에서 쇄신하면 광야에 홀로 남은 이단이 되는 것이고, 교회 안에서 쇄신하면 성인이 되는 거야.

너희는 이 광야의 여정에서 어떤 신자가 되기를 원하니? 성 토마스 사도는 예수님께서 부활하셔서 사도들에게 나타나셨을 때 그 자리에 있지 않았어. 그래서 자기 눈으로 직접 보지 않으면 예수님의 부활을 믿지 않겠다고 단언했지. 그러나 그는 머물 줄 알았어. 다른 사도들은 다 부활한 예수님을 만났다고 기뻐하는데, 자신만 의심하면서. 그러면서도 그 공동체에서 떠나지 않았어. 그랬더니 예수님은 일주일 만에 또 사도들에게 나타나셨고 토마스에게도 믿음을 주셨어. 당신 성체를 손으로 직접 만져 보라 하시며. 알겠지? 버티기만 하면 만날 수 있고, 만나면 그 기쁨은 절대로 빼앗기지 않아. 기필코 예수님께서 세우시고 세상을 구원하라고 파견하신 교회를 떠나지 말고 그러기 위해 작은 공동체에 속해 그들과 친교를 이루어 소속감을 느끼면서 참고 견디어 나가길 바라. 포도나무에 붙어 있는 가지는 붙어 있기만 하면 열매는 저절로 맺게 되거든.

"제가 세상에 속하지 않은 것처럼 이들도 세상에 속하지 않습니다. 이들을 진리로 거룩하게 해 주십시오. 아버지의 말씀이 진리입니다. 아버지께서 저를 세상에 보내신 것처럼 저도 이들을 세상에 보냈습니다. 그리고 저는 이들을 위하여 저 자신을 거룩하게 합니다. 이들도 진리로 거룩해지게 하려는 것입니다. 저는 이들만이 아니라 이들의 말을 듣고 저를 믿는 이들을 위해서도 빕니다. 그들이 모두 하나가 되게 해 주십시오. 아버지, 아버지께서 제 안에 계시고 제가 아버지 안에 있듯이, 그들도 우리 안에 있게 해 주십시오. 그리하여 아버지께서 저를 보내셨다는 것을 세상이 믿게 하십시오. 아버지께서 저에게 주신 영광을 저도 그들에게 주었습니다. 우리가 하나인 것처럼 그들도 하나가 되게 하려는 것입니다."(요한 17,16-22)

견진은 광야의 과정이다. 광야에서 혼자 버티는 것은 불가능하다. 예수님은 성경을 쓰지 않으시고 '공동체'를 세우셨다. 베드로 위에 세운 교회라는 큰 공동체는 작은 공동체들의 결합이다. 모든 공동체는 베드로의 이끎 안에서 마치 한 몸의 많은 지체처럼 각자의 역할을 한다. 신앙인 각자는 그 몸의 세포와 같다. 세포는 몸에서 한 역할을 담당하는 기관에 속하여 일함으로써 생존할 자격과 영양분을 얻게 된다. 살고 싶다면 어떤 기관에는 반드시 속해야 한다. 이 몸의 기관은 성당 전체를 움직이는 많은 공동체 중 하나이다. 모든 신앙인은 그 공동체에 머물기 위해 형제들과 친교를 이룰 줄 알아야 한다. 섞일 줄 모르면 머물 수 없고 머물 수 없다면

떨어져 나가고 그러면 생명의 영양분을 받지 못해 영원한 죽음에 이르는 몸의 때와 같은 존재가 된다. 교회 공동체 안에서 섞일 줄 아는 능력을 키우는 과정이 견진이다.

4부
성체

감사

사명의 연료

"성체성사의 무한한 풍요로움은 이 성사를 부르는 여러 가지의 이름들에서 나타난다. 이 이름들은 각기 성체성사의 어떤 측면들을 환기시킨다. 성찬례(Eucharistia: 감사제). 하느님께 드리는 감사 행위이기 때문에 이렇게 부른다. '감사한다'(eucharistein 루카 22,19; 1코린 11,24)와 '찬미한다'(eulogein 마태 26,26; 마르 14,22)는 말은 창조와 속량과 성화의 하느님 업적을 선포하는 유다인들의 감사 기도를 상기시킨다. 이 기도는 특히 식사 중에 바치는 것이었다."(CCC 1328)

'미친 코끼리에게 쫓기는 나그네' 이야기를 들어 봤니? 어떤 나그네가 길을 가다가 돌연 미친 코끼리를 만나 쫓기게 돼. 필사적으로 도망치던 나그네는 절벽을 발견하고, 절벽 아래로 몸을 피하려다가 칡넝쿨을 발견하고 급히 붙잡아. 그렇게 간신히 절벽에 매달린 상태에서 아래를 내려다보니, 맹독성 뱀들이 꿈틀대고 있었어. 땅에 내려가면 뱀에게 물려 죽을 판이고, 위로 올라가면 다시 미친 코끼리에게 짓밟힐 위기에 처한 거지. 설상가상으로, 검은 쥐와 하얀 쥐('낮과 밤'의 상징이라는 해석이 많아)가 번갈아 칡넝쿨을 갉아먹는 거야. 조금 있으면 넝쿨이 끊어지고 그대로 땅에 떨어질 수밖에 없는 절체절명의 상황인 거지.

그 순간 나그네 눈앞에 나무에서 떨어지는 달콤한 이슬과 같은 꿀방울이 보였어. 코끼리한테 쫓기고 한 줄기 칡넝쿨에 매달려 있는 게 얼마나 힘들겠니? 그는 자신의 목숨이 풍전등화 같은 상태임을 잊은 채, 그 꿀을 맛보며 잠시 쾌락에 빠져. 이야기는 흔히 "그 순간 넝쿨이 끊어져 나그네가 죽음을 맞았다."로 끝나.

인간 고통의 근원적 원인은 죽음에 대한 공포야. 자신은 죽음이 두렵지 않다고 말하는 사람도 결국 죽음의 공포에서 벗어나는 유일한 길이 죽음이기 때문에 두려워하지 않는 거야. 삶이 죽음처럼 힘든 사람인 거지. 그런 사람은 생존을 위해 돈과 성과 힘에 집착해. 아이러니하게도 살기 위해 집착하게 된 것들이 주는 고통은 '차라리 죽는 게 낫겠다!' 싶을 정도로 힘들지.

뉴에이지 명상이나 불교에서는 그래서 모든 고통은 생존에 대한 집착에서 온다고 믿어. 집착을 하지 않으면 고통이 끊긴다는 거지. 법정 스님의 책 『무소유』는 이 불교관을 잘 드러내고 있어. 삶의 목적을 집착을 끊는 데서 오는 자유에 집중해. 이를 위해 삶과 죽음은 끊임없는 윤회의 일부일 뿐 두려워할 일이 아님을 깨달으라고 해. 그러나 앞에서도 말했지만, 그러한 지식은 그저 그 순간의 고통과 불안을 잊게 만드는 한 방울의 꿀방울에 지나지 않아. 다시 일상생활로 돌아오면 자신도 모르게 또 집착에서 오는 고통을 맛보게 되지. 법정 스님도 자신이 집착하던 난초를 아예 안 보이도록 다른 사람에게 주고 나서 평화를 찾았다고 썼어. 눈에 보이면 집착하지 않을 수 없는 인간의 한계를 말해 주는 거지.

지금까지 우리는 새로운 해탈 방법에 대해 말했어. 자, 바로 대답해 봐. 자기 자신과 세속적인 모든 집착으로부터 자유를 얻게 만드는 가장 강력한 무기는 무엇? 그렇지. 바로 '사명'이야. 우리가 언제 처음 파견받았지? 맞아. 세례를 받고 왕과 사제와 예언자가 되도록 파견받았어. 그런데 매일 새롭게 파견받을 수도 있어. 언제? 맞아. 미사 때. 미사 때 우리는 가서 복음을 전하도록 파견받아. 복음을 전하는 일이나 이웃에게 왕과 사제, 예언자가 되는 일이나 같은 거지. 다 하느님의 자녀를 낳는 일을 위해 파견받는 거야.

'일론 머스크'와 같은 사람을 생각해 봐. 그는 인류를 위한 큰 도움을 준 인물로 기록되고 싶다고 하루 11시간에서 17시간까지 일하는 사람이야. 돈도 많은데 왜 작은 조립식 집에서 숙식하며 그렇게 고생하며 살까? 그에게 이젠 여행 좀 다니고 경치 좋은 곳에 멋진 집을 지어 쉬면서 살라고 하면 그렇게 하겠다고 할까? 그는 바로 자기에게 주어진 사명을 목숨 걸고 수행하는 하루하루가 탐욕과 육욕과 권력욕에서 벗어날 수 있는 유일한 방법임을 깨달은 사람이야. 그에게 사명을 좇는 일을 멈추라는 말은 죽으라는 말과 같아. 죽으면 영원히 쉴 수 있잖아.

이러한 자유를 위해 목숨을 걸 사명을 찾는 존재가 되기로 결심하는 순간을 뭐라고 했지? 그렇지. 바로 '회개'지. 사명은 무엇으로 알 수 있지? 맞아. '내가 누구인지 아는 것'으로. 이것이 세례라고 했던 거 기억나지? 견진은 세례 때 발견한 하느님 자녀로서의 사명과 자기에게만 주어진 특별한 소명을 실현하기 위해 나 자신과 싸워 나가는 시간이야. 이때 세속-육신-마귀와의 싸움에서 조금씩 승리하며 검소함과 절제, 그리고 겸손함의 덕이 생기게 되는 거야.

이 견진의 시간에 왠지 '에너지'가 필요할 것 같지 않니? 삼촌은 이제 '성체성사'에 대해 말하려고 해. 물론 성체성사의 가장 핵심적인 역할은 세례 때 '내가 누구인가?'를 해결해 주는 거였어. 성체를 영하면서 우리는 그 양식을 주시는 하느님을 아버지라고 믿을 수 있게 되지. 이것은 세례 때의 믿음을 되새기는 역할이야. 여기서 말하려는 것은 성체성사가 그러한 것을 넘어서서 견진에서도 힘을 준다는 사실이야. 무엇으로? 바로 '감사'의 마음이 일어나게 하는 것으로.

감사의 마음이 끊임없이 에너지가 되어 주지 않는다면 사명을 좇는 삶도 지칠 수 있어. 빈센트 반 고흐는 왜 스스로 목숨을 끊었겠니? 처음에는 아무도 사 주지 않아도 그림을 그릴 수 있다는 것 하나만으로 만족할 수 있었어. 그러나 정말 아무도 자기 그림을 사지 않자 지치기 시작했던 거야. 자신이 무가치한 존재라고 느껴지는 고통이 얼마나 크겠니? 누군가 그의 그림을 사 주었다면 고흐는 감사했을 거야. 인정받았으니까. 마찬가지로 노벨 문학상도 받고 돈도 많고 자녀도 많았던 헤밍웨이는 왜 스스로 목숨을 끊었을까? 글을 쓰는 사명은 알았지만, 더는 새로운 영감이 떠오르지 않아서 마찬가지로 자신이 가치 없는 존재처럼 여겨졌을 거야. 자기 성과를 인정해 주는 사람이 없다면 사명 안에서도 지칠 수밖에 없는 거지.

그런데 아이들이 지치니? 아이들은 지치지 않아. 걸음마를 할 때도, 학교에 다닐 때도. 왜? 자신을 인정해 주는 부모가 있으니까. 삼촌이 신학교에 들어오자마자 힘들있다고 말했지? 그때 성체에서 무슨 말을 들었다고? 맞아. "그래, 너 나에게 많이 주었니? 난 네게 다~ 주었다." 이때 느낀 것 같았다고? 하느님이 나의 창조자시고 부모라는 사실이야. 부모만이 아무 조건 없이 자녀를 위해 다 내주지. 이때부터 사제의 삶을 향한 나의 삶은 지칠 줄 몰랐어. 왜? 그 은혜를 영원히 갚아 나가도 다 갚지 못하고 죽을 운명임을 알았으니까. 아이들이 부모가 주는 사명을 실천할 수 있는 힘은 바로 자신이 부모로부터 받은 은혜 때문인 거지. 부모는 사명과 함께 에너지도 줘. 그 모든 것을 통틀어 '양식'이라고 하자. 너희 할머니는 가난한 가운데 너희 아버지와 삼촌들을 키우셨어. 지금 이렇게 말씀하셔.

"그래도 난 너희를 하루도 굶긴 적이 없다."

이 말에 모든 뜻이 다 들어 있어. 부모는 자녀를 굶기지 않으려고 모든 고통을 감내하지. 삼촌이 할머니, 할아버지 손발의 굳은살을 보고 힘을 얻었다고 한 것 기억나니? 그 굳은살이 자녀들에게 양식을 주기 위해 고생한 흔적이야. 그것을 보면서 어떻게 불만을 가지거나 지칠 수 있겠니? 이 때문에 우리는 사명과 함께 양식도 먹어야만 하는 거야. 이 양식을 먹는 시간을 통틀어 '기도'라고 해도 될 거야.

기도를 하긴 하는데, 잘못하는 사람들도 있어. 양식을 찾지 않고 자기가 원하는 것만 청하다가 끝나는 기도가 그런 예지. 사무라이가 되고 싶었던 천민 아이가 엄마가 묻힌 기둥에서 무엇을 청할 수 있었겠니? 그냥 감사만 얻을 수 있었겠지. 이것이 그에게 힘을 주었겠고. 그래서 감사의 감정이 생기지 않는 기도는 기도라고 할 수 없어. 기도의 완전한 형태가 미사인데, 미사 때 나가는 신자들의 표정을 보면 정말 미사의 목적을 완수하고 가는지, 안 가는지가 드러나.

베르나르 베르베르의 소설 『고양이』에 이런 내용이 나와.

- 개의 생각: '인간은 나를 먹여 주고 지켜 주고 사랑해 준다. 인

간은 신이 분명하다.'

– 고양이의 생각: '인간은 나를 먹여 주고 지켜 주고 사랑해 준다. 나는 신이 분명하다.'

각자가 기도 안에서 추구하는 목적이 무엇이냐에 따라 이렇게 달라질 수 있어. 독실한 개신교 신자였던 록펠러는 봉헌도 많이 하는 사람이었지만, 수전노였어. 그 불만족한 삶 때문인지 불치병에도 걸렸었지. 기도 안에서 감사를 찾지 못하고 사명을 완수할 방법만을 찾았기 때문이라고 볼 수 있어. 반면 일본 경영의 신으로 불리는 마쓰시타 고노스케는 자신이 성공할 수 있었던 이유를 되돌아보며, 세 가지를 감사해야 할 요소로 꼽았어. 그는 '가난했던 것, 허약했던 것, 많이 배우지 못한 것'을 오히려 인생에서 가장 큰 축복이라고 말했어. 종교가 무엇인지 몰랐지만, 기도를 제대로 한 것이지. 가난해서 초등학교도 못 나왔지만, 사람들이 필요로 하는 것이 무엇인지 알 수 있어서 감사했고, 허약해서 다른 이들을 존중하고 협력하는 법을 배울 수 있었으며, 초등학교도 제대로 나오지 못했기에 주위에 똑똑한 사람들을 두고 배우는 자세를 항상 유지할 수 있었다는 거야.

너희 할머니 이야기를 해 줄게. 할머니는 고아로 이집 저집 팔려 다니며 학교도 못 다니고 종처럼 사셨어. 어렸을 때 팔려 간 집에서 도망쳐 나와 처음 당신을 데려온 집으로 갔었어. 거기서도 고생할 수밖에 없었지. 그 집도 아이가 많았으니까. 어쩔 수 없이 거두기는 했지만,

친자식과 심한 차별을 했다고 해. 할머니는 국에 약을 타서 그 집 식구들을 다 죽이고 자신도 죽겠다고 결심했어. 그런데 꿈에 오륙도가 보이는 곳에서부터 예수님께서 물 위를 걸어오시더래. 할머니는 예수님께서 물에 빠질 것을 걱정하며 팔을 벌린 채 예수님을 맞으려고 하셨대. 그런데 갑자기 예수님께서 나병환자들이 사는 마을로 가셨대. 그러면서 이렇게 말씀하셨대.

"저들도 사는데 너는 왜 못 사니?"

할머니는 그제야 제정신이 드셨대. 부모도 없이 학교도 못 가고 어려서부터 남의 집 식모살이를 하며 컸다면 감사할 일이 무엇이 있겠니? 그런데 예수님은 할머니에게 감사의 마음이 일어나게 해 주신 거야. 할머니가 그때 다시 살고자 하는 마음을 갖지 않으셨다면 나도 너희도 세상에 태어나지 못했겠지.

물론 할머니가 삼촌에게 해 주신 말씀이니까 진짜 꿈에 예수님이 나타나셨는지는 중요하지 않아. 다만 그분을 만나면 솟는 감정이 '감사'라는 거야. 그리고 그 감사가 죄에서 벗어나게 해 준다는 거지.

엄마가 차려 준 밥을 먹을 때 우리는 어떤 감정을 가져야겠니? 바로 감사한 마음 아니겠어? 우리에게 하느님께서 주시는 아드님이 바로 '양식'이야. 그분이 내주시는 살과 피가 곧 '양식'이고. 그 양식을 받는 시간을 성찬례라고 해. 성찬례가 왜 '감사제'(Eucharistia)로 불리는지 알겠지? 하느님이 당신 자신을 내주시는 것을 받지 않고서는 멈추지 않고 사명을 수행할 힘인 감사가 생길 수 없어. 부모가 학교 가라고 하는데, 개가 꼬리를 흔들어 주는 것으로 충분한 힘이 생기겠니? 그 사명을 준 부모의 인정이 필요한 거지.

견진의 과정에서 가장 중요한 것은 '꾸준함'이었어. 사명을 위해 매일 무언가를 꾸준히 한다면 많은 실패 속에서도 언젠가는 목적지에 도달하게 될 거야. 우리는 아기 때부터 걸음마를 배울 때 이것을 체험했었어. 그렇다면 감사도 이렇게 꾸준하게 받을 줄 알아야겠지?

한 중학교에서 도덕 선생님이 아이들에게 30일 동안 부모님 칭찬을 하고 일기를 써 오라고 숙제를 낸 적이 있어. 아이들은 부모님 칭찬을 해 본 적도 없었지만, 가장 큰 문제는 아무리 뜯어봐도 부모님의 좋은 점이 잘 보이지 않았다는 거야. 쑥스러워하며 아버지에게 다가가 "저는 아버지가 우리 집에 계시는 것만으로 행복합니다."라고 칭찬의 말을 했는데, 돌아온 말은 "미친놈!"이었어. 학원에 데려다주는 어머니에게 "어머니 덕분에 공부를 잘하게 됐어요."라고 말하니, "지금 이게 잘하는 점수니?"라며 잔소리가 이어졌어. 부모에게 감사하는 일은 쉽지 않아. 포기하고 싶은 마음이 밀려왔지만 그래도 '숙제'니까 끝까지 할 수밖에 없었지.

관찰하고 또 관찰하니, 아버지 어머니라는 이름에 가려져 있던 그분들의 희생이 보이기 시작했어. "엄마, 오늘 예뻐 보여요!"라고 했더니, "정말이니?"라며 오랫동안 거울을 바라보는 엄마. "아빠 배가 넉넉하시네요."라고 하니, "허허, 배가 만물의 근원이지!"라고 해서. 이것은 한 아이가 쓴 일기야.

"난 엄마 아빠와 같이 산다. 너무 당연한가? 우리는 같이 산 지 얼마 안 되었다. 무슨 이유에서인지 우리 엄마 아빠는 오랫동안 같이 살지 않았다. 그런데 얼마 전 엄마가 돌아오셨다. 난 너무 기쁘다. 그래서 엄마가 부엌에서 식사를 준비할 때 '매일 엄마가 만든 음식 먹으니까 기분 좋아요.'라고 말했다. 엄마가 울었다."

30일의 칭찬 일기를 끝내며 아이들은 이렇게 말했어. "칭찬하기를 마친 나 자신이 참 대견스러워요. 나도 참 괜찮은 사람 같아요." "그냥 밥만 먹고 잠만 자는 곳이었는데, 요즘 집이 좋아요." '지식채널e: 엄마가 울었다'에 나온 내용이야.

여기서 중요한 건 '숙제'야. 자동차에 기름이 떨어지면 일을 할 수 없어 주유소에 가는 게 당연하잖아. 우리를 세상 집착에서 오는 모든 고통에서 벗어나게 할 사명도 기름이 필요해. 그 기름을 넣기 위해 숙제처럼 '기도'로 나아가야 하는 거야. 그 기도의 방향에는 항상 하느님께서 주시는 양식이 있고, 그 양식의 정수는 '성체'야.

하느님은 파라오의 불만족에 시달리는 이스라엘 백성을 탈출시켜 광야에서 당신을 '예배'하게 하셨어. 파라오가 에덴 동산에 있었던 뱀과 같이 세 가지 욕망으로 불만족을 일으키는 우리 자아를 상징한다면, 하느님은 모세로 상징되는 그리스도를 통하여 우리를 감사의 예배로 초대하고 계신 거야. 이것이 진정한 탈출이자 구원이고 해방이야.

전신 마비 환자였던 미즈노 겐조(1937-1984)는 자기 힘으로 할 수 있는 게 아무것도 없었어. 12세 때 한 목사님이 겐조의 집에 빵을 사러 왔다가 성경을 한 권 주고 갔어. 성경을 읽으며 눈 하나 깜빡일 수 있다는 것에도 감사할 수 있게 되었어. 누가 글자를 가리키면 눈을 깜빡여 자신이 원하는 글자임을 표현할 수 있었거든. 물론 한 문장을 쓰는 데 며칠씩 걸리기도 했어. 이렇게 그가 힘겹게 쓴 '그렇지 않았더라면'이란 시를 읽어 볼래?

"만일 내가 괴롭지 않았더라면, 하느님의 사랑을 받아들이지 못하였을 것을. 만일 모든 형제자매가 괴롭지 않았더라면 하느님의 사랑이 전해지지 않았을 것을. 만일 우리 주님이 괴롭지 않았더라면 하느님의 사랑은 나타나지 않았을 것을."

미즈노 겐조는 18세 때부터 눈 깜빡임으로 시를 써서 하느님의 사랑을 전하겠다는 사명을 실천하기 시작했어. 이 사명이 기도를 통한 '감사'의 마음과 함께하지 않았다면 성취될 수 있었을까? 예수님은 이 모범을 우리에게 보여 주셨어. 복음을 전하는 사명을 수행하실 때마다 새벽에 기도하셨지. 아버지로부터 양식을 받는 시간이었던 거야. 이때 온 마을 사람들이 예수님을 찾아. 예수님의 많은 기적과 말씀에 예수님을 사랑하게 되었던 거지. 예수님은 그 애정에 상관없이 이렇게 말씀하셔.

"나는 하느님 나라의 기쁜 소식을 다른 고을에도 전해야 한다. 사실 나는 그 일을 하도록 파견된 것이다."(루카 4,43)

예수님은 이렇게 새벽마다 기도로 활력을 얻으셨어. 그렇지 않으면 낮에 아버지의 뜻을 따라 행하시며 지치셨을 거야. 너희도 기도할 때 매번 성체를 영하는 것처럼 기도 안에서 감사의 감정을 만나기를 바란다.

"감사 행위는 교회의 기도를 특징짓는다. 교회는 감사의 제사인 성찬례를 거행하여, 자신의 정체를 더욱더 분명하게 드러내고, 자신의 본질에 한층 더 가까워진다."(CCC 2637)

인간의 모든 집착은 사명으로 극복된다. 예수님은 열 명의 나병 환자를 치유해 주신 적이 있다(루카 17,11-19 참조). 이때 사마리아 사람 한 명만이 예수님께 감사드리러 되돌아온다. 예수님은 그 사람에게만 "네 믿음이 너를 구원하였다."라고 하셨다. 아무리 은혜를 받아도 감사가 생기지 않으면, 그 은혜를 주신 이의 뜻을 따를 마음이 생기지 않는다. 감사 없이는 기름 없는 자동차처럼 사명을 실천할 수 없는 존재로 남는다. 창조자만이 줄 수 있는 '양식'인 감사는 마치 매일의 숙제처럼 먹을 줄 아는 사람에게 주어지는 사명을 실천할 에너지이다. 이를 위해서 오프라 윈프리가

인생을 바꾼 방법인 '매일 감사 일기 쓰기'를 추천한다. 아주 작은 것에서도 감사를 찾으려는 의지가 없다면 성체를 영하면서도 자기가 원하는 것만 청하다가 돌아갈 수 있기 때문이다.

은총
감사의 연료

"그리스도의 은총은 무상의 선물이며, 하느님께서 우리 영혼을 죄에서 치유하여 거룩하게 하시려고 성령을 통해서 우리의 영혼 안에 불어넣어 주시는 당신 생명이다."(CCC 1999)

이제 은총에 대해 알아보자. 좀 어려울 수도 있지만, 지금까지 공부해 온 것을 기억하면 그렇게 어렵지 않을 거야. 먼저 예화 하나를 소개할게.

6·25 때 미군이 운전하던 차에 연료가 떨어져 다리 위에 멈추었어. 그런데 다리 밑에서 아기의 울음소리가 들리는 거야. 한 어머니가 다리 밑에서 자기 겉옷으로 아기를 감싸안은 채 얼어 죽어 있었어. 미군은 어머니를 묻어 주고 아이는 미국으로 데려가 양자로 키우게 되

었지.

　청년이 된 아들은 양아버지와 함께 처음으로 어머니의 무덤을 찾았어. 그때도 겨울이었는데 청년은 자기 겉옷을 벗어 무덤 위에 펼쳐 덮으며 "어머니 그때 얼마나 추우셨어요!"라고 말하며 눈물을 흘렸어.

　아이들이 어렸을 때 부모의 사랑을 충분히 받지 못하면 자기만 아는 이기주의자가 돼. 욕심만 부리고 내줄 줄 모르게 되지. 그렇게 죄에 얽매여 벗어날 수 없게 되는 거야. 결국 죄에서 벗어나는 길은 '사랑'밖에 없어. 부모에게 받지 못했다면 하느님께 받으면 되지. 하느님께 사랑받았다는 것을 어떻게 아느냐고? 결국 믿음이야. 위 이야기에서 청년은 아버지의 말을 믿었지. 그리고 죄에서 벗어났어. 믿음으로 자기도 엄마처럼 겉옷을 벗어 추운 이를 덮어 줄 수 있는 존재가 된 거지. 그렇다면 어머니의 겉옷은 아들의 죄를 없애는 은총이었던 거야.

　은총은 한마디로 '선물'이라고 할 수 있어. 선물이 사람의 마음을 녹이고 자신도 내줄 줄 아는 존재로 만들어. 예수님은 모든 이들도 자기 겉옷을 벗어 남을 덮어 줄 줄 아는 존재가 되게 하시기 위해 당신 생명을 벗어 우리를 덮어 주신 거야.

　창세기에 하느님께서 아담과 하와의 부끄러움을 덮어 주시기 위해 '가죽옷'을 준비하셨다고 했지? 이 가죽옷이 탈출기에서는 어린양의 피가 된 거야. 어린양의 피를 문설주에 바르면 그 집은 죽음을 면할 수 있었어. 어머니의 피 흘림을 받지 않고 자기 죄에서 벗어날 수 있는 아이는 없어. 혹은 전에 말했던 야곱을 생각해 볼 수도 있겠지. 야곱은 형 에사우의 옷을 입고 아버지로부터 축복을 받게 돼. 자기가 잘나서가 아니라 형 에사우의 옷을 입은 덕분이지.

위 이야기를 보면 '사무라이가 되고 싶었던 천민 아이의 비유'도 기억날 거야. 결국, 같은 거지. 엄마의 피로 죄가 씻기고 엄마와 같은 존재로 새로 태어나는 것. 이것이 세례잖아? 교회는 이스라엘 백성이 이집트를 탈출해 붉은 바다란 뜻의 홍해를 건너는 것으로 가르친다고 했지? 당연히 그 붉은 바다는 그리스도의 피이고.

"바닷물은 십자가의 신비를 상징하는 것이다. 이러한 상징체계에 따라 세례는 그리스도의 죽음에 일치함을 의미한다. 특히 이스라엘이 홍해를 건너 이집트의 종살이에서 참으로 해방된 것은 세례로 이루어지는 해방을 예고한다."(CCC 1220-1221)

사무라이가 되고 싶었던 청년이나 어머니의 무덤을 찾은 청년은 엄마의 피로 자기 자아를 벗어 던질 줄 알았어. 사무라이는 도망치고 싶었지만 엄마 때문에 참을 수 있어서 사무라이가 되었고 위의 청년도 엄마처럼 자기 겉옷을 벗어 덮어 줄 줄 아는 존재가 된 거지. 이것이 은총의 역할이야. 죄를 없애고 자아로부터 자유롭게 해방하는 역할이지.

이 은총을 운반하는 분이 누구신지 아니? 바로 성령이셔. 사무라이가 되고 싶었던 천민 아이에게 성령은 기둥이었어. 기둥은 엄마의 피를 품고 있지. 누군가 그것을 담아서 전해 주지 않으면 그 희생은 사라져 버리게 돼. 그렇다면 위의 예에서 성령의 역할 상징은 무엇이겠니? 그렇지, 바로 무덤이지. 무덤이 곧 피는 아니지만, 그 피를 담는 그릇의 역할을 한 거지.

그러면 위 이야기에서 아이를 미국으로 데려가 키워서 무덤까지 데려온 양아버지는 누구겠니? 성령을 통하여 전달되는 그리스도의 피로 우리에게 은총을 전해 주는 존재가 있잖아? 누구? 그렇지 바로 가톨릭교회지. 예수님은 어머니로서 피를 흘리신 역할을 다하셨어. 성령님은 그 은혜가 소진되지 않도록 교회 안에서 '성사'(聖事)라는 형태로 우리에게 전해 주시지. 그러기 위해서는 먼저 교회를 믿어야 해. 위 청년이 양아버지를 먼저 믿지 않았다면 무덤까지 올 수 있었겠니? 이제 이 어려운 말들도 이해가 될 거야.

"교회는 그리스도의 피와 성령의 작용으로 교회 안에서 죄의 용서가 이루어지도록 하늘 나라의 열쇠를 받았습니다."(CCC 981)

받지 않은 것을 줄 수는 없잖아? 알지 못하는 것을 알려 줄 수도 없지. 위 이야기에서 청년의 아버지 또한 그 청년의 어머니에게 은총을 받은 것이고 아이에게도 그 은총이 필요할 것 같아서 전해 주게 된 거야. 교회도 마찬가지지. "너희는 나를 기억하여 이를 행하여라!" 하신 예수님의 말씀대로 성사를 베푸는 거야. 어머니의 피가 무덤의 모습으로 청년에게 전해진 것처럼 그리스도의 피는 일곱 가지 형태인 '칠성사'로 교회를 통해 우리에게 전해지는 거야. 이 은총을 받지 않고서는 죄에서 벗어날 수 없음을 잘 알겠지? 특별히 고해성사, 성체성사는 죽을 때까지 꾸준히 해야만 해. 왜냐하면 언제나 성령으로 이루어지는 성사를 통해 은총이 전해지거든.

"희망은 우리를 부끄럽게 하지 않습니다. 우리가 받은 성령을 통하여 하느님의 사랑이 우리 마음에 부어졌기 때문입니다."(로마 5,5)

이제 이런 말들도 쉽게 이해하지? 정말 대단한 거야. 종합하자면, 성령께서 전해 주시는 은총을 통하지 않고서는 누구 안에서도 저절로 사랑이 솟아날 수 없어.

KBS 프로그램 '강연 100℃'에서 장애를 극복하고 항상 감사한 마음으로 살아가는 김희아 씨의 사연이 방영된 적이 있어. 희아 씨는 태어날 때부터 왼쪽 얼굴 대부분이 붉은 모반으로 덮여 있었어. 그런 희아 씨를 키울 자신이 없었던 부모는 아이를 구세군 보육원 문 앞에 버렸지. 부모로서는 해서는 안 될 일이었지. 희아 씨는 자라는 동안 부모에게 버려진 상처 외에도 괴물처럼 보는 다른 이들의 시선 때문에 마음의 상처를 많이 받았어.

그녀가 스물세 살 때 보육원에 있었던 친구들, 직장 동료들은 남자 친구도 사귀고 결혼 생각도 하고 있었어. 희아 씨도 '나도 가정이란 것을 가져볼 수 있을까?'라고 생각했지. 그날 저녁 잠들기 전에 주먹을 쥐고 자기 얼굴에 문지르며 '하느님, 이 주먹이 지우개가 되게 해 주세요.'라고 기도했어. 점이 지워지면 다른 사람이 꿈꾸는 것을 자신도 꿈꿀 수 있다고 믿었지. 눈물이 볼에 떨어질 때마다 따가웠어. 피부가 거의 벗겨지고 있었던 거지. 왠지 이 기도를 들어주실 것만 같았어. 그런데 그때 똑똑히 예수님을 보았다고 해. 예수님은 울고 계셨어. 고개를 들 수조차 없을 만큼 자신보다 더 슬피 울고 계셨던 거야. 희아 씨는 그때 이렇게 기도했다고 해.

"제가 다시는 제 얼굴 때문에 하느님을 슬프게 해 드리지 않겠습니다. 앞으로는 하느님께서 제 모습 때문에 기뻐서 눈물을 흘리게 해 드리겠습니다. 하느님 죄송합니다."

그때부터 사람들이 자신을 어떻게 보든지 신경 쓰지 않았어. 그런데 이런 일이 있고 몇 년 뒤 오른쪽 얼굴에 암이 생긴 거야. 남자 친구도 있었는데, 이번엔 얼굴 반쪽의 뼈까지 깎아 내는 수술을 해야 했던 거지. 희아 씨는 그런 상황에서도 감사를 찾으려 노력했어. 자기를 위해 울어 주시는 예수님이 옆에 계심을 믿었거든.

남자 친구는 떠나 달라는 희아 씨의 말을 듣지 않았어. 두 사람은 결혼에 골인했고, 예쁜 딸아이 둘을 낳았어. 희아 씨는 자신이 결혼할 수 있으리라고, 게다가 예쁜 아이들을 낳아 키울 수 있을 것이라고 상상도 못했었어. 무엇이 그녀를 그렇게 행복한 엄마가 되게 했을까? 바로 '감사'야. 감사가 사명을 완수할 수 있게 하는 에너지라고 했잖아? 희아 씨는 감사가 아니면 살 수 없음을 알고 모든 것에서 감사를 찾으려고 노력했다고 해.

그러면 무엇이 감사를 솟아나게 했을까? '예수님의 눈물'이야. 예수님의 피지. 이것이 바로 은총이야. 은총이 감사를 솟게 하지 않으면 맡겨진 사명을 완수하지 못해. 그리고 은총의 역할이 무엇인지 아니? 또 다른 누군가를 은총이 되게 하는 거야. 희아 씨는 자기를 버린 엄마에게 방송을 통해 이렇게 말해.

"방송으로 이렇게 엄마라고 불러 볼 수 있게 해 주셔서 감사합니다. 엄마, 사랑합니다!"

엄마가 이 방송을 보았다면 분명 눈물을 흘렸을 거야. 그리고 회개하겠지. 그러면 희아 씨를 통해 그분도 예수님의 눈물을 만날 수 있게 될 거야.

이런 면에서 은총을 크게 두 부분으로 나눌 수 있어. 바로 '도움의 은총'과 '생명의 은총'이야. 생명의 은총은 나를 변화시키는 그리스도의 피라고 할 수 있지. 도움의 은총은 그 은총을 받은 이가 생명의 은총까지 이끌어 주는 은총이 되는 거야.

자, 무덤은 도움의 은총일까, 생명의 은총일까? 그렇지, 생명의 은총이야. 교회에서 행해지는 성사들을 가리키지. 그러면 도움의 은총은 무엇일까? 맞지, 양아버지. 양아버지만으로 아이가 자기 겉옷을 내줄 수 있는 존재가 될 수는 없어. 그러나 생명의 은총까지 인도할 수는 있는 거지. 그렇다면 김희아 씨 어머니에게 김희아 씨는 도움의 은총일까, 생명의 은총일까? 맞아, 도움의 은총이야. 김희아 씨를 만난다고 영원한 생명에 이르지는 못해. 다만 회개하여 김희아 씨가 만난 예수님을 만나려고 하겠지. 그러면 생명의 은총을 받게 되는 거야. 마지막 질문이야. 성체가 생명의 은총이면 도움의 은총은 무엇일까? 맞아, 교회야. 교회를 통하지 않고서는 성체성사에 도달할 수 없어.

동방 박사들은 별을 보고 구유에 누운 아기 예수님을 경배하러 왔어. 그들이 들고 온 선물은 세속-육신-마귀를 버림을 상징하는 것으로 보아도 좋을 거야. 그들이 들고 온 선물이 무엇인지 아니? 황금과 몰약과 유향이야. 황금은 무엇인지 알고, 몰약은 무엇인지 아니? 죽은 사람 몸에 바르는 약이야. 육체의 죽음을 상징하는 거지. 유향은? 기도를 상징하지. 미사 때 향을 피우는 것을 생각하면 돼. 곧 이 세 가지 선물은 자기 자신의 세속적 욕망과 육체적 욕망, 그리고 교만함을 살라 바치는 것을 의미해. 삼구가 죽어야 내가 살 수 있어.

동방 박사가 삼구를 바친 대상은 별일까, 예수님일까? 예수님이지. 삼구를 벗게 만드는 생명의 은총이야. 그렇다면 도움의 은총은 무엇일까? 바로 별이지. 도움의 은총은 생명의 은총까지 인도하는 역할을 하는 거야. 도움의 은총만으로 구원받을 수는 없어.

왜 이 은총의 구분을 강조할까? 이제 곧 이야기할 진리와 연결

되기 때문이야. 은총이 도움의 은총과 생명의 은총으로 나뉘듯, 말씀도 율법과 진리로 구분돼. 도움의 은총은 율법과, 생명의 은총은 진리와 연결되는 거지. 이것까지 이해하면 정말 어려운 거는 다 끝나. 그러니까 이젠 은총과 연결되는 진리를 공부하러 가자.

"성화 은총은 사람이 하느님과 함께 살고, 하느님의 사랑으로 행동할 수 있도록 그 사랑을 완전하게 하는 상존 은총(常存恩寵, gratia habitualis)이며, 지속적이고 초자연적인 성향이다. 이 성화 은총, 곧 하느님의 부르심에 따라 살고 행동하고자 하는 변함없는 마음가짐인 상존 은총은, 회개의 시작이나 성화 활동의 과정에서 하느님의 개입을 가리키는 조력 은총(助力恩寵, gratia actualis)과는 구별된다."(CCC 2000)

오직 감사의 감정만이 창조된 의도대로 살아갈 수 있는 힘을 제공한다. 그런데 감사의 감정이 솟아나게 하는 원료는 은총이다. 은총은 성령께서 그리스도께 받아 우리에게 전해 주시는 선물이다. 은총은 도움의 은총과 생명의 은총으로 나뉘는데, 도움의 은총은 조력 은총, 생명의 은총은 성화 은총과 같은 말이다. 도움의 은총 없이 생명의 은총으로 나아올 수 있는 사람은 없다. 성경에서 "나를 보내신 아버지께서 이끌어 주지 않으시면 아무도 나에게 올 수 없다. 그리고 나에게 오는 사람은 내가 마지막 날에 다시 살릴 것이다."(요한 6,44) 하실 때 도움의 은총은 아버지께서, 생명의

은총은 아드님께서 주심을 말씀하시는 것이다. 그런데 하느님 아버지는 은총을 받아들일 준비를 '말씀'을 통해 하신다.

진리
은총의 연료

"율법은 모세를 통하여 주어졌지만 은총과 진리는 예수 그리스도를 통하여 왔다."(요한 1,17)

우리는 지금까지 인간을 모든 집착에서 자유롭게 만드는 것이 '사명' 혹은 '하느님께서 나를 창조하신 이유' 혹은 단순히 '하느님의 뜻'이라고 말했지. 그리고 그 사명에 힘을 부여하는 핵심 요인이 '은총'이라고 했어. 은총은 또한 성령과 가깝다고 했지. 이젠 성자와 관계되는 '진리'에 대해 말할게.

우선 하느님께서 인간을 죄로부터 탈출시키기 위해 두 천사를 보내신다는 것을 살펴보자. 창세기 19장에 나와. 18장에는 하느님으로 상징되는 세 사람이 아브라함을 방문하는 이야기가 먼저 나와. 19

장에 등장하는 두 천사는 내용의 흐름에 따라 아브라함에게 찾아온 손님 세 명 중 두 분을 가리킨다고 볼 수 있어. 하느님은 아브라함에게 세 사람의 모습으로 나타나셨고 그중에서 두 분이 죄의 온상인 소돔으로 내려가신 거야. 하느님께서 소돔을 유황불로 멸망시키려고 하셨는데 아브라함이 조카 롯을 살려 달라고 빌었기 때문이지.

여기서도 삼위일체를 볼 수 있는데, 많은 화가들이 하느님이 아브라함을 방문한 이야기를 그릴 때 세 천사로 표현하곤 했어. 이와 연관해 이레네오라는 성인이 계셔. 그분은 하느님께서 인간을 창조하실 때 두 손으로 창조하셨다고 해. 한 손은 바로 말씀이신 그리스도이시고 다른 손은 은총이신 성령이셔. 이 두 분의 합작품이 하느님의 자녀인 거지. 마찬가지로 세 천사 중에 롯을 방문한 두 천사는 성령과 그리스도, 혹은 은총과 진리라고 할 수 있는 거야. 은총은 진리 없이는 무의미하고 진리도 은총 없이는 쓸모없게 돼.

앞에서 이야기했던 '개에게 길러진 까치' 기억하니? 까치가 자신이 개인 줄 안 것은 개기 주는 젖 때문이었어. 이것이 은총이시. 그래서 까치는 개를 따라 해. 이것이 진리야. 자녀가 닮으려는 부모의 모범. 은총을 주는 대상의 가르침과 삶의 모범이 진리야. 그런데 만약 하느님의 양식을 먹고 인간의 모범을 따르면 어떻게 되겠니? 은총이 쓸모없게 될 거야. 그 사람은 하느님의 양식을 먹고도 인간의 본성을 넘어서지 못할 테니까. 반대로 하느님께서 모범만 보여 주시고 은총은 주지 않으시면 어떨까? 그 가르침대로 살 수 없다고 믿어서 가르침도 쓸모없는 게 돼. 하느님을 아버지로 믿을 수 없거든. 은총이 주어지지 않으면.

예수님은 이런 면에서 은총도 주셔야 하지만, 하느님 자녀가 되었음을 믿는 이들이 어떻게 말하고 행동해야 하는지 그 모범이 되셔야 했어. 예수님께서 빌라도에게 심판을 받으실 때 "나는 진리를 증언하려고 태어났으며, 진리를 증언하려고 세상에 왔다. 진리에 속한 사람은 누구나 내 목소리를 듣는다."(요한 18,37)라고 말씀하셔. 빌라도는 도대체 진리가 무엇인지 모르지. 그래서 "진리가 무엇이오?"(요한 18,38)라고 묻고는 돌아서 나가 버려. 예수님께 설명할 시간을 주지도 않아. 관심이 없는 거지. 예수님은 항상 이렇게 말씀하셨어.

"너희가 내 말 안에 머무르면 참으로 나의 제자가 된다. 그러면 너희가 진리를 깨닫게 될 것이다. 그리고 진리가 너희를 자유롭게 할 것이다."(요한 8,31-32)

예수님은 이 말씀에서 진리를 어떻게 가질 수 있는지 설명하셔. 바로 당신이 하신 '말'에 진리가 담겨 있다는 거야. 그런데 '그리스도의 말 안에 머무는 것'은 어떻게 한다는 뜻일까? 성경 말씀을 열심히 공부하고 해석하고 묵상한다는 뜻일까? 이것과는 조금 달라. 이야기를 하나 더 해 줄 게.

한 아버지가 죽을병에 들었어. 아버지는 재산이 많이 있었지. 아버지는 그 재산으로 쓸모없어 보이는 넓은 대지를 샀어. 그리고 그것을 반으로 나누어 두 아들에게 유산으로 주었어. 그러면서 이렇게 말했어. "저 대지에 보물이 숨겨져 있단다."

아버지의 장례가 끝나자 두 아들은 열심히 각자가 물려받은 대지를 파기 시작했어. 돌도 많고 풀도 많아 쉽지 않았지. 그런데 아무리 파도 파도 보물은 나오지 않는 거야. 한 아들은 화가 나서 곡괭이를 집어던지고 아버지가 거짓말을 했다며 땅을 싼값에 팔아 술을 마시며 탕진했어. 건강도 안 좋아졌겠지.

반면 다른 아들은 아버지의 말씀이 틀릴 리 없다고 여겼어. 아버지가 헛소리하셨다고 세상 사람들이 믿게 하고 싶지 않았지. 그렇지만 보물은 나오지 않는 거야. 그래서 어차피 돌을 골라내고 풀을 뽑았으니, 씨를 뿌려 보기로 했어. 그런데 다른 사람들의 밭보다 2~3배의 소출이 나오는 거야. 아버지는 아셨던 거지. 그 땅 자체가 바로 보물이었음을. 이 아들은 많은 소출을 거두어 부자가 되었고 일을 열심히 해서 몸도 건강하게 오래 살았다고 해.

'진리'는 이와 같은 거야. 해석하는 게 아니야. 사람들은 성경 말씀을 해석하려고 해. 그러나 성경은 해석해야 하는 말씀이 아니라 '순종'해야 하는 말씀이야. 누가 부모의 말을 해석하겠니? 해석은 마치 해부하는 것처럼 나보다 낮은 존재에게 하는 일이야. 아기가 울면 엄마는 그 아기의 울음을 해석해. 배고파서 우는지, 기저귀가 젖어서 우는지, 아파서 우는지 해석하는 거지. 그러나 아이들은 부모 말을 해석해서는 안 돼. 부모는 순종하라고 말씀하시는 거야. 차 조심하고, 어른들에게 인사 잘하고, 학교 지각하지 말고, 선생님 말씀 잘 듣고, 친구들과 싸우지 말라고 말씀하셔. 이 말씀을 해석하기 시작하면 이상하게 돼. 차만 조심하고 기차는 상관없다거나, 어른답게 처신하는 사람에게만 인사한다거나, 종이 울리기 직전에만 들어가면 된다거나, 선생님을 바라보며 말씀을 듣지만, 딴생각한다거나, 친구와 싸우지는 않지만 뒷말하는 식이지. 이렇게 성경을 해석했던 사람들이 예수님 시대의 유대인들이었어.

예수님은 복음을 전하실 때 당신이 태어나신 고장에서 당신에 관한 예언을 읽으신 다음 이렇게 말씀하셔. "오늘 이 성경 말씀이 너희가 듣는 가운데에서 이루어졌다."(루카 4,21)

사실 성경 말씀은 자녀로서 자신 안에서 성취해야 하는 하나의 예언이야. 그래야 그 말씀을 하신 분을 아버지로 인정하는 것이지. 이와 관련해서 교회의 첫 수장이었던 베드로 사도는 이렇게 충고해. "무엇보다 먼저 이것을 알아야 합니다. 성경의 어떠한 예언도 임의로 해석해서는 안 됩니다."(2베드 1,20)

그러나 사람들은 자꾸 성경 말씀을 있는 그대로 순종하여 자기 안에서 성취하려 하지 않고 해석하려고 해. 진리로 받아들이지 않는 거지. 마르틴 루터는 '오직 성경만으로'라고 주창하지만, 실제로는 성경을, 그것을 읽는 이들이 각자 해석할 수 있다고 믿었어. 그래서 수많은 다른 해석이 나왔고 그에 따른 수많은 개신교 종파가 생겼지. 결과적으로 당신 살과 피를 먹고 마시라는 예수님의 말씀도 각자 나름대로 해석해서 성체성사를 인정하지 않게 되었어. 고해성사도 마찬가지지. 예수님은 제자들을 파견하시며 그들이 용서해 주면 용서받는다고 하였는데, 결국 인간에게 그런 권한을 주셨을 리가 없다고 해석해 버렸어. 이 모든 것은 인간이 성경 말씀을 해석할 수 있는 높은 수준에 있다고 믿는 교만에서 비롯된 거야.

이해하겠니? 말씀을 진리로 믿지 않으면 은총까지 잃게 된다는 것을. 위의 예에서 한 아들은 아버지 말씀을 해석해서 결국엔 오류가 있다고 믿게 되었어. 그래서 아버지로부터 받은 은총인 땅의 유산까지 팔아 버리게 된 거지. 반면 아버지의 말씀을 진리로 받아들인 아들은 그 은총을 통해 풍성한 열매를 맺었어. 마르틴 루터도 마찬가지야. 성체성사와 고해성사의 은총을 잃게 된 것은 자신이 성경을 해석할 수 있다는 잘못된 믿음의 결과인 거야.

쉽게 말하면 진리는 '예수 그리스도'라고 보면 돼. 은총도 '성령님'이라고 보면 되는 것처럼 말이야. 예수님은 아버지께서 하신 말씀을 오롯이 성취한 분이셔. 그러니까 예수님의 인성 자체가 계시된 진리 자체이지. 예수님은 말씀하셔. "나는 길이요 진리요 생명이다. 나를 통하지 않고서는 아무도 아버지께 갈 수 없다."(요한 14,6)

인간이 은총을 받아 죄에서 해방되는 길은 예수님을 진리라고 믿고 그대로 실천하는 거야. '거울'을 생각하면 좋아. 거울을 볼 때 우리는 그 순간의 자기 모습도 보지만 머리를 빗고 화장한 자신이 상상하는 모습도 동시에 보는 거야. 자신이 도달하려는 미래의 모습이 진리이고 그리스도인 거야. 누구나 자기 삶을 그리스도의 삶에 비춰 보며 그 모습에 맞춰 가려 한다면 그 사람은 진리를 따라 걷는 것이어서 당연히 영원한 생명에 이르게 되어 있어.

그러면 '율법'은 무엇일까? 처음 시작할 때 "율법은 모세를 통하여 주어졌지만 은총과 진리는 예수 그리스도를 통하여 왔다."(요한 1,17)라는 말씀을 인용했잖아? 예수님은 돌아가시고 당신 피와 같은 성령님을 우리에게 은총으로 주셨어. 또한 당신 모범을 진리로 주셨지. 그래서 은총과 진리는 예수님을 통해서 왔다고 하는 거야. 율법은 그 전에 구약의 말씀이야. 율법은 모세를 통해 주어졌지. 이 율법을 따르는 이들은 그리스도께 올 수 있었어. 다시 말해 율법은 그리스도께 도달하게 하는 은총인 도움의 은총과 짝이라고 보면 돼. 진리가 생명의 은총과 짝인 것처럼.

전에 레베카가 아브라함의 아들 이사악과 혼인하는 과정에 대해 말한 적이 있는데 기억나니? 레베카는 율법을 철저히 지키는 사람이었어. 손님을 왕처럼 잘 대하고 이웃에게 필요한 도움을 주는 사람이었지. 율법은 크게 하느님 사랑과 이웃 사랑이라고 말할 수 있잖아?

그러니 레베카는 율법을 잘 지키는 사람이었어. 그렇게 아브라함의 종으로부터 폐물과 아름다운 옷가지들을 선물로 받아. 그러나 이것만으로 구원에 이르렀다고는 할 수 없어. 이는 이사악을 만나기에 합당한 도움의 은총이라고 할 수 있거든.

동방 박사들이 하늘의 별의 도움을 받았잖아? 그러나 그것이 곧 구원은 아니었어. 다만 그들이 율법을 철저히 지키는 사람들임은 알 수 있지. 그들이 자기 욕망으로부터 해방되는 때는 그리스도를 만나는 때였어. 마찬가지로 레베카도 그리스도를 상징하는 그리스도와 하나가 됨으로써 구원의 완성을 이뤄. 그 전에 율법 말씀과 도움의 은총이 필요하다는 것은 알 수 있지. 하느님의 말씀에 따라 이웃 사랑을 열심히 실천하다 보면 도움의 은총을 받아 그리스도를 통해 구원에 이르는 거야. 그리스도를 만나 이웃 사랑을 실천할 수 있게 되는 것이 아니라 내가 하던 이웃 사랑이 그리스도를 만나게 만들어 그 사랑이 완성된다고 볼 수 있는 거야. 그리스도를 만나기 전의 사랑은 언제나 자아에서 비롯되기에 보상을 바라는 불안전한 사랑일 수밖에 없는 거야.

예수님은 엠마오로 가는 제자들에게 나타나셔. 그들은 예수님의 부활을 믿지 못하고 있었지. 그래서 예수님을 봐도 소용없는 거야. 예수님은 먼저 말씀이 당신을 통해 모두 성취되었음을 그들이 깨닫게 하셔.

"'아, 어리석은 자들아! 예언자들이 말한 모든 것을 믿는 데에 마음이 어찌 이리 굼뜨냐? 그리스도는 그러한 고난을 겪고서 자기의 영광 속에 들어가야 하는 것이 아니냐?' 그리고 이어서 모세와 모든 예언자로부터 시작하여 성경 전체에 걸쳐 당신에 관한 기록들을 그들에게 설명해 주셨다."(루카 24,25-27)

성경은 이미 진리로 생명의 은총을 충만히 간직한 이에게서 배우는 것이지, 결코 자신이 해석할 수 있는 말씀이 아니야. 진리와 은총은 결국 하나야. 다시 말해서 은총의 충만만이 말씀에서 올바른 진리를 찾아낼 능력을 갖추게 하는 거야. 그렇다면 지금 성경을 올바로 가르쳐 줄 성령이 충만한 그리스도의 대리자는 누구겠니? 당연히 진리의 성령을 부어 주신 가톨릭교회지. 이렇게 가톨릭교회가 올바른 진리를 품고 있기에 그 은총 또한 성사를 베풂으로써 함께 줄 수 있는 거야. 엠마오로 가는 제자들은 성경의 가르침을 가슴 뜨겁게 깨닫고 나서 그리스도께서 주시는 은총도 받아들일 수 있게 되었어.

"그들과 함께 식탁에 앉으셨을 때, 예수님께서는 빵을 들고 찬미를 드리신 다음 그것을 떼어 그들에게 나누어 주셨다. 그러자 그들의 눈이 열려 예수님을 알아보았다. 그러나 그분께서는 그들에게서 사라지셨다. 그들은 서로 말하였다. '길에서 우리에게 말씀하실 때나 성경을 풀이해 주실 때 속에서 우리 마음이 타오르지 않았던가!'"(루카 24,30-32)

무슨 말인지 알겠지? 성경은 이미 은총을 받은 사람만 가르칠 수 있어. 그가 가르치는 말씀은 가슴을 뜨겁게 타오르게 하지. 이것이 없으면 성체를 영해도 맹맹할 수밖에 없어. 그래서 미사에서 성찬의 전례 이전에 말씀의 전례를 하는 거야. 먼저 진리를 깨닫고 실천하는 사람만이 성체를 참 은총으로 받을 자격이 되기 때문이야. 성체가 은총인 것은 맞지만, 먼저 말씀에 순종할 수 있는 존재가 되기를 바라.

가장 완전한 신앙인의 모델은 역시 성모 마리아시지. 마리아는 가브리엘 천사를 만났어. 그리고 그의 말을 들었지. 가브리엘 천사는 성령의 은총을 가지고 온 존재야. 성모님은 잠시 분별하시고 그가 하느님이 보내서 온 사자임을 알게 되지. 그리고 그의 말에 마리아는 무엇이라 대답했지? 그렇지. 이것이 우리가 말씀을 어떻게 대해야 하는지에 대한 해답이야. 이것으로 생명의 은총까지 받게 되거든. 다시 말하지만, 말씀에 대한 순종의 자세가 없으면 은총은 주어지지 않아. 열매를 맺지 못하고 낭비되게 되거든. 하느님은 당신 은총을 낭비하시는 분이 아니야. 가브리엘 천사와 마찬가지로 가톨릭교회도 예수님이 맡기신 은총을 모두 품고 있어. 그러니 우리도 교회의 가르침에 순종할 마음으로 성모님과 한마음으로 이렇게 아뢰자.

"보십시오, 저는 주님의 종입니다. 말씀하신 대로 저에게 이루어지기를 바랍니다." (루카 1,38)

　　예수님은 우리에게 은총과 진리를 주고자 오셨다. 은총은 하느님 뜻을 따르게 만드는 연료와 같다. 그러나 그 은총도 말씀을 진리로 받아들이지 않는 이에게는 주어지지 않는다. 말씀에 순종하지 않는 사람이 은총으로 받는 사명에 순종할 수 없기 때문이다. 이에 하느님은 먼저 말씀으로 당신 아드님께 순종할 이들을 부르신다. 말씀에 순종할 줄 아는 이들에게는 도움의 은총이 주어져 그리스도를 생명의 은총으로 만나게 된다. 그분을 만나 그분을 진리로 받아들인 이들은 그 진리의 말씀으로 모든 죄에서 벗어난다. 진리가 그를 자유롭게 한 것이다.

봉헌
말씀의 열매

"그러므로 형제 여러분, 내가 하느님의 자비에 힘입어 여러분에게 권고합니다. 여러분의 몸을 하느님 마음에 드는 거룩한 산 제물로 바치십시오. 이것이 바로 여러분이 드려야 하는 합당한 예배입니다."(로마 12,1)

예수님께서는 진리가 우리를 자유롭게 할 것이라고 말씀하셨어. 삼촌의 예를 들어 볼게. 삼촌이 신학교에 들어와서 얼마 안 지나서 성체를 영할 때 예수님의 어떤 음성이 들리는 것 같았다고 했지? 그래 맞아.

"그래, 너 나에게 많이 주었니? 난 네게 다~ 주었다."

이제 이 이야기를 조금 자세히 할 때가 온 거 같아. 삼촌은 사제가 될 생각이 추호도 없었어. 스물다섯 살 때까지는 말이지. 삼촌은 스무 살부터 읽은 마리아 발토르타의 『하느님이시요 사람이신 그리스도의 시』라는 책을 통해서 부르심을 느꼈어. 10권짜리 책이어서 무려 5년을 읽었지. 삼촌이 이 책을 읽은 것은 지적 호기심 때문이기도 하지만, 그 당시 교리 교사를 하고 있어서 아이들에게 예수님에 대해 더 잘 알려 주고 싶었기 때문이기도 해. 어쨌든 이 책이 삼촌에게는 도움의 은총이 되었던 거지. 더불어 모세의 율법서가 된 거야. 그 책에 나오는 예수님의 제자들을 닮고 싶었거든.

믿기 어렵겠지만, 삼촌은 나름대로 여자들에게 인기가 있었다고 생각해. 대학도 고3병 걸려서 성적이 마지막에 많이 떨어지기는 했지만, 나름 그때까지 공부한 결실이기도 했지. 너희 할아버지는 삼촌이 결혼해서 예쁜 며느리를 데려오기를 바라셨어. 물론 나의 꿈도 있었지. 그 모든 것을 포기하고 사제가 되기로 결심한다는 것은 쉽지 않았어.

너무 많이 포기해서인가? 처음으로 겪는 신학교 생활은 행복하지 않았어. 군대보다 더 규율과 위계질서가 엄했고 감옥에 갇힌 것처럼 답답했지. 나는 다 포기하고 주님 뜻에 따라 주려고 신학교라는 곳에 들어왔는데 주님은 나에게 아무것도 주시는 것 같지 않았어. 그러면서도 나름 신앙과 지식이 뛰어나다는 교만은 여전히 가지고 있었지. 그래서 사순절이 시작될 무렵 일주일간 단식하기로 결심했어. 신입생이 식당에 내려와서 며칠 동안 밥을 안 먹고 구경만 하고 있으면 선배들이 어떻게 보겠니? 사이코 한 명 들어왔다고 생각했겠지. 삼촌은 아랑곳하지 않고 단식을 이어 갔어.

이틀 밥을 안 먹으니 죽겠더라. 조금씩 겸손해졌어. '아, 며칠 밥을 안 먹으면 아무것도 할 수 없는 존재에 불과한 나인데…'라며. 배가 고파서 밤에 잠을 잘 수가 없었어. 유일하게 먹을 수 있는 것은 아침 미사 때 성체였어. 전에 성체의 재료가 되는 제병이 우리밀로 만들면 색은 좀 누렇지만, 더 크고 고소하다는 소리를 들은 적이 있어서 '다음 날 성체는 우리밀이었으면 좋겠다.'라고 생각하며 잠이 들었지.

미사 때 받은 성체는 역시 우리밀이었어. 하도 배가 고파서 그 성체를 빨리 입속으로 집어넣었지. 그런데 신기하게 점점 배가 불러오는 거야. 나는 기적이 일어나고 있음을 직감했어. 그리고 자리로 돌아오면서 '단식 기간을 한 달로 늘려야겠다!'라고 생각했어. 어떤 성인들이 성체만 영하며 몇 년을 살았다는 말도 들은 적이 있었거든. 자리에 앉았을 때 예수님께서 말씀하시는 것 같은 기야.

"그래, 너 나에게 많이 주었니?"

부드럽지만, 나 때문에 많은 마음의 고통을 겪고 있는 사랑 지극한 목소리 같았어. 귀로 들린 건 아니고 내 안에서 들려왔지만, 또렷한 사람의 음성 같았어. 신기하게도 그 말씀이 한순간에 많은 것을 깨닫게 만드는 것 같았어. 내가 지금까지 하느님을 마치 이스라엘 백성이 금송아지를 섬기듯이 대하고 있었다는 것을. "내가 주었으니, 당신도 내어놓으시오." 하며. 소를 인간이 어떻게 대하지? 맞아. "여물 줄 테니 밭 갈아라!" 나는 지금까지 하느님을 하느님으로서가 아니라 내가 주는 것에 보답해야 하는 대상으로 여겼던 거야. 그래서 내 집착에서 자유롭지 못했던 거지. 예수님은 이어서 바로 이렇게 말씀하시는 것 같았어. "그런데 난 네게 다~ 주었다!"

삼촌이 예수님의 음성을 들었다고 주장하는 것이 아니야. 예수님의 음성이든 아니든, 다만 성체를 영할 때 이런 마음을 갖는 것이 옳다고 말하고 싶은 거야.

이때 삼촌은 '예수님의 성체가 아니면 나는 지옥이었겠구나!'라는 사실을 깨달을 수 있었어. 성체를 영함이 아버지로부터 '다~' 받은 것이라는 믿음이 생기면서 하느님 사랑을 확신할 수 있게 되었던 것이고, 이 확신 없이는 죄에서 벗어날 수 없음도 알게 된 거야. 아담과 하와가 그랬듯이, 죄는 하느님께 받는 것이 없다거나 다른 사람보다 부족하게 받았다고 느낄 때, 그것을 채우려고 짓게 되는 거야. 모든 죄는 자아의 교만이 만들어 내는 불만족에서 시작되는 거니까. 반대로 모든 죄는 감사로 벗어날 수 있거든.

예수님의 말씀은 진리야. 그리고 그 진리는 은총과 함께 나에게 들어와 나를 자유롭게 해. 나를 겸손하게 만들었거든. 다~ 주시는 부모님께 500원을 내밀며 왜 그만큼의 행복을 빨리 더 채워 달라고 따지고 있었던 거야. 그 500원도 부모님에게서 받은 건데도 말이야. 이런 불효가 또 어디 있겠니? 삼촌은 한없이 눈물을 흘렸어. 그 눈물에 삼촌의 교만한 자아가 녹아 있음을 느낄 수 있었지.

이때의 기분을 어떻게 표현해야 할까? 마치 이와 같을 거야.

"고생하며 무거운 짐을 진 너희는 모두 나에게 오너라. 내가 너희에게 안식을 주겠다. 나는 마음이 온유하고 겸손하니 내 멍에를 메고 나에게 배워라. 그러면 너희가 안식을 얻을 것이다. 정녕 내 멍에는 편하고 내 짐은 가볍다."(마태 11,28-30)

예수님의 진리의 말씀은 은총으로 내 안에 들어와 내 마음을 온유하고 겸손하게 만드셨어. 그렇게 안식을 얻게 되었지. 안식은 하느님 나라의 평화라고 생각하면 돼. 그 순간 지옥 같았던 신학교가 천국으로 보이기 시작했어. 나 같은 불효막심한 죄인도 불러 주시다니 감사할 뿐이었지. 삼촌이 왜 감사가 사명을 위한 에너지라고 했는지 알겠지?

그 이후로는 단 한 번도 사제가 되기로 한 것을 후회한 적이 없어. 불러 주심에 항상 감사할 뿐이었지. 내 삶의 목적은 다 주신 분께 조금이라도 더 보답하고 가는 것뿐이야. 그래야 그분을 만났을 때 조금이라도 덜 부담스러울 것을 알거든. 삼촌은 죽기까지 그렇게 살 거야. 이게 진리의 힘이고 은총의 힘이야. 삼촌은 바로 예수님께 물었지.

"이제 제가 당신을 위해 무엇을 해 드릴 수 있을까요? 성당을 많이 짓거나 선교를 많이 하면 좋으시겠습니까?"

나는 아직도 정신을 차리지 못한 거였어. 그분은 그런 것을 원하시기보다 내가 당신을 바라봐 주기를 원하셨어.

"난 포도나무요, 너는 가지다. 가지가 나무를 위해 무엇을 할 수 있겠니? 그냥 나에게 붙어 있어. 그러면 열매는 저절로 맺힐 거야."

그때부터 삼촌은 성체 조배를 매일 하게 되었어. 그리고 열매가 저절로 맺히는 기쁨을 누리며 살고 있지. 지금도 하루에 3시간은 성체 앞에 앉아 있으려고 해. 성체 조배는 삼촌뿐만 아니라 이것을 받아들이고 실천하는 분들에게 많은 기적과 같은 일이 일어나게 했어. 너희도 하루에 한 시간만 성당에 앉아 있을 줄 안다면 행복해지지 않을 수가 없고 이 세상에서 못 할 일이 없게 될 거야. 물론 그렇게 자기를 봉헌할 믿음이 생기기는 쉽지 않다는 것을 알아. 대부분은 자기를 더 믿거든. 이것이 꺾이는 데는 은총과 진리를 받아들이기 위해 끊임없이 말씀을 가까이하는 수밖에 없어. 동방 박사들은 그 말씀의 빛을 떠나지 않았기 때문에 황금과 유향과 몰약을 바칠 수 있었지. 참자유를 얻었다는 뜻이야. 참자유는 '다 받은 자'만이 누릴 수 있는 집착의 고통으로부터의 자유야.

이제 알겠지? 하느님께서 아드님을 주시면서 우리에게 원하신 것을? 그렇지. 바로 '봉헌'이야. 봉헌할 때 내가 자유로운지, 그렇지 않았는지 알게 되지. "내게 있는 모든 것을 아낌없이 바치네~"라는 성가를 부르면서도 '아, 잔돈이 없구나!'라고 하며 마음 아파할 때도 있잖아? 결국 돈을 바칠 수 없다면 아무것도 바칠 수 없어. 황금을 바치는 게 제일 쉽고 그다음엔 육체의 즐거움, 그다음엔 교만한 자아를 바치는 게 제일 어려워.

에덴 동산에서 아담과 하와는 왜 선악과를 바치지 못했을까? 자신들이 무엇을 받았는지 몰랐기 때문이야. 은총만 받으며 진리를 받아들이지 않았던 거지. 미사로 치면 말씀이나 강론을 충분히 묵상하지 않은 채 성체만 영하는 것과 같아. 강론이 길어도 그 안에서 아낌없이 봉헌할 마음을 회복해야 해. 강론의 주제도 결국 봉헌으로 연결되어야 하고. 그래서 미사가 '말씀의 전례-봉헌-성찬의 전례' 순서로 되어 있는 거야. 황금과 유향과 몰약을 바칠 마음이 없는 사람들에게 구유 안의 아기 예수님은 아무런 힘도 발휘하지 못하거든.

앞에서 40년간 산속에서 살던 할머니가 제작진이 함께 머무르며 온갖 사랑을 쏟자, 마음을 열고 밥까지 해서 주었다고 이야기했었지? 사람 안에는 양심이 있어서 받으면 주어야 하거든. 제작진이 그렇게 내주었기 때문에 할머니한테 이제 내려가자고 말도 할 수 있었지. 그전에는 할머니가 절대 그 말에 동의하지 않았거든. 자기 것을 내어놓을 줄 모르는 사람이 순종까지 할 수는 없는 일이니까.

하느님께서 무언가 부족해서 우리에게 봉헌을 요구한다고 착각해서는 안 돼. 아빠가 아이에게 과자를 사 주고 하나만 달라고 하는 것은 아버지가 돈이 없어서겠니? 그것을 통해 무언가 가르치기 위함이겠지. 가장 큰 배움은 무엇이겠니? 모든 것은 다 부모에게서 오고 나도 부모에게 무언가 줄 수 있기에 부모와 관계를 맺을 수 있는 존재라는 자존감이야. 할머니는 제작진들에게 당신의 것을 내줌으로써 이젠 제작진이 살던 아래 세상에서도 살 수 있을 것 같다는 용기가 생겼어. 그 전엔 엄두도 안 났거든. 완전히 다른 두 세상이니까. 그들이 할머니의 음식이 더럽다며 받아먹지 않았다면 할머니는 마음의 문을 다시 닫아 걸으셨을 거야.

하느님께서 아드님을 우리에게 주시는 목적이 우리에게 '봉헌'의 감정이 일게 하시려는 것임을 알았지? 아담과 하와는 그것이 없어서 하느님과의 관계를 스스로 단절시켜 에덴 동산의 행복을 잃었어. 그들이 선악과를 봉헌했다면 '생명나무'를 먹고 영원한 행복을 누릴 수 있었을 거야. 생명나무는 성체를 의미해. 그것을 먹어야 영원히 살지. 그러나 봉헌 없이 모시는 성체는 아무 영향도 없고 오히려 신성 모독의 죄를 범하게 만들어 벌만 쌓는 이유가 돼.

성경에 '포도밭 소작인의 비유'(마태 21,33-46; 마르 12,1-12; 루카 20,9-19)가 나와. 주인은 소작인들에게 포도밭을 맡기고 멀리 떠나서 살아. 추수철이 되자 소출의 일부를 보내라고 하인들을 보냈는데, 소작인들은 하인들을 모욕하고 때리고 더러는 죽였어. 주인은 참 이상해. 그런데도 외아들을 보내. 아들이 하나밖에 없는데 그 못된 소작인들에게 보냈어. 하지만 소작인들은 그것이 마지막 기회인 것도 모르고 그 외아들마저 죽여. 그래야 포도밭이 완전히 자신들의 것이 될 거라고 믿고. 결과는 어떻게 되었을까? 주인이 군대를 이끌고 와서 그들을 다 죽여 버리고 제때 소출의 일부를 바칠 줄 아는 이들에게 그 밭을 맡겨. 이 성경 말씀은 예수님을 보내신 이유가 '봉헌'을 배우게 하시기 위함이라는 것을 제대로 보여 주고 있어.

모든 관계는 주고받음이 이뤄지잖아? 주님께 받은 것 중에 아주 조금도 그분께 돌려 드릴 줄 모르는 이는 그분을 위해 어떤 공간도 내어 드리지 못하겠다는 말과 같아. 관계를 끊자는 말이지. 하느님은 이스라엘 백성에게 당신이 머물 성막을 지으라고 하셔. 그런데 각자가 바친 자원 예물로 그 성막을 지으라고 하셔. 우리가 바치는 예물이 그분이 머물 공간이 되는 거야.

'미나의 비유'(루카 19,11-28)에서 한 미나를 그대로 들고 온 종은 "주인님께서 냉혹하신 분이어서 가져다 놓지 않은 것을 가져가시고 뿌리지 않은 것을 거두어 가시기에, 저는 주인님이 두려웠습니다."(루카 19,21)라고 말해. 탈렌트의 비유(마태 25,14-30)도 마찬가지야. 이 못된 종들은 자신들이 적게 받았다고 느껴서 열심히 일해서 주인에게 갚아 주기보다는 게으르게 지내며 가지지 못한 것만 한탄하지. 이 성경 말씀도 그런 이들은 구원받지 못한다는 것을 말해 주는 거야.

그러면 어떻게 봉헌을 실천해야 할까? 창세기에서 '선악과'였던 봉헌이 점차 '소득의 십분의 일'로 바뀌어. 십일조를 처음으로 낸 인물이 성조 아브라함이야. 사실 그에게는 십일조가 아니라 아들까지 요구한 적이 있었어(창세 22,2 참조). 아무튼 믿음은 봉헌으로 측정돼. 예수님은 과부가 전 재산을 바칠 때 기뻐하셨어(마르 12,41-44; 루카 12,1-4 참조). 대사제 멜키체덱은 아브라함의 십일조를 받고 아브라함을 축복해 주기 위해 하느님께 '빵과 포도주'를 바쳤어(창세 14,18-20 참조). 이것이 미사의 기원이 된 거지(CCC 1333 참조). 다시 말해 십일조를 바치지 못하면 진리가 들어온 게 아니고 은총이 그 사람에게는 무용지물이 된다는 뜻이기도 해. 성체를 영해도 사람이 변하지 않는 이유는 바로 온전한 봉헌을 할 줄 모르기 때문인 거야. 예수님도 "십일조도 무시해서는 안 된다."(마태 23,23; 루카 11,42 참조)고 하시는데 이젠 이것을 개신교에서만 하고 가톨릭에서는 더는 강조하지 않아. 큰 문제라고 할 수 있지. 가톨릭은 십일조는 하지 않는데 은총의 성체는 영하고, 개신교는 십일조는 하는데 은총의 성체는 버린 상황인 거야.

봉헌은 이렇게 시작하면 돼. 모든 믿음은 조금씩 '시험'하며 증가해. 당장 무너져 내릴 것 같은 다리가 있다고 가정해 보자. 어쩔 수 없어서 후들거리는 다리를 부여잡고 한 번 건넜어. 다행히 무너지지 않았지. 어쩔 수 없이 또 한 번 건너야 했어. 그때도 멀쩡했어. 그렇게 수십 번, 수백 번을 했어. 그런데도 멀쩡한 거야. 그러면 점점 더 용기가 생겨서 이젠 어렵지 않게 그 다리를 건너게 돼. 하느님은 봉헌도 그렇게 배우라고 이렇게 말씀하셨어.

"너희는 '어떻게 하면 저희가 돌아갈 수 있습니까?' 하고 말한다. 사람이 하느님을 약탈할 수 있느냐? 그런데도 너희는 나를 약탈하면서 '저희가 어떻게 당신을 약탈하였습니까?' 하고 말한다. 십일조와 예물이 아니냐! 너희 온 백성이 나를 약탈하고 있으니 저주를 받으리라. 너희는 십일조를 모두 창고에 들여놓아 내 집에 양식이 넉넉하게 하여라. 그러고 나서 나를 시험해 보아라. ─ 만군의 주님께서 말씀하신다. ─ 내가 하늘의 창문을 열어 너희에게 복을 넘치도록 쏟아 붓지 않나 보아라."(말라 3,7-10)

삼촌은 신학교에 들어오면서부터 십일조를 냈어. 물론 지금도 내고 있지. 신학교 때는 보통 돈이 부족한데, 삼촌은 그렇지 않았어. 항상 충분히 채워 주심을 느꼈거든. 개신교에서 하느님을 가장 많이 체험하는 게 바로 십일조와 찬양이야. 십일조를 억지로 내야 하는 환경에서 이성적으로는 돈이 부족해야 하지만, 하느님께서 계속 채워 주심을 느끼는 거지. 그렇게 기쁨으로 주님을 찬양할 때 사아가 사라지고 온전히 주님의 것이 되는 느낌을 얻어. 이것이 진정한 예배의 모습이지. 가톨릭 미사도 지나치게 엄숙한 것을 넘어서 이러한 감사 축제의 모습을 회복해야 할 필요가 있다고 생각해. 그러면 성체성사의 은총까지 결합하며 누구나 하느님을 느끼지 않을 수 없는 천국의 예배가 될 거야.

천국은 하느님의 집이야. 구약의 말로는 베텔이라고 하지. 베텔은 야곱이 꿈에서 사다리로 하늘과 땅이 연결된 하느님의 집을 본 곳이야. 그는 하느님의 집임을 확신하자 이렇게 서원해.

"제가 기념 기둥으로 세운 이 돌은 하느님의 집이 될 것입니다. 그리고 저는 당신께서 주시는 모든 것에서 십분의 일을 당신께 바치겠습니다."(창세 28,22)

에덴 동산이 하느님의 집임을 인정하는 일이 선악과를 바치는 것이었던 것처럼 하느님의 집에 거한다는 고백이 십일조인 거야. 하느님은 "땅의 십분의 일은, 땅의 곡식이든 나무의 열매든 모두 주님의 것이다. 주님에게 바쳐진 거룩한 것이다."(레위 27,30)라고 하셨어. 십일조 없이 미사에 참례하지 않도록 한번 시험이라도 해 봐. 삼촌은 본당에서 신자들에게 1년 동안 십일조를 내고 재정이 더 부족해졌다면 1년 동안 낸 교무금을 모두 돌려 드리겠다고 약속을 해. 물론 지금까지 한 분도 찾아가신 분은 없지. 오히려 더 풍족해졌고 더 행복해졌다는 말씀만 하셔. 제발 시험이라도 해 보자. 하느님이 얼마나 답답하시면 시험이라도 해 보라고 하셨을까?

봉헌 생활이 곧 축성 생활이야. 축성은 거룩하게 된다는 뜻이야. 내가 봉헌한 그 빈 곳을 주님께서 성체로 채워 주시거든. 뱀이 사라지고 그리스도로 채워지는 거야. 마지막으로 타고르의 시집 『기탄잘리』에 나오는 이야기를 해 줄게.

한 거지가 여기저기 다니며 낟알들을 모아 집으로 돌아오는 길이었어. 황혼의 붉은빛보다 더 빛나는 황금 마차가 자신에게 다가오는 것을 보게 돼. 임금의 마차가 틀림없었어. 그는 자비롭기로 소문난 임금이 자신에게 적선해 줄 것이라고 믿었지. 마차는 거지가 서 있는 길에 멈추었고 마차에서 내린 임금이 빙그레 웃으며 그에게 다가왔어. 거지는 드디어 자신의 인생에도 큰 행운이 찾아왔다고 느꼈지. 그런데 임금은 갑자기 거지에게 오른손을 내밀며 이렇게 물었어.

"그대는 나에게 무엇을 주겠느뇨?"

거지는 당황하며 생각했지. '임금이 거지에게 구걸을 하다니!'

거지는 마지못해 자기 바랑에서 제일 작은 낟알 한 개를 꺼내어 임금의 손에 올려 드렸어. 임금은 그 낟알을 받더니 다시 마차를 타고 떠나 버렸어. 큰 실망을 안고 허름한 움막으로 돌아온 거지는 바랑 안에 든 낟알들을 쏟아 놓았어. 그리고 초라한 무더기 속에서 한 개의 아주 작은 황금 낟알이 반짝이는 것을 발견했지. 그는 슬피 울며 이렇게 탄식했다고 해. '내가 가진 모든 것을 임께 바칠 용기가 있었더라면!'

"성찬례는 교회의 희생 제사이기도 하다. 그리스도의 신비체인 교회는 그 머리와 함께 봉헌된다. 교회는 그리스도와 함께 자신을 온전히 바친다. 교회는 성부께 드리는 그분의 전구와 결합된다. 성찬례에서 그리스도의 제사는 그 신비체의 지체들의 제사이기도 하다. 신자들의 삶, 찬미, 고통, 기도, 노동 등은 그리스도의 그것들과 결합되고 그리스도의 온전한 봉헌과 결합되며, 이로써 새로운 가치를 얻게 된다. 제대 위에서 바치는 그리스도의 제사는 모든 세대의 그리스도인들에게 그분의 봉헌과 결합될 가능성을 준다."(CCC 1368)

　　　　　말씀은 성체를 준비시킨다. 말씀은 성체를 받아들일 마음을 갖게 준비한다. 성체는 하느님의 내주라는 뜻으로, 내줄 마음을 갖지 못한 이에게는 들어오실 수 없다. 하느님은 먼저 당신 아드님을 내주심으로써 인간이 당신께 마음을 열게 하신다. 이것이 '봉헌'이다. 하느님께도 봉헌할 수 없는 사람이라면 이웃을 사랑하라는 뜻인 성체는 그 사람 안에서 또 십자가에 못 박히신다. 에사우도 야곱의 불콩죽을 요구하였다. 봉헌은 "제 방으로 들어오세요."라는 뜻이다. 참다운 예배를 위해 먼저 우리가 '모든 것'을 받은 존재라는 진리로 무장하자. 그 깨달음이 십일조로 표현될 때 제단에서 봉헌되는 빵과 포도주는 나의 봉헌이 되고 그 사람 안에 생명나무가 심어져 그 사람이 영원한 행복의 나라가 되게 한다.

용서
봉헌의 목적

"'해골'이라 하는 곳에 이르러 그들은 예수님과 함께 두 죄수도 십자가에 못 박았는데, 하나는 그분의 오른쪽에 다른 하나는 왼쪽에 못 박았다. 그때에 예수님께서 말씀하셨다. '아버지, 저들을 용서해 주십시오. 저들은 자기들이 무슨 일을 하는지 모릅니다.'"(루카 23,33-34)

조카들아, 이 얘기 좀 들어 볼래? 2010년 7월에 대구지방법원에서 근무하던 부장 판사 한 분이 스스로 목숨을 끊고 말았어. 왜 그런 선택을 했는지 살펴보니, 본인이 남긴 글에 "나는 매일 쓰레기나 배설물을 치우는 직업을 하고 있다."라고 너무나 큰 염증을 느꼈다고 밝힌 거야. 말하자면, 사람들의 온갖 잘못과 갈등을 하루 종일 접하다 보니 그게 죄다 냄새나는 쓰레기 같다고 여기게 된 거지.

이와 반대로 옛날 미국 뉴욕에서 '라과디아'(LaGuardia)라는 분이 판사를 할 때의 유명한 일화가 있어. 빵을 훔친 가난한 사람이 재판정에 섰는데, 라과디아는 그 사람에게 벌금을 선고하면서도 "여러분, 이분이 굶주려서 빵까지 훔치게 되었다면 우리 사회에도 책임이 있습니다."라고 말했어. 그러면서 재판정에 있던 사람들이 조금씩 돈을 모아서 벌금을 대신 내도록 했고, 남은 돈으로 훔친 사람에게 음식을 사 먹으라고 했단다.

사람을 바라보는 이 두 사람의 시각 차이가 곧 이 세상에 살 수 있는 자격을 증명한다는 것을 알아야 해. 죄지은 사람을 배설물로 여겼던 사람은 배설물이 가득한 세상에서 살 수가 없었어. 반면 라과디아는 나중에 뉴욕 시장도 여러 번 역임했고, 지금은 뉴욕에 있는 '라과디아 공항'(LaGuardia Airport)까지 그분의 이름을 땄을 정도로 많은 사랑과 존경을 받는 분이 된 거야.

이 두 사람의 사람을 바라보는 시선의 차이는 어디서 생긴 걸까? 두 사람 다 그리스도교 신자였어. 그런데 한 사람은 자신을 봉헌한 사람이었고 한 사람은 봉헌하지 않은 사람이야. 그 차이였어. 자기를 봉헌하지 않은 사람은 이웃이 자기 생존 수단일 뿐이고, 봉헌한 사람은 사명을 완수할 목적이 되지. 이제부터 봉헌이 어떻게 용서와 잘못을 덮어 주는 힘을 발휘하는지 살펴보자. 자, 마지막이니까 힘을 내고.

예수님께서 십자가에 못 박히심은 아버지 뜻을 위한 자기 봉헌이라고 할 수 있어. 예수님은 "아버지, 저들을 용서해 주십시오. 저들은 자기들이 무슨 일을 하는지 모릅니다."라고 하시며 당신을 못 박는 이들의 죄의 용서를 위해 기도하셔. 이게 하느님께서 봉헌하게 하시는 가장 중요한 목적이지. 바로 '용서'. 모든 이들에게 하느님께서 주시는 사명이야.

먼저 사람이 누군가를 용서하지 못하는 이유부터 살펴보자. 바로 자기가 살아 있기 때문이야. 나의 소유욕이 살아 있고, 나의 육체적 욕망이 살아 있고, 또 나의 교만함이 살아 있으니까. 누군가 나의 돈을 꿔 가서 갚지 않거나, 혹은 누가 내가 사랑하는 여자를 앗아 갔다거나 내 신체에 상해를 입혔다면, 또는 누가 나의 명성에 흠집이 나게 했다거나 나를 무시하고 심지어 나를 모함했다면 미움이 생길 수밖에 없어. 따라서 미움은 이 세 가지 욕망에 상처를 입는 것에서 비롯돼. 장담하건대 다른 이유로 미움이 생기는 예는 없어.

사람을 미워하며 행복할 수 없겠지? 미움을 없애려면 어떻게 해야 할까? 마음 수련을 하면 될까? 그런 것으론 불가능해. 죽어야지. 죽은 사람에게 미움이 생기게 하는 것은 불가능하거든. 우리는 세례 때 이미 그리스도와 함께 우리 자신을 봉헌한 사람들이야. 믿기 힘들겠지만, 나 자신을 봉헌했다면 죽었다고 믿어야 해. 중요한 구절이니 다시 반복할게.

"나는 하느님을 위하여 살려고, 율법과 관련해서는 이미 율법으로 말미암아 죽었습니다. 나는 그리스도와 함께 십자가에 못 박혔습니다. 이제는 내가 사는 것이 아니라 그리스도께서 내 안에 사시는 것입니다. 내가 지금 육신 안에서 사는 것은, 나를 사랑하시고 나를 위하여 당신 자신을 바치신 하느님의 아드님에 대한 믿음으로 사는 것입니다."(갈라 2,19-20)

내가 죽었다고 믿는 사람만이 자기를 온전히 봉헌할 줄 아는 사람이야. 삼구에서 죽으면 미워할 일이 없어져. 돈도 사리지고 육체적 욕망도, 그리고 세상의 명예도 하늘의 존재가 된 이에겐 지푸라기에 불과해. 누가 나의 지푸라기를 훔쳐 갔다고 그 사람을 미워할 수 있겠니? 오히려 불쌍해서 그 사람의 잘못을 위해 빌어 주겠지.

그렇다면 하느님 나라는 미워하지 않고 상대의 잘못을 덮어 주는 곳일 수밖에 없겠지? 이를 위해 하느님은 아드님을 선물로 주심을 통해 우리가 우리 자신을 봉헌하는 법을 배우기를 원하셨어. 예수님은 우리 죄를 덮어 주시기 위해 당신 자신을 아버지 뜻에 맡겨 봉헌하셨는데, 우리가 예수님께 우리 자신을 봉헌하여 용서의 길로 나아가지 않는다면 당연히 하늘에서 살 자격을 얻을 수 없겠지.

구약 성경에 우리가 어떻게 우리를 살리기 위해 당신 자신을 희생하신 그리스도께 합당한 존재가 되어야 하는지를 보여 주는 좋은 예시가 하나 있어. 바로 야곱의 열두 아들 중 하나인 유다의 이야기야.

신약의 유다는 예수님을 배신했지만, 구약의 유다는 그 반대의 모습이야.

창세기 37장에는 야곱의 아들들이 동생 요셉을 죽이려는 장면이 나와. 요셉이 아버지의 사랑을 독차지하고, 스스로 그 사랑이 합당하다며 뽐내고 있다고 여겼기 때문이지. 이때 그를 죽이지 말고 이집트로 가는 상인에게 팔아넘기자고 제안한 사람이 유다야. 그들은 돈을 받고 요셉을 팔아넘겨. 요셉은 갖은 고생을 하며 이집트에서 파라오 다음 권력을 지닌 재상이 되지. 그리고 그 무렵 몇 년간 이어진 흉년이 시작돼. 요셉은 꿈으로 이것을 알고 풍년 때 곡식을 많이 비축해 두었어. 하지만 이스라엘에 있는 형제들은 먹을 것이 없어서 이집트로 곡식을 사러 와야 했지.

그들은 요셉이 죽었다고 여겼으므로 그를 알아보지 못해. 요셉은 당연히 그들을 알아봤지. 하지만 모른 척해. 그러면서 자신과 같은 어머니에게서 태어난 베냐민을 볼모로 잡지. 이때 유다는 아버지가 걱정되었어. 요셉을 잃고 상심했던 아버지가 베냐민까지 잃으면 돌아가실 것이 분명했거든. 그래서 요셉에게 이렇게 제안해.

"나리의 이 종은 제 아버지에게 그 아이를 맡겠다고 하면서, '제가 만일 그 아이를 아버지께 도로 데려오지 않는다면, 제가 아버지 앞에서 그 죄를 평생 짊어지겠습니다.' 하고 말하였습니다. 그러니 이제 이 종이 저 아이 대신 나리의 종으로 여기에 머무르고, 저 아이는 형들과 함께 올라가게 해 주십시오. 그 아이 없이 제가 어떻게 아버지에게 올라갈 수 있겠습니까? 저의 아버지가 겪게 될 그 비통함을 저는 차마 볼 수 없습니다."(창세 44,32-34)

유다는 봉헌의 참된 의미를 알았던 거지. 그는 아버지가 자신들에게 베푼 은혜를 갚을 줄 아는 유일한 아들이었어. 그 아버지를 더는 아프게 하지 않기 위해 가장 어린 아들을 지키려고 자기를 봉헌하는 거야. 여기서 요셉은 예수님을 상징해. 우리가 우리 죄를 위해 예수님을 대신 희생 제물로 바친 거야. 붉콩죽을 드리며 그분의 겉옷과 장자권을 빼앗은 거지. 그렇게 우리는 그리스도라고 우기면서 그리스도의 축복을 받게 되었어. 그런데 그분께 합당한 자가 되려는 이가 자기만 살겠다고 다른 사람의 죄를 덮어 주지 않으면 어떻게 될까? 그분을 받아들이려 해도 우리 자신이 그분께 합당하지 않다고 여겨 지옥을 선택하게 될 거야. 요셉은 자신의 희생으로 야곱 가문을 굶지 않게 한 것처럼 아버지의 한 아들을 덮어 주기 위해 자기를 봉헌하는 유다의 모습을 보며 자신이 누구인지 밝혀.

"내가 형님들의 아우 요셉입니다. 형님들이 이집트로 팔아넘긴 그 아우입니다. 그러나 이제는 저를 이곳으로 팔아넘겼다고 해서 괴로워하지도, 자신에게 화를 내지도 마십시오. 우리 목숨을 살리시려고 하느님께서는 나를 여러분보다 앞서 보내신 것입니다."(창세 45,4-5)

만약 베냐민을 살리기 위한 유다의 자기 봉헌이 없었다면 이렇게 자신을 밝히는 요셉 앞에서 감히 행복할 수는 없었을 거야. 인간 안에는 다 양심이 있거든. 스스로 합당하지 못하다고 여기며 요셉의 포옹이 마치 지옥처럼 느껴질 거야. 오히려 벌을 받는 게 편하다고. 그래서 스스로 지옥으로 가게 되지. 그러니 미사 때 누군가를 미워하는 마음으로 봉헌하면 안 되겠지?

2018년 5월 26일 저녁, 프랑스 파리의 한 아파트 5층 발코니 외벽에 4세 남아가 매달려 있었어. 아이는 손아귀만으로 난간에 아슬아슬하게 매달린 상태였고, 바로 옆집 발코니에서 어른이 아이의 팔을 잡으려 애썼지만, 완전히 붙잡지 못하고 있었지. 그 시각, 거리에 있던 사람들이 이를 목격하고 비명을 질렀고, 아래서는 곧 떨어질 것 같은 아이를 지켜볼 수밖에 없었어.

당시 불법 체류 신분의 청년 '마무두 가사마'(Mamadou Gassama)가 군중 속에서 이 상황을 보고, 맨손으로 건물 외벽과 난간을 타고 순식간에 5층 높이까지 올라가 아이를 끌어올려 구했어. 이 전 과정이 근처 시민들에 의해 촬영되고 소셜 네트워크 서비스(SNS)에 업로드되면서 순식간에 전 세계적으로 화제가 되었지.

아기 아버지는 아동 보호 의무 태만 혐의로 프랑스 당국의 조사를 받게 되었어. 반면 불법 체류자였던 가사마는 마크롱 대통령에게 초대를 받았어. 대통령은 그에게 프랑스 최고 훈장 중 하나인 '영예 훈장'을 수여하고, "프랑스가 당신에게 감사한다."라고 직접 말하며 그의 용기를 치하했어. 대통령은 또한 이 구조 행위가 보여 준 희생·용기·공동체 정신을 높게 평가해 '신속 귀화 절차'를 지시했고, 가사마는 공식적으로 프랑스 시민권을 취득했을 뿐만 아니라 파리 소방서에 소방대원으로 채용되기까지 했어.

우리는 모두 이 세상에 살고 있지만, 천국이라는 나라에 들어가면 불법 체류자에 불과해. 불법 체류자는 항상 불안에 떨어야 하고 그 나라에서 행복할 수 없어. 내가 그 나라에 합당하다는 것을 증명해야지. 그것은 뭐니 뭐니 해도 그리스도께서 우리에게 하셨던 것처럼 우리도 누군가의 잘못을 덮어 주는 일이야. 앞에서 말했던 전재용 선장 생각나지? 전재용 선장은 자신은 아무 잘못도 없지만, 죽어 가는 선상 난민 96명의 생명을 살리기 위해 자기를 포기했어. 나라의 기관에 불려 가 불순분자로 조사받는 수모를 당해야 했고 잘 나가던 젊은 원양 어선 선장의 지위도 포기해야 했지. 그러나 그분은 한 번도 후회해 본 적이 없다고 해. 마음속으로 '아, 나는 이제 그리스도 앞에 나설 자격이 생겼구나!'를 스스로 느낀 거지. 이 하늘나라 시민이 되었다는 느낌을 '의로움'이라고 해. 빚이 없다는 뜻이지. 아담과 하와가 가죽옷을 입었을 때 의로움을 입은 거야. 하느님 앞에 설 자격을 얻은 거지.

신약에 와서 의로움의 모델은 요셉이야. 신약의 요셉은 성모 마리아의 남편이야. 물론 두 분은 함께 잠자리한 적이 없어. 감히 어떻게 하느님의 어머니를 가까이할 엄두가 났겠니? 사랑하는 사람의 손 한

번 잡는 것도 쉽지 않잖아? 어쨌든 요셉은 마리아가 엘리사벳을 방문하고 온 뒤에 임신한 사실을 알게 돼. 고민이 많이 되었지. 있는 그대로 말하면 마리아는 돌에 맞아 죽어야 해. 약혼 기간에는 보통 동정을 지키는 것이 기본이지만, 아기를 가져도 크게 비난받을 일은 아니었어. 성경은 이렇게 전해.

"마리아의 남편 요셉은 의로운 사람이었고 또 마리아의 일을 세상에 드러내고 싶지 않았으므로, 남모르게 마리아와 파혼하기로 작정하였다."(마태 1,19)

이것은 무슨 말일까? '내가 마리아를 임신시켰지만, 다른 여자가 생겨서 마리아랑 결혼하지 않을래요.'라는 뜻과 같아. 아이를 갖게 하고 아내를 버리는 파렴치한이 되는 거지. 순결한 척은 혼자 다하고 몇 달 나가 있는 사이에 임신하고 온 약혼녀를 보는 요셉은 얼마나 화가 났겠니? 하지만 요셉은 예수님의 희생을 통한 죄의 용서를 받은 적도 없는데, 아내 될 사람을 보호하기 위해 그 죄를 자신이 뒤집어쓰기로 한 거야. 이것이 의로움이야. 하늘나라는 의로운 사람만 들어갈 수 있어.

구약에도 여러 봉헌의 형태가 있었어. "나와 내가 가진 것은 주님의 것이고, 나의 죄를 용서해 주시며, 주님과 이웃과의 친교를 원합니다."라는 것이 구약의 봉헌이 담고 있는 내용이었어. 그러나 이런 봉헌으로는 구원에 이를 수 없었어. 만약 그랬다면 예수님이 오실 필요가 없으셨겠지. 만약 마무두 가사마가 세금도 잘 내고 휴지도 잘 줍고 사회에서 많은 봉사를 한다고 해서 시민권이 나올까? 한 시민을 자기 생명처럼 구할 수 있을 때 비로소 시민권을 얻게 되는 거잖아?

고 김수환 추기경은 철거민들과 데모하는 학생들을 성당에 받아들였어. 물론 반대도 심했지. 하지만 그분은 하느님께서 우리와 같은 사람을 받아들여 주었는데, 우리가 그런 사람을 모르는 체한다면 그건 하느님 나라에 합당한 사람일 수 없음을 알았던 거지. 예수님은 이러한 당신의 후계자들을 만들기 위해 당신 자신의 봉헌을 타인의 잘못을 덮어 주는 용서의 제사로 완성하신 거야. 그래서 용서를 지향하지 않는 예배는 다 구원과 상관없는 텅 빈 행위가 되는 거지. 열매 없는 잎만 무성한 전례가 되는 거야. 예수님은 미사에 오는 이들이 올바른 봉헌을 하도록 이렇게 권고하셔.

"그러므로 네가 제단에 예물을 바치려고 하다가 네 형제가 너에게 원망을 품고 있는 것이 생각나거든, 예물을 거기 제단 앞에 놓아두고 먼저 가서 네 형제와 화해하여라. 그런 다음 돌아와서 예물을 바쳐라."(마태 5,23-24)

자기를 봉헌하지 못한 사람은 자기 것을 빼앗기는 고통 때문에 그것을 빼앗은 타인에게 원망을 가질 수밖에 없다. 용서할 수 있는

유일한 방법은 자기 자신을 포기하는 것이다. 그러나 받지 않고 포기할 수 있는 사람은 아무도 없다. 하느님은 이 때문에 아드님을 주셨다. 다 주신 것이다. 다 받은 사람은 이제 이 세상에서 죽는다. 이 세상 것의 가치를 느끼지 못하기 때문이다. 그래서 순교자들은 목숨을 빼앗는 이들을 위해서도 기도하였다. 예수님은 당신을 십자가에 못 박는 이들의 용서를 위해 기도하심으로써 봉헌의 목적이 용서에 있음을 보여 주셨다. 신약의 요셉은 마리아의 임신을 덮어 주기 위해 자신이 모든 비난을 받기로 선택했다. 이런 용서가 의로움이 되어 그리스도의 가죽옷을 견디며 하느님 앞으로 나아갈 수 있게 된다.

결론

"그분께서는 열둘을 세우시고 그들을 사도라 이름하셨다. 그들을 당신과 함께 지내게 하시고, 그들을 파견하시어 복음을 선포하게 하시며, 마귀들을 쫓아내는 권한을 가지게 하시려는 것이었다."(마르 3,14-15)

라이언 벨 목사는 약 20년 동안 신앙과 사목에 헌신하며 살았어. 그러나 아무리 성경을 읽어도, 아무리 기도를 해도, 아무리 사목을 열심히 해도 만족감을 느낄 수 없었어. 이런 이유로 2013년에 시작한 실험이 '하느님 없이 1년 지내보기'야. 밥을 일주일간 먹지 않으면 당연히 음식의 소중함을 알 수 있겠지. 잠도 마찬가지고. 신앙인으로서 말씀과 기도야 말해야 뭐 하겠니? 결과는 어땠는지 아니? 그는 이렇게 말해.

"처음에는 새로운 시각으로 세상을 바라보는 것 같아 해방감을 느꼈습니다. 그러나 동시에 깊은 불안감도 들었습니다. 단순히 신념 체계를 내려놓는 것이 아니라, 삶 전체의 방식을 버리는 것 같았기 때문입니다."

시간이 흐르면서 그는 인간 중심의 관점에서 삶을 바라보기 시작했고, 이성, 연민, 정의에 집중하게 되었어. 더욱 인간적으로 사람과 세상에 다가설 수 있음을 알게 된 거야.

"제가 신앙 안에서 소중히 여겼던 많은 가치들(친절, 관대함, 평등에 대한 헌신)이 하느님을 믿지 않아도 여전히 실천될 수 있음을 깨달았습니다."

결론적으로 그는 신앙을 버리기로 했어. 믿고 사나 안 믿고 사나 똑같고 오히려 안 믿을 때 사람들에게 더 진실한 마음으로 다가갈 수 있음을 알게 된 거야.

여기까지 와서 믿음을 포기하라고 이 예를 들었을까? 당연히 아니겠지. 너희들이 신앙생활을 하면서 이와 같은 오류에 빠지지 않기를 바라서 먼저 이 예를 든 거야.

신앙생활에서 너희들이 찾아야 할 가장 중요한 것은 무엇일까? 이 책 처음부터 끝까지 전체에서 핵심 단어를 찾으라고 한다면 '사명'일 거야. 나를 향한 '하느님의 뜻'이라고 할 수 있지. 라이언 벨 목사는 성경도 읽고 기도도 하고 목사로서 사명도 수행했지만, 한 가지 확실한 것은 그 사명을 기도를 통해 얻은 것은 아니라는 거야. 그는 사명이 아니라 그저 자기 꿈을 실현하며 살고 있었던 거지.

우리가 사명을 찾아야 하는 이유가 무엇이라고 했지? 바로 세속-육신-마귀의 욕망에서 자유로워지기 위해서라고 했지? 나를 돈과 육의 욕망, 명예, 인기와 무관하게 나아가게 만드는 사명이 아니라면 그것은 주님으로부터 오는 뜻이 아닌 거야. 주님은 창조자로서 우리가 행복하기를 원하시기 때문이지.

돈 보스코 성인은 아홉 살 때 평생 잊지 못할 생생한 꿈을 꿨어. 그는 욕설을 하며 싸우는 한 무리의 아이들을 발견해. 그는 하느님과 자신에게 모욕적인 말을 하는 그들에게 달려들어 주먹을 날렸지. 한창 싸우고 있는데 흰옷을 입은 남자가 나타나 이렇게 말하는 거야.

"폭력이 아니라 친절과 사랑으로 저들을 도와야 한다."

그러고 나서 흰옷 입은 분의 어머니가 나타나셨어. 그분은 아이들을 바라보라고 하셔. 보스코가 바라봤더니 어느 새 그들은 맹수로 변해 있었어. 어머니는 저들이 변하지 않겠느냐고 물으시고 보스코는 저들은 절대 착해질 수 없다고 단언해. 어머니는 다시 당신 곁으로 모여드는 동물들을 바라보라고 해. 그러자 그 맹수들이 이제는 모두 어린양이 되어 버린 거야.

아홉 살 때의 돈 보스코는 이것이 자신에게 맡겨진 사명이라고 여겼어. 그래서 사제가 되어 아이들을 위해 살기로 결심하지. 실제로 그는 전쟁고아와 같이 사랑이 필요한 아이들을 맞아들여 그들에게 사랑이 존재함을 느끼게 함으로써 아이들을 순한 어린양으로 만드는 기적 같은 일을 하며 평생을 바쳤어. 죽기 직전 그는 깨달았어. 자신이 지금까지 세속적 욕망에서 자유롭고 하느님 앞에서 의로운 사람이 될 수 있었던 것은 그 어릴 적 꾼 꿈 덕분이었다는 것을. 이렇게 명확한 사명을 가지고 나아가는 이들은 흔들림이 없어. 베드로 사도는 이렇게 말해.

"그러므로 형제 여러분, 여러분이 받은 소명과 선택이 굳건해지도록 애쓰십시오. 그렇게 하면 여러분은 결코 넘어지지 않을 것입니다. 그리하여 여러분은 우리의 주님이시며 구원자이신 예수 그리스도의 영원한 나라에 들어갈 자격을 충분히 갖추게 될 것입니다."(2베드 1,10-11)

베드로 사도가 말한 '소명'은 '하느님의 부르심', 곧 사명을 의미하는 거야. 이것이 우리를 굳건하게 하고 하느님 나라로 이끌어. 아무리 신앙생활을 열심히 해도 라이언 목사처럼 자기가 좋아서 그것이 하느님의 뜻이라고 믿어서 하는 일과 자신은 싫어도 하느님의 뜻이기 때문에 힘겨워도 해낸 돈 보스코 성인의 삶은 완전히 달라. 자기가 좋아서 좇는 꿈에는 '성령'의 힘을 주시지 않아. 하느님께서 모세를 이집트로 보내려고 하시는데 처음에 모세는 가려고 하지 않아. 하지만 결국엔 순종하게 되고 그때 그에게 성령의 힘이 주어져. 지팡이로 많은 기적을 행하게 되는데, 그는 하느님이 보이지 않아도 그 힘을 보면서 하느님께서 함께하심을 의심할 수 없었던 거야.

　잔 다르크 아니? 잔 다르크는 16세 때 영국과 부르고뉴 동맹군에 의해 점령된 프랑스를 구하라는 미카엘 대천사의 목소리를 들어. 글도 모르는 시골 처녀에게 사명이 부여된 거지. 이것이 진짜 사명이 맞다면 분명히 표징이 따를 거야. 당시 프랑스 왕세자 샤를 7세는 영국과의 전쟁에서 수세에 몰려 있었고, 실질적인 왕권을 인정받지 못한 상태였어. 시골에서 한 처녀가 천사의 음성을 듣고 자신에게 군대를 요청하러 온다는 말에 그는 신하와 옷을 바꿔 입고 신하들 사이에 서 있었어. 잔 다르크는 왕좌에 앉은 사람이 왕이 아님을 금방 알아보고는 신하들 중에서 왕을 찾아내. 이 신통함에 왕은 속는 셈 치고 군대를 내줘. 군대는 그녀의 말에 따를 의사가 전혀 없었지. 그러나 잔 다르크의 호통에 조금씩 움직이기 시작하고 연패만 하던 전투에서 연승을 거두게 돼. 이 신통력은 프랑스뿐만 아니라 영국에서도 같은 기록으로 전해지고 있어. 그러나 전쟁에서 승리한 프랑스는 더 이상 잔 다르크가 필요 없어지자 영국인들이 그녀를 화형에 처해도 내버려 두었지. 하지만 거기서도 잔 다르크는 두려워하지 않았어. 하느님께서 함께 계심을 믿지 않을 수 없었거든.

　이것이 신앙생활이야. 신앙생활을 하면서 성령을 느끼지 못하면 진짜 사명으로 파견을 받는 삶을 산 것이 아니고 진짜 사명을 받지 못했다면 하느님을 만난 것이 아니야. 하느님은 이 사명을 주시기 위해 우리 모두를 부르고 계신 거야. 예수님께서 열두 사도를 뽑으셔. 그들은 사명이 필요하다고 느낀 사람들이야. 그들을 뽑으신 이유가 성경에 나와 있어.

"그분께서는 열둘을 세우시고 그들을 사도라 이름하셨다. 그들을 당신과 함께 지내게 하시고, 그들을 파견하시어 복음을 선포하게 하시며, 마귀들을 쫓아내는 권한을 가지게 하시려는 것이었다."(마르 3,14-15)

사도는 파견된 자라는 뜻이야. 본래부터 파견하기 위해 부르신 거지. 그리고 우선 당신과 머물게 하셔. 우리가 하느님과 머물며 왕직, 예언자직, 사제직으로 언제 파견받는다고 했지? 그렇지. 세례지. 나의 정체성을 깨닫지 않으면 무엇을 해야 하는지 그 사명도 알 수 없거든.

그런 다음 사명을 주며 파견하시는 거야. 하느님이 주시는 모든 사명은 '널리 세상을 이롭게 하라.'는 홍익인간의 정신일 수밖에 없어. 하느님께서 세상을 만드셨거든. 이것이 복음을 선포하는 일과 같은 거야. 이 일을 하기 위해 기도-자선-단식은 기본이지. 자기만 생각하는 사람이 어떻게 세상을 이롭게 하겠니? 이 파견의 과정을 무엇과 비길 수 있을까? 맞아. 바로 '견진'이야.

견진 다음엔 무엇을 배웠지? 그래, 성체지. 하느님께서 에너지를 주시는 거야. 이때 하느님께서 함께 계심을 깨닫게 하는 힘이 성령이시지. 성령을 주시어 악령을 쫓아내는 권한을 주신다는 말이 이 뜻이야.

이렇게 신앙생활은 '세례-견진-성체'의 연속이라 할 수 있지. 사명을 찾는 이들만이 온전한 세례를 받을 수 있어. 그 사명을 찾는 이들은 소유욕과 성욕, 교만이 고통의 원인임을 알아 오직 사명만이 그 집착으로부터 자유롭게 할 수 있음을 깨달은 사람들이야. 이것이 '회개'지. 회개하지 않은 사람들은 하느님이 주시는 사명보다, 돈을 더 많이 벌고 더 즐기고 이 세상에서 더 큰 권력을 쥐는 것만 원하기 때문에 이와 반대의 길인 십자가의 길을 원할 수가 없어. 유다 이스카리옷과 같은 사람이 예수님을 따랐음에도 결국 실패한 이유이지. 따라서 회개는 성체에서 다시 세례로 돌아오게 하는 힘이야.

우리 신앙생활은 하느님께서 함께 계심에 대한 믿음을 기르는 과정이야. 이 믿음은 성령으로 주어지는 것이기 때문에 사명으로 파견받음이 필요하지. 그래서 주님을 만나서 사명을 받고 고군분투하며 복음을 전하는 실천의 삶을 살아야 해. 이 과정에서 주님의 도우심을 체험하며 나 혼자서 할 수 있는 것보다 수천, 수만 배의 능력을 발휘하는 자신을 발견하게 돼. 그러나 하루만 살고 말 게 아니지. 새벽마다 그날 수행할 작은 사명들을 받아야만 해. 그래야 매일 주님을 체험할 수 있어. 이렇게 새벽 기도로 인도하는 회개의 삶도 매일 필요한 거야. 매일 기도로 하느님을 만나는 시간을 규칙적으로 갖는다면 그 사람은 매일 회개하는 삶을 사는 사람이야. 그런 사람이 사명을 가지고 살아간다면 하느님과 함께함을 느끼지 않을 수 없지.

하느님은 계셔. 하느님은 사랑이셔. 사랑은 만들어지는 것이라고 하지만, 사랑받지 못한 아이들이 그 상처를 스스로 치유하는 경우는 없어. 사랑은 받아야만 해. 사랑받지 못하면 온전한 인간도, 온전한 부모도 될 수 없어. 내가 존재한다면 나를 사랑해 준 부모가 계신 거야. 그 부모도 분명 누군가에게 사랑받았고. 인간보다 먼저 존재한 게 사랑이야. 사랑의 존재를 부인할 수는 없어. 그리고 사랑은 혼자 하는 게 아니지. 삼위일체 하느님은 인간이 존재하기 이전부터, 세상이 존재하기 이전부터 계셨어. 모든 창조는 사랑으로 되는 것이니까. 그런데 사랑은 자기를 포기하는 십자가의 사랑이야. 사랑은 당신 자녀들에게 이 사랑의 사명을 주고자 하셔.

이제 선택은 너희가 하는 거야. 그런 건 없고, 지옥도 없고, 죽으면 끝이니까 그냥 살고 싶은 대로 살든가, 아니면 내가 저절로 존재할 수 없으니 사랑을 믿고 그 사랑의 사명을 받아들이든가. 하느님을 선택하지 않는다면 어차피 살아가는 동안에는 세속-육신-마귀를 목적으로 살아갈 수밖에 없음을 알기 바라. 그게 아니고 아버지가 계시고 그 아버지가 하느님이시기에 그분 안에서 하느님 자녀가 되는 길을 가려고 한다면 사도로 부르시는 주님의 부르심에 응답하길 바라. 이제 나도 십자가에서 마지막으로 하신 예수님의 말씀으로 나의 말을 마치려 한다.

"다 이루어졌다."(요한 19,30)